反恐法律问题探究：理论与实践
FANKONG FALV WENTI TANJIU: LILUN YU SHIJIAN

吴何奇 ◎著

上海社会科学院出版社
SHANGHAI ACADEMY OF SOCIAL SCIENCES PRESS

上海政法学院学术著作编审委员会

主　任：刘晓红

副主任：郑少华

秘书长：刘　军　康敬奎

委　员：（以姓氏拼音为序）

　　　　蔡一军　曹　阳　陈海萍　陈洪杰　冯　涛　姜　熙
　　　　刘长秋　刘志强　彭文华　齐　萌　汪伟民　王　倩
　　　　魏治勋　吴苌弘　辛方坤　徐　红　徐世甫　许庆坤
　　　　杨　华　张继红　张少英　赵运锋

上海政法学院建校四十周年系列丛书总序

四秩芳华,似锦繁花。幸蒙改革开放的春风,上海政法学院与时代同进步,与法治同发展。如今,这所佘山北麓的高等政法学府正以稳健铿锵的步伐在新时代新征程上砥砺奋进。建校40年来,学校始终坚持"立足政法、服务上海、面向全国、放眼世界"的办学理念,秉承"刻苦求实、开拓创新"的校训精神,走"以需育特、以特促强"的创新发展之路,努力培养德法兼修、全面发展,具有宽厚基础、实践能力、创新思维和全球视野的高素质复合型应用型人才。四十载初心如磐,奋楫笃行,上海政法学院在中国特色社会主义法治建设的征程中书写了浓墨重彩的一笔。

上政之四十载,是蓬勃发展之四十载。全体上政人同心同德,上下协力,实现了办学规模、办学层次和办学水平的飞跃。步入新时代,实现新突破,上政始终以敢于争先的勇气奋力向前,学校不仅是全国为数不多获批教育部、司法部法律硕士(涉外律师)培养项目和法律硕士(国际仲裁)培养项目的高校之一;法学学科亦在"2022软科中国最好学科排名"中跻身全国前列(前9%);监狱学、社区矫正专业更是在"2023软科中国大学专业排名"中获评A+,位居全国第一。

上政之四十载,是立德树人之四十载。四十年春风化雨、桃李芬芳。莘莘学子在上政校园勤学苦读,修身博识,尽显青春风采。走出上政校门,他们用出色的表现展示上政形象,和千千万万普通劳动者一起,绘就了社会主义现代化国家建设新征程上的绚丽风景。须臾之间，日积月累，学校的办学成效赢得了上政学子的认同。根据2023软科中国大学生满意度调查结果，在本科生关注前20的项目上，上政9次上榜，位居全国同类高校首位。

上政之四十载，是胸怀家国之四十载。学校始终坚持以服务国家和社会需要为己任，锐意进取，勇担使命。我们不会忘记，2013年9月13日，习近平主席在上海合作组织比什凯克峰会上宣布，"中方将在上海政法学院设立中国-上海合作组织国际司法交流合作培训基地，愿意利用这一平台为其他成员国培训司法人才。"十余年间，学校依托中国-上合基地，推动上合组织国家司法、执法和人文交流，为服务国家安全和外交战略、维护地区和平稳定作出上政贡献，为推进国家治理体系和治理能力现代化提供上政智慧。

历经四十载开拓奋进，学校学科门类从单一性向多元化发展，形成了以法学为主干，多学科协调发展之学科体系，学科布局日益完善，学科交叉日趋合理。历史坚定信仰，岁月见证初心。建校四十周年系列丛书的出版，不仅是上政教师展现其学术风采、阐述其学术思想的集体亮相，更是彰显上政四十年发展历程的学术标识。

著名教育家梅贻琦先生曾言，"所谓大学者，有大师之谓也，非谓有大楼之谓也。"在过去的四十年里，一代代上政人勤学不辍、笃行不息，传递教书育人、著书立说的接力棒。讲台上，他们是传道授业解惑的师者；书桌前，他们是理论研究创新的学者。《礼记·大学》曰："古之欲明明德于天下者，先治其国"。本系列丛书充分体现了上政学人想国家之所想的高度责任心与使命感，体现了上政学人把自己植根于国家、把事业做到人民心中、把论文写在祖国大地上的学术品格。激扬文字间，不同的观点和理论如繁星、似皓月，各自独立，又相互辉映，形成了一幅波澜壮阔的学术画卷。

吾辈之源，无悠长之水；校园之草，亦仅绿数十载。然四十载青葱岁月光阴荏苒。其间，上政人品尝过成功的甘甜，也品味过挫折的苦涩。展望未来，如何把握历史机遇，实现新的跨越，将上海政法学院建成具有鲜明政法特色的一流应用型大学，为国家的法治建设和繁荣富强作出新的贡献，是所有上政人努力的目标和方向。

  四十年,上政人竖起了一方里程碑。未来的事业,依然任重道远。今天,借建校四十周年之际,将著书立说作为上政一个阶段之学术结晶,是为了激励上政学人在学术追求上续写新的篇章,亦是为了激励全体上政人为学校的发展事业共创新的辉煌。

党委书记 葛卫华教授
校   长 刘晓红教授
2024 年 1 月 16 日

序　言

　　当前,恐怖主义仍旧是国际和平与安全不可忽视的重大威胁。"伊斯兰国"、"基地"组织及其所属恐怖团体的威胁态势有增无减,恐怖活动与地区争端相互交织,呈现出更为复杂的态势。2024年,从欧亚大陆至非洲大陆,恐怖袭击事件频发,大量无辜民众伤亡,令人痛心疾首。与此同时,巴以冲突的新一轮升级及其不断显现的外溢效应,已导致多国仇恨犯罪急剧增加,恐怖袭击的风险显著上升,这一系列动向无疑引发了国际社会的深切关切与忧虑。

　　恐怖主义是人类社会的公敌,打击与防范恐怖主义是国际社会不可推卸的共同责任。中国政府历来高度重视反恐工作,并采取了一系列重大举措,坚决维护国家安全和社会稳定。在党中央的领导下,国家安全机关坚决反对一切形式的恐怖主义,坚决依法开展反恐斗争,全力保障国家安全,守护人民群众的生命财产安全。2015年12月27日,第十二届全国人大常委会作出重要决策,将反恐纳入国家安全战略,彰显了国家对于反恐怖主义工作的高度重视。2016年1月1日,我国首部系统规范反恐怖主义工作的综合性法律——《中华人民共和国反恐怖主义法》正式颁布实施,为依法打击恐怖主义活动提供了坚实的法律依据。2024年1月23日,国务院新闻办公室发布《中国的反恐怖主义法律制度体系与实践》白皮书,全面聚焦中国反恐怖主义法律制度体系的建立健全过程、主要内容及鲜明特点,深入介绍了中国在实践中摸索出的符合本国国情的反恐怖主义法治道路,为国际社会的反恐怖斗争贡献了宝贵的"中国智慧"和"中国方案"。

　　历经40余年的不懈努力与持续完善，中国已逐步构建起以宪法为根本、以反恐怖主义法为主体、以刑事法律为骨干、以国家安全法为保障，其他相关法律为补充的反恐怖主义法律制度体系。这一体系既符合中国国情，又与国际条约、公约和国际惯例相衔接，为依法打击暴恐活动，维护国家安全、公共安全和人民生命财产安全提供了强有力的法律支持和保障，并取得了显著的实践成效。

　　本书汇集了吴何奇博士近年来对我国反恐斗争的法治实践进行的一系列思考，其紧紧围绕反恐怖主义法律中的热点、难点议题，逐一分析了反恐法律问题中的"本体"问题、"实践"问题、"理论"问题以及"建构"问题。本书共分为四部分，环环相扣于"反恐怖主义"和"国家安全"两大焦点，以现实探析各国际组织卓有成效的法律机制，总结反恐领域中的"中国智慧"和"中国方案"。其中，"本体篇"重点揭示了国际反恐法律机制的内涵与价值，针对国际反恐法律机制的内涵诠释，明确其作为国际机制所具备的"权威性""制约性"和"关联性"三个明显特点，明晰其作为法律机制所具备的"整体性""动态性""有序性"与"层次性"四个基本特征，确定其作为辅助并促进反恐国际合作的机制地位。"实践篇"重点介绍国际上较为典型的反恐法律机制，如联合国反恐法律机制、欧盟反恐法律机制、上海合作组织反恐法律机制以及反恐去极端化机制。多角度、多方位、多层次看待反恐法律机制具体落地方案，从已有经验归纳总结实践问题；"理论篇"兼具国际、国内两个视角，重点讨论武力反恐视角下的自卫权、国内刑法中相关条文的解读以及大数据背景下数据治理在反恐中的赋能与限制；"建构篇"探讨塑造反恐法律机制理性建构的应然思路，提炼并总结国际反恐的中国方案。在已有法律机制的基础上进一步建构更为成熟的国际反恐法律机制，旨在实现对国际社会分歧的协调，从而保证法律机制的统一性，强调反恐重点由事后惩罚向事前预防转型并坚持内在谦抑性，依托反恐国际合作法律机制实现对恐怖主义犯罪的标本兼治。

　　吴何奇博士是我在上海财经大学培养的博士生，当时，由于财大法学院并未设置刑法学的二级学科博士点,他便随我一同划入国际法学科,攻读国际法博士学位。我本人主要从事刑事政策学、犯罪学的研究,吴何奇在攻读硕士学位期间的研究方向是刑法学研究,因此,我鼓励他在攻读学位的过程中,既不要荒废刑法学科相关的学习与写作,也要关注国际法学科的重点,提前谋划,确定具体的研究方向。世界各国在打击恐怖主义犯罪时,需要将国内刑法与国际法相衔接,以确保国内刑法与国际反恐公约的一致或同步,这就要求在反恐的理论研究上,既要对国内刑法有深入了解,又要对国际法有充分认识,有鉴于此,我建议吴何奇围绕反恐设计其博士论文的选题,他欣然应允。攻读学位期间,他笔耕不辍,并获得国家留学基金委的资助远赴加州大学伯克利分校接受联合培养,最终,他在顺利完成博士论文的同时,发表了多篇产生一定影响力的学术成果,或被《新华文摘》(网络版)全文转载,或入选《学术精要数据库》"高影响力论文"。

毕业后,他入职上海政法学院刑事司法学院,并于犯罪学(反恐)教研室从事教学科研工作。刑事司法学院师资力量雄厚,是我校的老牌学院,前身是1989年成立的劳改法系,近年来,学院在学科和专业建设上取得了巨大进步,这也为吴何奇博士延续其在刑事法学中的理论研究提供了得天独厚的条件。本书的出版对于他而言,不仅是对其前期研究的总结,更是勉励其开启新研究征程的起点。因此,他嘱我为之作序,我欣然接受,作为他的导师,我期望吴何奇在刑法学、犯罪学的教学科研上辛勤耕耘,不断深化和拓展研究领域,取得更多成果。

是为序。

上海政法学院终身教授 闫立(严励)

2024年11月

于上海

目　录

本 体 篇

国际反恐法律机制的内涵与价值阐释 / 3
国际恐怖主义犯罪的界定 / 16

实 践 篇

联合国反恐国际合作法律机制探析 / 39
欧盟反恐法律机制的发展与转型 / 58
上海合作组织反恐法律机制 / 82
反恐去极端化的域外经验 / 97

理 论 篇

武力反恐视角下自卫权理论考 / 109
论非法持有宣扬恐怖主义、极端主义物品罪的"情节严重" / 127
恐怖主义犯罪数据治理的价值平衡与现实路径 / 147

建 构 篇

反恐国际合作法律机制的建构逻辑 / 169
法治反恐理论与中国实践 / 201

主要参考文献 / 227
后记 / 256

本体篇

国际反恐法律机制的内涵与价值阐释

一、国际反恐法律机制的内涵

(一) 国际反恐法律机制是国际机制

根据《辞海》的界定,"机制"泛指社会或自然现象的内在组织和运行的变化规律。尽管"机制"一词在国际公约、联合国大会决议以及安理会决议等国际法律文件中被广泛使用,但"机制"并非法学领域的专有名词,国际关系领域研究国际机制的思潮滥觞于20世纪70年代后期,尤其在斯蒂芬·克拉斯纳(Stephen Krasner)的《国际机制》问世以后,学者不再只谈国际组织与国际法在国际关系中的作用。[1] 在国际机制理论研究的早期,学者侧重于对机制概念的解读,约翰·鲁杰(John Ruggie)、奥兰·杨(Oran Tuang)以及基欧汉(Keohane)等人都从不同角度诠释机制的内涵。其中,鲁杰将其定义为由一组国家所接受的一系列相互的预期、规则与规章、计划、组织的能力以及资金的承诺。[2] 奥兰·杨将国际机制定义为在一定领域规定国家行为所被允许的范围的多边协议,基欧汉认为国际机制是一种"控制性安排",不仅是对行为的约束性

---

[1] 朱杰进:《国际制度设计:理论模式与案例分析》,上海人民出版社2011年版,第27页。
[2] Ruggie, John Gerard, "International Responses to Technology: Concepts and Trends", *International Organization*, vol. 29, no. 3, p. 570.

规范,还是控制行为所产生的影响的规则与程序的总称。① 斯蒂芬·克拉斯纳的定义在目前被广为接受,即国际机制是在国际关系特定领域中由行为体愿望汇聚而成的一整套明示或默示的原则、规范、规则和决策程序。② 在他的定义中,"原则是关于事实、原因和公正的信念",规范是"行为标准",规则是对行动的"指示与禁止",决策程序是"普遍实践"。③ 国际机制是国际政治、经济关系中不可或缺的公共物品,影响着参与国际政治经济活动的所有国家,即通过成员之间的信息共享降低议价风险,进而促成国际合作,并且其作用随着国家间相互依赖度的提高而扩大。但起初,学者对国际机制并不抱乐观的态度。在过去的实践中,国际机制的创立与主导国的积极作为密切相关。④ 几乎所有的古典主义学者都认为国际机制的创设与运行是权力与大国利益的推动。有鉴于此,不少国家对接受、遵守国际机制充满怀疑。⑤ 尽管国际机制的建构往往反映了主要大国的诉求,但国家之间并不只剩下零和博弈,相对优势的维持能够让国家有意愿在一定领域就共同关切的问题开展有限的合作,而国际机制就是服务于国家间的合作。因此,在现实主义学者看来,国际机制是对国际合作的辅助与促进,对于国际机制的解释与对于国际合作的解释更普遍地联结在一起。这种观点被认为是对现实主义观念下唱衰国际合作的悲观论调的反驳。这种对国际机制定位的变迁代表了更宽泛意义上的国际社会成员以对全球治理的理解替代国际组织的理解的努力。⑥

具体而言,国际机制的效用通常围绕国际机制的"权威性""制约性"和"关

---

① 刘志云:《国际机制理论与国际法学的互动:从概念辨析到跨学科合作》,《法学论坛》2010年第2期。

② Krasner, Stephen D, "Structural Causes and Regime Consequences: Regimes as Intervening Variables", *International Organization*, vol. 36, No. 2, 1982, p. 186.

③ 同上。

④ Robert Keohane, *After Hegemony: Cooperation and Discord in the World Political Economy* (Princeton University Press), 1984, pp. 32 – 38.

⑤ 门洪华:《国际机制与中国的战略选择》,《中国社会科学》2001年第2期。

⑥ [美]莉萨·马丁、贝斯·西蒙斯编,黄仁伟、蔡鹏鸿等译:《国际制度》,上海人民出版社2018年版,第509页。

联性"三个方面展开。① 权威性表明国际机制是在无政府状态下或权力分散状态下由国际社会成员协商达成的适用于某一领域的行为准则。制约性体现了这套行为准则对认可且参与其中的国际社会成员的约束力,即国际社会成员需在国际机制的规则下实现自身的利益诉求。关联性的作用随着国际行为体的频繁交往而愈发显著,国际机制得以在国际社会的联系中不断延展并建立机制网络体系。据此,国际机制的关联性能够对遵守国际机制的行为予以奖励,对违反国际机制的行为予以惩罚。这里的惩罚既是规则本身的罚则,也是因为对机制的破坏而对违反机制国际信誉的折损,后者将直接影响其在未来制定国际机制时的能力。② 值得注意的是,国际机制的本义仍是各方利益间的权衡,妥协性是任何国际机制本身不可祛除的属性烙印。西方大国拥有国际关系的控制权,因此这种妥协通常是小国对大国的妥协,这导致国际机制的制定权长期被西方国家垄断。国际机制的合法性以参与国的一致同意为前提,但由于其本身便是大国利益协调的结果,现有的国际机制难免会存在"民主赤字"的问题。③ 此外,尽管国际机制致力于规范的发展、国际合作的构建,国际机制的建立也是以国家在具体领域面临特定问题且必须通过合作才能实现共同利益为前提,但国际机制并不必然催生国际合作的实践,国家之间具有共同利益并不一定选择国际合作。④ 并非所有的国际机制对国家行为都一定会产生影响,某些制度安排并没有起到改变国家行为的作用,抑或说是只对国家行为产生了微弱的影响。但随着全球化进程的深入,跨国问题、全球性议题成为国际关系中的中心议题,在此过程中,国际机制的构建和功能的发挥已成为国际社会的需求。同时,国与国之间相互依赖的现实使得国际社会在建构国际机制时所秉持的利益观发生了变化——零和博弈逐渐减少,合作共赢成为期待。国际社会迈向多

---

① 秦亚青:《霸权体系与国际冲突》,上海人民出版社 1999 年版,第 279—281 页。
② Robert Keohane, *After Hegemony: Cooperation and Discord in the World Political Economy* (Princeton University Press), 1984, p. 126.
③ 门洪华:《国际机制与中国的战略选择》,《中国社会科学》2001 年第 2 期。
④ Hasenclever, Andreas, P. Mayer, and V. Rittberger, *Theories of International Regimes* (Cambridge University Press), 1997, p. 31.

元、民主的趋势不可逆转,对已有国际机制的完善使其成为引导国际社会的全球性规则框架的可能不再渺茫。

(二) 国际反恐法律机制是法律机制

研究法律机制,实际上就是探讨法律现象整体及整体内各环节、要素之间的相互联系与发展规律,不同于自然界生物机制这种自发调节机制,法律机制自始至终都是人有目的、有意识的调整活动,且只有在不断调整的基础上,法律整体才能适应社会的变迁而有序运转。据此,法律机制大抵是掌握国家政权的阶级,遵循一定的社会目的,通过一系列彼此间相互联系和制约的实体、职能性的法律手段作用于一定的社会关系,从而使法律功能得以发挥的有机过程。[①]在这个动态过程中,法律机制具有"整体性""动态性""有序性"与"层次性"四个基本特征。

法律机制的整体性表明机制的性质、功能只有在整体中而非单纯从法律文本中得以体现。所谓整体,既包括法律本身提供的规范性依据,还包括不同法律主体依据条文对法律的执行。法律机制是各种实体法律现象有机结合从而形成的统一体,但这里的统一体并不是上述内容的简单相加,"有机结合"表明法律机制的各要素之间,内在机制与外在环境之间的相互联系与相互制约。正因如此,规范、严谨与文本的可操作性都是评价法律机制整体性程度不可或缺的标准。同时,法律机制又无法脱离其所处的外在环境来考察,即法律机制的建构及其功能的发挥与政治、经济、社会、文化息息相关。法律机制的动态性反映的是法律机制为了保证生机与活力,通过不断调整与转型去适应社会生活、社会关系的发展变化。一旦堵塞法律机制与外在环境之间交换信息的渠道,法律机制就会陷入封闭的恶性循环之中。法律机制的有序性体现了法律机制运行的逻辑顺序,即从规范的创制到规范的实现,并通过规范的适用所反馈的信息调整规范或创制新的规范。最后,由于社会结构的多样性以及社会关系的复

---

① 宋瑞兰:《论法律调整机制》,《法律科学(西北政法大学学报)》1998年第5期。

杂性,作为规范社会运行、调整社会关系的手段,法律机制的理性建构也随之具有了层次性。就现实而言,任何需要对国家行为进行调节的领域一旦存在实质性的问题,就一定会衍生出一系列的原则、规则来对此作出引导或限制。[①]但对于不同社会以及社会关系的调整,法律机制所运用的法律手段必然不同。

对于国际法学的研究而言,被定义为"一整套明示或默示的原则、规范、规则和决策程序"的国际机制与国际法的研究对象具有高度的契合。虽然国际机制的诸多定义并未直接用国际法阐释国际机制的内涵,但从形式上看,国际法律文本都是国际机制的重要组成内容。因此,在一些国际法学者看来,国际机制是国际法的另一种表述。[②] 同样,对国际机制的特征与实质的理解也无法抛弃对国际法以及国际组织、参与国际机制的国际社会成员相关实践的关注。因为无论是国际机制的研究抑或是国际法学的研究,"都是在研究国际系统这一相同的本体和同样的行为主体以及这些主体的行动背景或结构乃至行动的程序等"。[③] 如同国际机制,无论是成文的国际公约,还是不成文的国际习惯法,两者都具有促进国际合作的现实功能,例如,通过法律文本确定合作权益,协调或解决合作中国际社会成员之间的纠纷,监督国际法义务的履行,等等。但不同于国际法,合法性并不是国际机制的既定特征,[④]因此,国际法律机制的兴起旨在赋予国际机制合法化的内涵,解决因为大国的权力主导与权力分配所产生的国际机制的"合法性危机"问题,从而进一步改善国际机制促进国际合作的功能。据此,反恐国际机制法制化的目的在于消除部分国家对反恐国机制本身的疑虑,进而吸引各国及其内部利益集团参与国际反恐法律机制,以实现反恐领

---

① Donald Puchala & Raymond Hopkins, "International Regimes: Lessons from Inductive Analysis", in Stephen Krasner, ed., *International Regimes* (Peking University Press), 2005, p. 63.

② Barker, and Craig J, "International Law and International Relations", *Continuum*, 2000, p. 76.

③ 刘志云:《国际法的"合法性"根源、功能以及制度的互动——一种来自国际机制理论视角的诠释》,《世界经济与政治》2009 年第 9 期。

④ 尽管在早期的研究中,论者通常认为只要国际机制现实存在,其合法性也随之存在。门洪华:《和平的纬度:联合国集体安全机制研究》,上海人民出版社 2002 年版,第 114 页。

域国际合作行为的更大预期。

（三）国际反恐法律机制是辅助并促进反恐国际合作的机制

"9·11"事件以前，国际社会关于反恐国际合作的必要性展开了长期的争论，但在大多情况下，恐怖主义被认为是一个国内的问题。"9·11"事件的爆发打破了国际社会对恐怖主义的传统认知，促成了不同级别、针对不同问题的反恐国际合作。① 与此同时，争议的焦点从需不需要开展反恐国际合作转变为如何进行反恐国际合作以及在哪些方面进行反恐国际合作。反恐国际合作是一个非常宽泛的概念，广义上的国际合作既有政治外交领域的合作，也有法律制度层面的合作，但就后者而言，反恐国际合作以在界定恐怖主义犯罪方面达成共识、"或引渡或起诉"原则的适用为主要内容，②因此，国际反恐合作的主要内容为国际社会成员在国际刑事领域的合作。机制不仅是"原则、规则和规范"，还包括上述"原则、规则、规范"的具体实践。③ 据此，国际反恐法律机制既包括在国际反恐领域指导国际法主体进行相关行为的原则、规则和规范，还包括依据这些原则、规则、规范所进行的具体实践。那么，对机制的阐释依赖于对反恐公约的把握，而具体的操作和落实则是实践中危机处理方面的问题。④ 换言之，解读国际反恐法律机制，既需要分析国际反恐法的立法文本，还要关注国际法主体依据国际法律文书开展的反恐国际合作的具体实践。

---

① Hendrik Hegemann, "International Counterterrorism Bureaucracies in the United Nations and the European Union", *nomos*, 2014. p. 85

② 黄瑶等：《联合国全面反恐公约研究：基于国际法的视角》，法律出版社 2010 年版，第 137—138 页。

③ 罗伯特·杰维斯认为"机制"不仅指便于合作的规范和期望，而且指超出短期自我利益追逐一种合作形式。Robert Jervis, "Security Regimes", *Intercontinental Organization*, vol. 36, no. 2, 1982, p. 357.

④ 张屹：《国际反恐合作法律机制研究》，武汉大学出版社 2019 年版，第 54—55 页。

二、国际反恐法律机制的价值

（一）强化国际反恐机制的合法性

尽管反恐国际合作的共识以"9·11"事件为契机得到了强化,①但民主性、代表性不足以及所谓的"民主赤字"问题在很大程度上是整个全球治理领域中权利政治现实的缩影。②

早期,合法性不是在研究国际机制时需要独立评价的内容,主要关注国际机制合法性的学者或是难以摆脱新自由制度主义的束缚,或是局限于民主合法性的范畴。③ 国际机制的合法性滥觞于其中的原则、规则、规范和决策程序的确定得到了参与国的认可,尽管新现实主义认为,国际机制是霸权国的利益主张,这一表述纵然是对传统国际机制的侧写,但如果没有其他参与国以妥协让步的方式与霸权国就机制中的内容达成一致,国际机制就无法形成。因此,国际机制功能的发挥,取决于它能够为多少国际社会成员认可与接受,从而具有更高的合法性权威。按照新自由制度主义的分析范式,国家对国际机制的遵约是机制合法性的外在体现,而行为体即便在其利益诉求与机制产生冲突时仍然遵循国际机制的态度与实践,即合法性权威,才是国际机制合法性的本质内涵。然而,对弱势国家而言,国际机制仍然缺乏合法性不足的隐患,特别是在反恐领域,国家对反恐国际机制的遵守并不完全能使该机制的合法性具有说服力。"9·11"事件对于反恐国际合作的推动也昭示推动反恐国际机制建构并运行的

---

① 李东嘉:《预防恐怖主义国际合作的现状与课题》,载赵秉志:《中韩恐怖主义犯罪的惩治与防范》,法律出版社 2016 年版,第 221—222 页。
② 廖凡:《全球金融治理的合法性困局及其应对》,《法学研究》2020 年第 5 期。
③ 对新现实主义而言,国际机制是权力分配的产物,是否合法无关紧要。而对于新自由制度主义而言,国际机制合法性的评价是附着于国际机制有效与否的判断。门洪华:《论国际机制的合法性》,《国际政治研究》2002 年第 1 期。

"是事件而非学说"。①

恐怖主义风险的加剧,让国际社会反恐合作的立场得到了一致性加强,"联合国—区域—双边"多层次的反恐国际合作机制得以迅速建立。但由于发达国家内部存在分歧以及发达国家与发展中国家之间难以形成一致意见,普适性的国际反恐机制始终无法形成。此外,由于多边主义是国际合作中频繁使用的制度形式,但支撑多边主义机制合法性的"普遍化组织原则"又时常让国际机制陷入冗长、低效的多边谈判过程,②这与反恐对制度供给所要求的及时性不符,因此,即便是在联合国安全机制的构建过程中,也存在大国被赋予特权的现象。上述问题导致反恐国际机制因不符合多边主义的要求而饱受合法性的质疑。

建立健全国际反恐法律机制是反恐国际合作机制法制化的目标,国际机制规范化与规则化的优势在于借助权责的事先分配,使得参与机制的国际社会成员的反恐合作行为趋于透明且可期,进而将未来与现实联结,即未来反恐合作的实现取决于参与者对先前合作协议的遵守。而受益于法律机制对国际合作中不确定因素的消减,③反恐国际机制得以在更广的范围内得到参与者的政治支持,从而提升该机制的合法性权威。

(二) 增加国际反恐法的制约性

在社会的正常运转中,结构的合理化与格局的理性化离不开规则的有序排列。④ 同样,在国际法治中,"合作需要法律,国际法与国际合作有着天然的联系,法治是合作的本质属性。"⑤国际反恐法的制约性要求参与其中的国家在这

---

① [美] M. 谢里夫·巴西奥尼著,赵秉志、王文华等译:《国际刑法导论》,法律出版社 2006 年版,绪言第 5 页。
② 刘宏松:《合法性、有效性与 G20 机制改革》,《国际观察》2014 年第 3 期。
③ 消减不确定性的途径包括对国家主权原则的遵守、赋予国家参与权等。门洪华:《论国际机制的合法性》,《国际政治研究》2002 年第 1 期。
④ 张淑芳:《和谐法治在和谐社会中的地位研究》,《西南民族大学学报(人文社会科学版)》2010 年第 9 期。
⑤ 刘志伟等:《反恐怖主义的中国视角和域外借鉴》,中国人民公安大学出版社 2019 年版,第 300 页。

套行为准则下实现自身的利益诉求。但不同于国内法有最高权威以及由其派生的强制性工具,国际反恐法缺少足够制约国际社会成员的强制力,它对反恐实践的约束效力仅取决于对违法国家的国际责任的处理。国内的恐怖主义犯罪都可以依据该国的立法分别归属不同的法律范畴,具体的个案也都有明确的司法管辖上的规定。但对于愈发严重的国际恐怖主义犯罪,如何处理好国际恐怖主义犯罪管辖中的冲突和异议,是国际社会一直以来关注的问题。此外,尽管联合国陆续通过了19项关于恐怖主义的国际公约,但哪些行为应当被惩治、如何惩治犯罪行为全凭各国基于本国的利益需求、根据自己的立法和对恐怖主义犯罪的理解去执行。这让恐怖主义与民族解放运动、不同法律制度国家间的引渡、目的正义与手段的非正义等矛盾混杂在一起,①影响国际反恐法的制约性发挥。

由于国际社会仍无法就恐怖主义犯罪的定义、民族解放运动与恐怖主义犯罪的界限等问题达成一致意见,②上述分歧的长久存在成为《国际刑事法院罗马规约》的起草者未将恐怖主义犯罪纳入国际刑事法院的管辖范围的主要原因。③除此之外,有学者指出,关乎恐怖主义的问题往往与国际社会的政治关系密切相连,将恐怖主义犯罪纳入国际刑事法院的管辖范围,难免导致国际刑事法院发展的政治化倾向,鉴于这一顾虑,国际社会中的不少国家会因此而退出规约的签署。④ 基于上述缘由,以《国际刑事法院罗马规约》为基础成立的国际刑事法院,并不具备对恐怖主义犯罪的管辖权。因此,虽然恐怖主义的国际化在全球化的大背景下不断攀升至新的高度,但将惩治恐怖主义犯罪的重任交付国际

---

① 杨洁勉等:《国际合作反恐:超越地缘政治的思考》,时事出版社2003年版,第46页。
② 例如,一些国家认为应当将国际人道主义法所包含的情况统统排除在反恐公约的适用范围之外,但另一些国家则对此持反对意见,认为即便在人道主义法允许的情况下使用攻击,但只要伤害或威胁到平民或其他受保护的人员,这样的攻击就都属于恐怖主义的范畴。Van Schaack B, "Finding the Tort of Terrorism in International Law", *Review of Litigation*, 2008, vol. 28, no. 2, p. 420.
③ Martinez L, "Prosecuting Terrorists at the International Criminal Court: Possibilities and Problems", *Rutgers LJ*, vol. 34, 2002, p. 2.
④ Van Schaack B, "Finding the Tort of Terrorism in International Law", *Review of Litigation*, 2008, vol. 28, no. 2, p. 424.

刑事法院仍不具有现实的可行性。而由于恐怖主义犯罪已被国际社会的绝大多数国家纳入其刑法典予以规制，对恐怖主义犯罪的审理目前仍由国内法院实现。在对《国际刑事法院罗马规约》进行修订、将恐怖主义犯罪纳入国际刑事法院管辖权范围以前，预防和打击国际恐怖主义犯罪的良策自然是在国际社会中号召国与国之间的反恐合作，既要站在现实的角度在遵循国际法的前提下对恐怖组织、恐怖分子展开武力打击，又要基于预防的思维剖析恐怖主义犯罪的根源，从根源抑制恐怖主义的滋生。

面对恐怖组织、恐怖分子跨国拓展以及流窜作案的逐渐频繁，结合当前恐怖主义犯罪主体形式的日趋复杂，以往"自扫门前雪"的国家安全理念不断地被恐怖主义犯罪这种非传统安全的严峻形势解构、瓦解，"倒逼"国际社会走向实质联合。[1] 在一个日益相互依赖的世界政治经济环境中，国际合作机制对那些希望解决共同问题和追求互补的目标，而又不愿将自己从属于一个等级控制体系的各国政府来说，变得越来越有用。[2] 国际法律机制追求的是理性与平等，是以无政府状态下或权力分散状态下国际社会成员的协商一致为达成法律机制的前提，是各国在全球治理中对威斯特伐利亚体系的惯性思维、主权至上的理念的突破或超越。据此，国际反恐法律机制不仅可以使反恐国际合作制度化，还能吸引更多的国家特别是在国际关系中身处弱势的小国参与反恐国际合作，让更多的国家在国际反恐法律框架下开展反恐实践，约束个体行为。把人类价值法律化，并以此为准绳对恐怖主义犯罪进行法律上的鉴别是反恐的唯一有效措施。虽然并非所有的恐怖分子都为法律所震慑，但法律机制的建构旨在向民众表明，任何行为都不能因其信仰而合法化。

（三）提升反恐国际合作的有效性

国际机制的有效性是国际机制理论研究的核心命题，国际社会中不同国家

---

[1] 张屹：《国际反恐合作法律机制研究》，武汉大学出版社 2019 年版，第 133 页。
[2] [美] 罗伯特·基欧汉：《霸权之后：世界政治经济中的合作与纷争》，上海人民出版社 2006 年版，第 63 页。

对恐怖主义犯罪采取的反应千差万别,一些政府会采取强硬的态度、抱着彻底根除恐怖主义的决心严厉镇压,而一些政府会以人权为机制建构的底层逻辑,采取松散的,甚至看似疏漏百出的预防机制。国际反恐法律机制的形成与发展是对全球性问题以及合作反恐呼声的回应,但对反恐国际合作有效性的争论,很难得出一个简单的"对"与"错"的结论,在实践中,不同类型的反恐法律机制在解决和最大限度地缓解恐怖主义威胁方面或多或少都能发挥作用。因此,仅仅得出国际反恐法律机制无效、有效的结论划分过于浅显,明确有效性程度的深浅以及认知国际反恐法律机制对于国际社会的某一后果的产生发挥多大的作用才是对国际反恐法律机制有效性的进一步细分。

当前,恐怖主义全球网络的形成所滋生的威胁日益增长,恐怖组织对全球各地展开思想宣传、人员招募以及渗透,[1]"萨拉菲-圣战"意识形态借助新兴技术在全球持续扩散,致力于推动新一轮恐怖活动浪潮的形成,恐怖主义的地理图景因此不断嬗变。在此过程中,恐怖主义与地区冲突的耦合让恐怖主义犯罪的复杂性进一步加重,致使恐怖主义的"次高潮"在不同地区屡禁不止。[2] 例如,在"9·11"事件发生后的第二年,东南亚就发生了举世震惊的巴厘岛恐怖袭击事件,而当准国家行为体"伊斯兰国"在国际社会的联合打击下"节节败退"之后,"伊斯兰国"的残余势力又于2019年在斯里兰卡制造了自"9·11"事件以来最震撼和血腥的国际恐怖主义事件。上述问题发生的原因在于恐怖主义组织结构由过往严密的等级制与系统化的集中领导向扁平化、分散化转型。恐怖主义犯罪不再是一个或几个策源地的社会问题,而是逐渐成为扰乱整个国际社会安全秩序的不稳定因素,继续奉行单边主义的反恐机制只会疲于应对恐怖主义的滋生、发展与扩散。相反,谋求合作共赢的国际反恐法律机制在恐怖主义犯罪的治理上卓有成效。比如,引渡、外国判决的承认与执行逐渐成为国际合作

---

[1] 卢光盛、周洪旭:《东南亚恐怖主义新态势及其影响与中国的应对》,《国际安全研究》2018年第5期。
[2] 靳晓哲:《"后伊斯兰国"时代东南亚的恐怖主义与反恐合作》,《东南亚研究》2020年第2期。

中运用最为普遍的法律对策,以及通过多边条约、双边合作协议的签署明确各国刑事管辖权行使的先后顺序,避免因管辖权的冲突而阻碍对恐怖主义犯罪的及时制裁。①

以中亚恐怖主义犯罪的合作治理为例,在上海合作组织(SCO)各成员国的努力下,通过区域反恐法律机制的构建,中亚恐怖主义犯罪的数量相对稳定,中亚恐怖主义犯罪的社会危害相对能够控制。基于全球恐怖主义数据库(GTD)提供的数据,1990—2016年,发生于哈萨克斯坦境内的恐怖袭击共计32起,其中13起发生于"9·11"事件之后;发生于吉尔吉斯斯坦境内的恐怖袭击共计34起,其中15起发生于"9·11"事件之后;较之于上述两国,发生于塔吉克斯坦境内的恐怖主义犯罪事件更加集中于20世纪90年代。②自"9·11"事件以来,恐怖主义活动的频率反而在该地区有明显缓和,较之于前期的庞大数据,仅有14起恐怖袭击发生于"9·11"事件之后。"9·11"事件被许多学者视为恐怖主义向全球迅速蔓延的标志,③但相对于20世纪90年代以"三股势力"为典型的恐怖主义在中亚地区的猖獗,"9·11"事件之后,国际社会对中亚国家及其周边地区恐怖势力的预防措施使得中亚国家能够在努力控制中亚地区恐怖势力蔓延的同时,相继建立和不断完善自身的恐怖危机处理机制。④ 在近几年的全球恐怖主义指数(GTI)中,中亚五国的恐怖主义指数均处于安全区间,以2018年为例,中亚五国中恐怖主义指数最高的为塔吉克斯坦的2.233,对应的世界排名为第102。虽然,在"伊斯兰国"迅速扩张的时期,中亚国家出现部分公民跨境流动

---

① 马长生、贺志军:《联合国防治国际恐怖主义法律机制探析——兼论国际反恐与国际社会稳定的关系》,载刘仁文:《刑事法治视野下的社会稳定与反恐》,社会科学文献出版社2013年版,第335页。

② 在这一阶段,塔吉克斯坦境内发生了高达172起的恐怖主义犯罪事件。其中,以1997年为甚,仅此一年即发生了40起恐怖袭击。

③ 如王雪梅教授在其研究中指出:"一些恐怖活动的高发地带"在"9·11"事件之后出现,曾向红教授亦指出:"当前,'基地'与'伊斯兰国'等恐怖组织在全球肆虐,恐怖主义活动越来越显著的跨国性和破坏性对国际社会构成了严峻挑战",等等。参见王雪梅:《恐怖主义犯罪发展特点分析》,《环球法律评论》2013年第1期;曾向红:《恐怖主义的全球治理:机制及其评估》,《中国社会科学》2017年第12期。

④ 古丽阿扎提·吐尔逊、阿地力江·阿布来提:《中亚反恐法律及其评析》,《俄罗斯中亚东欧研究》2010年第5期。

奔赴中东地区参与"圣战"的迹象,"伊斯兰国"等大量武装分子也不断向中亚地区渗透,[①]并且随着"伊斯兰国"的覆灭,外籍恐怖主义战斗人员返回他们原籍国与居住地国所带来的潜在威胁值得警惕,但总体而言,后"9·11"时代,中亚五国恐怖主义犯罪的总体趋势与世界范围内诸如中东、南亚、北非等其他恐怖主义犯罪重灾区的情形相比较为稳定。中亚地区能在新一轮恐怖主义的国际浪潮中独善其身与上海合作组织建构的区域合作法律机制不无关联。尽管国外有学者以"人权"议题责难,认为中亚国家对该地区恐怖主义的镇压是借着打击恐怖主义的旗号压榨中亚地区的伊斯兰教众,[②]但类似的偏见无法否认上海合作组织建构的反恐法律机制让恐怖主义极端分子及贩毒活动在该地区缺乏"活动空间"的重要作用。

[①] 徐军华:《"一带一路"与国际反恐:以国际法为视角》,法律出版社2019年版,第26页。
[②] Mariya Y. Omelicheva, "Combating Terrorism in Central Asia: Explaining Differences in States' Responses to Terror", *Terrorism and Political Violence*, vol. 19, no. 3, 2007, pp. 369-393.

国际恐怖主义犯罪的界定

恐怖主义犯罪的预防与惩治需要广泛而深入的反恐国际合作,而有效合作的前提是对恐怖主义犯罪的全面界定。由于关键共识的缺乏,恐怖主义犯罪的普适性概念在国际法中长期缺位。阻碍国际法全面界定恐怖主义犯罪的争议是全面反恐公约的除外条款的设置,概念的分歧在于国家恐怖主义以及民族解放运动是否应被排除在全面反恐公约的适用范围之外,在国际法中诠释恐怖主义犯罪的内涵以厘清上述问题为基础。

一、为什么需要在国际法层面全面界定恐怖主义?

自"国际犯罪"这一术语表达于17世纪在出版物中出现以来,国际犯罪概念的界定就成为国际刑法学界关注的重点议题。如何认定具体的国际犯罪直接关系到国际、国内的司法途径对该罪的预防与惩治。然而,受限于法律文化、法律制度以及意识形态的影响,国际社会对国际犯罪定义的分歧深刻且复杂。[①]正因如此,迄今为止,国际法中尚未形成一部统一的国际刑法典,对具体国际犯罪的规定,通常由公约采取列举的方式说明该罪的内涵,强调它是一种应予惩处的"国际罪行"。[②] 恐怖主义犯罪是国际犯罪的一种,但何谓恐怖主义犯罪,至

[①] 贾宇:《国际刑法学》(第二版),法律出版社2019年版,第90页。
[②] 同上书,第92—93页。

今仍然没有一个确切的、得到普遍认可的定义。据统计,世界各国关于恐怖主义的定义达 200 余种之多,①涉及法学、政治学、社会学等多个领域。国际恐怖主义犯罪研究的阿喀琉斯之踵甚至迫使不少学者再行研究恐怖主义时,已经放弃了对恐怖主义概念的关注。② 由于国家间政治制度、文化背景、意识形态的差异,一个被国际社会普遍认可的恐怖主义犯罪的定义无法以公约条文的形式呈现,③然而,一个被国际社会普遍接受的定义对于反恐斗争至关重要。首先,它是协调各国反恐合作的基础,反恐合作的有序开展取决于国际法是否对恐怖主义犯罪有明确的定义。现实中,普适性定义在立法中缺位,而寄希望于国与国之间的政治磋商,不仅无法保证打击手段的合法性,更难以保证国际社会反恐合作的一致性。例如,在司法互助领域,引渡合作的基本原则之一是双重犯罪原则,即一项行为必须在两个有关国家都是犯罪。如果各国对某一行为是否构成恐怖主义意见不一,那么,国际合作的机会就会明显减少。其次,"9·11"事件以来,联合国安理会通过大量反恐决议强调成员国履行打击恐怖主义义务的重要性,但如果对打击对象缺乏共识,便会存在一些国家打着反恐的旗号恣意剥夺公民政治权利、压制政治上的反对派的情形。"一个被世界各国普遍接受的定义未必可以规避所有这样的行为,但至少加大了从事此类行为的难度,剥离一些国家为侵犯人权行为的辩解。"④最后,法律机制的不完整同样会影响机制的权威性。公约起草者试图通过宽泛化的列举构建一个庞大的法律体系来应对恐怖主义犯罪类型的日新月异,但这样的做法并没有吸引更多国家参与。"9·11"事件以前,签订全部联合国反恐公约的国家只有两个。⑤ "9·11"事件之后,在联合国安理会的指导下,签署条约的国家数量迅速增加,但面对"支离

---

① 冯卫国、贾宇、尚进:《恐怖主义定义相关分歧之辨析》,《法学论坛》2018 年第 5 期。
② 张绍彦:《恐怖主义本原辨析——基于事实的本体性认识》,《现代法学》2013 年第 5 期。
③ 王爱鲜:《界定恐怖主义犯罪概念应注意的问题》,《河南社会科学》2015 年第 12 期。
④ Reuven Young, "Defining Terrorism: The Evolution of Terrorism as a Legal Concept in International Law and Its Influence on Definitions in Domestic Legislation", *Boston College International and Comparative Law Review*, vol. 29, no. 1, 2006, p. 32.
⑤ Curtis A. Ward, "Building Capacity to Combat International Terrorism: The Role of the United Nations Security Council", *Journal of Conflict and Security Law*, vol. 8, issue 2, 2003, p. 291.

破碎"的反恐公约,即使所有的条约都得到实施,其覆盖范围仍与现实需要存在差距。[①] 反恐公约采用列举的方式,将那些应当被制裁的具体行为写入法律文件。但现行反恐公约的适用范围非常有限,只适用于特定类型的行为。它们既没有界定构成恐怖主义犯罪的要素,也没有说明是什么使一项犯罪行为如此危险,以致需要特别惩罚和管辖权,[②]这导致反恐公约在一些新领域可能丧失对恐怖组织的威慑。在未能就恐怖主义犯罪的概念达成共识的背景下,预防和惩罚恐怖主义犯罪的重任依然严重依赖各国自身的法律体系,但全球性安全议题的治理不能仅停留在国内层面,还应该具有国际化视野,遏制恐怖主义的蔓延离不开广泛而深入的反恐国际合作,而有效合作离不开对恐怖主义犯罪的全面界定。

二、在国际法中全面界定恐怖主义犯罪是否可行?

"恐怖主义"概念的核心是"恐怖",这里的"恐怖"通常表现为一种极端的恐惧,这份恐惧通常由一种模糊的、难以预测的且相对未知的威胁导致。词根"terror"源自拉丁语"terrere",意为"恐吓",在14世纪通过法语进入西欧语言的词典,并在1528年首次被用于英语。[③] "恐怖主义"一词的政治内涵滥觞于法国大革命时期罗伯斯庇尔当权时的独裁统治,曾用于抵抗外来的攻击和镇压内部的叛乱。一直以来,恐怖主义的用法和内涵都不断变迁,但变化之中仍有固定的成分,即这个词一直被用来谴责并剥夺敌对势力行为的合法性,将敌对势力置于法律的边界之外。由于恐怖主义被认为是国家和亚国家团体为实现其在政治、军事或意识形态上的目标而采用的策略,将其视为一个纯粹的法律用语并予以界定确有牵强,因此有学者指出,"恐怖主义"不是一个法律用语,与法

[①] Jennifer Trahan, "Terrorism Conventions: Existing Gaps and Different Approaches", *Journal of International and Comparative Law*, vol. 8, no. 2, 2002, p. 220.

[②] Ben Golder, George Williams, "What is 'Terrorism'? Problems of Legal Definition", *University of NSW Law Journal*, vol. 27, no. 2, 2004, p. 287.

[③] Alex Schmid, "Terrorism-The Definitional Problem", *Case Western Reserve Journal of International Law*, vol. 36, issue 2, 2004, p. 399.

律无关,①"恐怖主义"没有具体的法律意义,②纵然恐怖主义无法在法律中被准确地描述,但恐怖主义犯罪定义是法律的问题,并且恐怖主义犯罪的概念能够通过国际法或国内法的相关条文有所展现。

国际上较为公认的犯罪数据库通过计数或索引的方式将时事资讯中的描述性内容转为数据进而对恐怖主义犯罪进行收录,据此,国际社会对恐怖主义犯罪的认定都至少包含了以下四个方面的共同内容:第一,构成恐怖主义犯罪的行为必须是暴力或以暴力相威胁,并且该暴力行为往往在国内法中同样被视为犯罪;第二,该罪行的最终目的具有政治性或意识形态色彩,③旨在威胁或胁迫政府作为或不作为;第三,该罪行必须涉及国际层面,以区别一般的国内暴力刑事犯罪;第四,恐怖主义犯罪的暴力对受众的影响规模要比该暴力的直接受害者的规模更大。一个被国际社会普遍接受的定义必然是国际社会在反恐领域所认可的最大公约数,围绕上述问题,联合国、区域组织以及国际司法机构在声明、公约、决议等一系列文书中就"恐怖主义犯罪"进行了不同的定义,这些定义存在很多差异,但差异中也存在几点共识:第一,恐怖主义犯罪的行为主体不限于非国家行为体,是上述主体故意实施的各种类型的暴力行为。值得注意的是,虽然反恐公约不排除国家行为体实施恐怖主义犯罪的可能,但联合国的19项反恐法律文书,绝大部分内容强调的都是个人责任;第二,恐怖主义犯罪的对象以一切未参与政府武装的平民、民用基础设施为主;第三,恐怖主义犯罪以制造恐怖或胁迫政府、公民为目的;第四,恐怖主义犯罪的实施是为了实现其在政治、军事、意识形态或宗教方面的追求。

当前,国际社会存在三类国际刑事法庭,一是常设性国际刑事法院,即国际刑事法院,二是联合国特设国际刑事法庭,即前南斯拉夫问题国际刑事法庭与

---

① Danja Blocher, "Terrorism as an International Crime: The Definitional Problem", *Eyes on the ICC*, vol. 8, no. 1, 2011, p. 108.
② Rosalyn Higgins, "The General International Law of Terrorism", in Rosalyn Higgins & Maurice Flory eds., *Terrorism and International Law*, New York: Routledge, 1997, p. 27.
③ 并非所有恐怖主义犯罪的指向都是政府,例如,出于动物保护与环境保护目的而实施的恐怖主义犯罪,因此,解决恐怖主义的根本方法在于刺破意识形态的面纱。

卢旺达问题国际刑事法庭,三是联合国与相关主权国家共同设立的特别法庭,例如,塞拉利昂特别法庭、黎巴嫩问题特别法庭等。上述三类国际刑事法庭中,仅前南斯拉夫问题国际刑事法庭、塞拉利昂特别法庭和黎巴嫩问题特别法庭实际审理过涉及恐怖主义犯罪的罪行。在"加里奇"案中,前南斯拉夫问题国际刑事法庭认为,恐怖主义犯罪的构成要件包括三点:① 直接针对不实际参与敌对行动的平民群体或个人实施暴力行为,造成平民死亡或者严重身体、精神伤害;② 行为的主观要件是故意;③ 行为人实施非法暴力行为的目的是在平民中传播恐怖。其中,后两点排除了行为人间接故意或过失的罪过,且意味着检方必须证明,被告人认识并接受不法行为导致恐怖的可能,而且传播恐怖就是其追求的主要目的。[①] 塞拉利昂特别法庭在"南武装部队革命委员会"案的初审判决中提出的恐怖主义犯罪的构成要件与前南斯拉夫问题国际刑事法庭在"加里奇"案确立的标准大同小异,但塞拉利昂特别法庭认为,该罪保护的对象不限于人身,还应包括财产。法庭认为,对于包括房屋在内的其他必要生存物质条件的摧毁会让人产生恐惧,因此对财产的攻击或摧毁是界定恐怖主义犯罪的重要因素。[②]

关于恐怖主义的国际法定义,黎巴嫩问题特别法庭上诉庭在对预审法官的答复中提供了权威解读,[③]2005 年 12 月 13 日,黎巴嫩共和国政府请求联合国设立一个具有国际性质的特别法庭,以对被指控导致前总理拉菲克·哈里里(Rafic Hariri)和其他 22 人遇害的发生于 2005 年 2 月 14 日的贝鲁特袭击事件的所有负责人进行审判。根据《联合国安理会第 1664(2006)号决议》,联合国和黎巴嫩共和国通过谈判达成了设立黎巴嫩问题特别法庭的协定。该法庭的任务是,对造成前总理拉菲克·哈里里遇害和他人伤亡的袭击事件负责者提起诉讼。作为第一个对恐怖主义罪行拥有属事管辖权的国际法庭,根据《特别法庭

---

① Galic' Trial Judgement and Opinion, Case No. IT-98-29-T, Para. 136, 5 December 2003.
② AFRC Trial Judgement, Case No. SCSL-04-16-T, Para. 670, 20 June 2007.
③ 在 2010 年 11 月 8—11 日举行的黎巴嫩问题特别法庭法官全体会议上,黎巴嫩问题特别法庭《程序和证据规则》增加了新的规则,允许预审法官向上诉分庭提出有关适用法律的问题,以确保整个法律程序中适用法律的一致性,并加快预审和审判评议。

章程》，特别法庭应适用《黎巴嫩刑法典》有关起诉和惩罚恐怖主义行为、侵犯生命和人身安全罪等方面的条款。2011年，根据特别法庭的《程序和证据规则》，上诉庭对预审法官的答复涉及恐怖主义犯罪的解释以及该罪的构成要件。[1]

由于黎巴嫩问题特别法庭在审理恐怖主义犯罪时需依据《黎巴嫩刑法典》，上诉庭分析了黎巴嫩国内法对恐怖主义的定义，认为其中包含三个要素：① 重要的是一种行为，而是否构成《黎巴嫩刑法典》其他条款规定的犯罪不重要；② 其目的是造成恐怖状态；③ 使用了可能造成公共危险的手段。但对于第三点，黎巴嫩判例法对其作出了狭义解释，即如果一个行为构成恐怖主义，在造成公众危险方面，所采用的手段必须与《黎巴嫩刑法典》第314条所包括的手段相似（即通过爆炸装置、易燃材料、有毒或腐蚀性产品以及传染性或微生物制剂）。否则，根据黎巴嫩法律，犯罪行为不能适用关于恐怖主义的规定。值得注意的是，上诉庭对恐怖主义的解释与黎巴嫩判例法对《黎巴嫩刑法典》第314条在"公共危险"上的解释有所偏离，之所以如此，上诉庭指出有以下几点，首先，国际法对实施恐怖主义行为的手段没有任何限制；其次，没有人认为限制性解释是解读《黎巴嫩刑法典》第314条的唯一可能方式，或最有说服力的方式。相反，公共场所的枪击事件会让无辜的旁观者受到伤害，从而引发"公共危险"。此外，当类似军事或政治领导人等知名人士受伤或被杀时，即使袭击发生在私人场所，也会产生同样的结果；最后，偏离判例法的解释也是因为需要尽可能以符合具有约束力的相关国际法的方式解释国内立法。基于此，上诉庭认为，第314条在适用于问题法庭的判决时不应局限于其所列的手段，这一解释"似乎更适合处理当代形式的恐怖主义"。[2] 上诉庭认为，尽管大多数学者专家认为由于对某些问题的看法存在明显差异，国际社会尚未形成关于恐怖主义的广为接受

---

[1] Order on Preliminary Questions Addressed to the Judges of the Appeals Chamber Pursuant to Rule 68, Paragraph (G) of the Rules of Procedure and Evidence (STL‐11‐01/I/AC/R1 76bis), Pre-Trial Chamber, 21 January 2011.

[2] Interlocutory Decision on the Applicable Law: Terrorism, Conspiracy, Homicide, Perpetration, Cumulative Charging (STL‐11‐01/I/AC/R1 76bis), Appeals Chamber, para 126‐129, 16 February 2011.

的定义,但仔细研究表明,实际上这种定义已逐渐显现。应当看到,一些条约、联合国决议以及各国的立法和司法惯例,在国际社会上形成了一般的法律规定,伴随着与此意见相一致的惯例的增加,习惯国际法规则中实际已经出现了国际恐怖主义罪行定义,根据习惯国际法规则,一个行为成为恐怖主义要具备以下三个关键要素:① 实施犯罪行为(例如,谋杀、绑架、劫持人质、纵火等),或威胁他人表明即将进行这种行为;② 意图在民众中散布恐惧感(这通常会造成公共危险),或直接、或间接地胁迫国家或国际当局采取某种行动,或不采取某种行动;③ 该行为涉及跨国因素。① 黎巴嫩问题特别法庭分析了代表国际社会不同法律体系的35个国家的国内法、联合国大会和联合国安全理事会决议、联合国报告、区域和国际条约、文件,以及12项司法裁决。上诉庭从上述内容中得出结论,法律意见和国家实践已经具体化为上述关于恐怖主义的定义。尽管"意识形态、政治、宗教或种族"等因素依然存在分歧,但这不妨碍上诉庭形成关于恐怖主义犯罪的犯罪构成,如同联合国国际审判法院(ICJ,以下简称国际法院)在"尼加拉瓜诉美国"案中的主张,即差异对习惯国际法的形成并不致命。② 上诉庭试图从包括国内法在内的各种法律中确定恐怖主义定义中所包含的共同要素或主题,发现在所有国家,犯罪行为与恐吓民众或强迫当局的犯罪目的是共同要素。而"跨国性"是恐怖主义作为国际罪行定义所必要的组成部分,③ 它通常涉及两个或两个以上国家的犯罪者、受害者或犯罪方法,也可能是一个国家的恐怖行为对另一个国家的重大影响。④ 概言之,能够为国际社会普遍接

---

① Interlocutory Decision on the Applicable Law: Terrorism, Conspiracy, Homicide, Perpetration, Cumulative Charging (STL-11-01/I/ AC/R1 76bis), Appeals Chamber, para 83, 85, 16 February 2011.

② Interlocutory Decision on the Applicable Law: Terrorism, Conspiracy, Homicide, Perpetration, Cumulative Charging (STL-11-01/I/ AC/R1 76bis), Appeals Chamber, para 100, 16 February 2011.

③ Interlocutory Decision on the Applicable Law: Terrorism, Conspiracy, Homicide, Perpetration, Cumulative Charging (STL-11-01/I/ AC/R1 76bis), Appeals Chamber, para 89, 16 February 2011.

④ Interlocutory Decision on the Applicable Law: Terrorism, Conspiracy, Homicide, Perpetration, Cumulative Charging (STL-11-01/I/ AC/R1 76bis), Appeals Chamber, para 90, 16 February 2011.

受的恐怖主义概念已形成于反恐实践之中,恐怖主义犯罪的全面界定则是对这些概念所具有的共同内容进行提炼,通过对共同要素的类型化来界定恐怖主义犯罪,并在国际反恐法律机制中将其确立。

上述内容表明,恐怖主义犯罪定义的基本要素业已存在于国际实践之中,迄今为止,阻碍国际法全面界定恐怖主义犯罪的争议是全面反恐公约的除外条款的设置,概念的分歧在于哪些行为应被排除在全面反恐公约的适用范围之外。这些问题主要集中在这些方面:依据国际人道主义,武装部队在军事冲突中的行为是否受反恐公约的管辖? 国家的军事力量在其管辖范围为行使职责而开展的活动是否受反恐公约的管辖? 针对外国势力的民族解放运动是否受反恐公约的管辖? 通过对上述问题的归纳,在全面界定恐怖主义犯罪的分歧中,理论界的争议点主要存在两个,一个是关于国家恐怖主义犯罪的争议,另一个是涉及民族解放运动的问题。① 因此,诠释恐怖主义犯罪的内涵以厘清上述问题为基础。

三、恐怖主义犯罪国际法定义分歧的厘清

(一) 混同民族自决之否定

自决权是《联合国宪章》确立的基本原则,②自决有内部自决与外部自决之分,前者涉及公民与其政府间的权利关系,后者指的是一个国家的人民自由决定其地位不受外来干涉的权利。③ 落实到反恐全面公约的设计中,对于恐怖主义犯罪的概念而言,例外情形的设置引发了不同国家在该问题上的争论。国际

---

① 黄瑶等:《联合国全面反恐公约研究:基于国际法的视角》,法律出版社 2010 年版,第 23 页。
② 张颖军:《国际法上的民族自决权原则:基于〈联合国宪章〉和国际法院的解释》,《武汉大学学报(哲学社会科学版)》2014 年第 5 期。
③ 王英津:《自决权内外划分学说的负面效应及其防范》,《辽宁大学学报(哲学社会科学版)》2008 年第 4 期。

社会普遍认为，恐怖主义犯罪的概念不应为恐怖主义创造过于广泛的例外，不可使任何恐怖分子可以此为其行动辩解，①但联合国对自决权的支持令恐怖主义犯罪的界定变得复杂，民族斗争频繁的国家更倾向于将围绕斗争所制造的暴力冲突排除在恐怖主义犯罪的定义之外。阿尔及利亚和利比亚曾于1979年试图为《反对劫持人质国际公约》创造一个例外，允许在民族斗争的情况下劫持人质。② 同样，叙利亚认为，只有恐怖主义仅服务于个人利益时，才应成为国际法禁止的对象。但一些西方国家认为，即使是目的合理的斗争也不能为非法手段辩护，并不是所有在自决权下的行为都具有正当性，自决权不应成为人道规则的例外。③

针对民族自决运动与恐怖主义犯罪的关系，理论界大致有两种观点：第一种观点指出，为自决而斗争的人不能被视为恐怖分子，自决权的行为必然不属于恐怖主义犯罪。正义战争理论是这种观点的理论基础，即强调如果战争是正义的，那么手段就是正当的。④ 但绝对化的表述往往存在漏洞，毕竟任何人都能宣称为自己的信仰而战是正义之战，如果以此便可合法化任何非法行为，那么惩治恐怖主义犯罪将举步维艰。根据《日内瓦公约》及其附加议定书的底层逻辑，无论一个人认为自己的理由多么公正，他在拿起武器时也都必须遵守国际人道主义法的规则。因此，即便行为人有理由进行武装斗争，这个理由也不能用于为任何非法手段辩护。⑤ 第二种观点认为，如果行为满足国际人道主义法的基本要求，就不存在将其定性为恐怖主义犯罪的可能，但如果这种行为以侵害平民为目标，违反国际人道法的基本准则，那么这些行为属于恐怖主义犯罪

---

① Mahmoud Hmoud, "The Organization of the Islamic Conference", in Giuseppe Nesi (ed.), *International Cooperation in Counter-terrorism* (London: Ashgate Publishing Limited), 2006, p. 161.
② Susan Tiefenbrun, "A semiotic approach to a legal definition of terrorism", *ILSA Journal of International and Comparative Law*, vol. 9, 2003, p. 388.
③ Report of the Ad Hoc Committee A/56/37, p. 14.
④ Robert Cryer et al., *An Introduction to International Criminal Law and Procedure* (Cambridge: Cambridge University Press), 2007, p. 223.
⑤ M. C. Bassiouni, "Legal control of international terrorism: A policy-oriented assessment", *Harvard international law journal*, vol. 42, no. 1, 2002, p. 98.

的范畴。该观点不仅解决了行为人借着民族自决的幌子为其实施的犯罪作辩护的问题,更体现了人道主义规则在武装冲突中的适用。①

《日内瓦公约》的《第一附加议定书》支持了第二种观点,该议定书的制定旨在从法律上为民族自决运动提供合法化依据,但同时禁止在实践中实施针对平民的恐怖主义暴行。② 自决是世界人民的一项权利,而对"人民"理解的差异引起了国际社会在自决权上的分歧。笔者认为,"人民"一词显然适用于表述一个现有国家的全体人口,在不同的情况下,为了获得使用武力的许可,"人民"必须符合三个标准:首先,它必须有领土联系;其次,它必须直接或间接被剥夺了内部自决;最后,它必须用尽一切政治和司法等方面的补救办法。只有满足了这三项标准,相关行为人才有资格通过武力实施外部自决行为。

根据《日内瓦公约》及其《第一附加议定书》对民族自决运动的要求,制造暴力的行为人不仅需要符合公约对战斗人员的身份要求,还需要保证战斗人员的行为符合国际人道法的规定。恐怖组织制造的武装冲突不再是零星的暴力,因此符合武装冲突的标准,但根据《第一附加议定书》第43(2)条,只有武装部队成员才能成为战斗人员,大多数恐怖组织不满足这一要求,即使假定恐怖主义集团可以构成武装部队,《第一附加议定书》第44条也规定了将行动者视为战斗人员的其他要求。根据这一条款,战斗人员必须区别于平民。但在现实中,恐怖分子并不把自己同平民区分开来,甚至强调自己平民的身份,以使得他们的行径博得国际社会的同情。此外,《第一附加议定书》的重点是保护平民,武装行动针对的只能是敌方军事人员而不能是平民,但恐怖主义犯罪不仅袭击政府要员,更习惯于将无辜平民作为主要袭击的对象。伊斯兰极端主义更是信奉对平民使用暴力的信念,反对民主社会中目前

---

① Jelena Pejic, "Terrorist Acts and Groups: A Role for International Law?", *British Yearbook of International Law*, vol. 75, no. 1, 2005, p. 75.

② Geneva Convention I, art. 33; Protocol Additional to the Geneva Conventions of 12 August 1949, and relating to the Protection of Victims of International Armed Conflicts, 8 June 1977, 1125 U. N. T. S. 3 (1978), art. 43.

所理解的民主和公民自由概念。① 据此,即便恐怖主义犯罪的概念没有明确排除民族自决运动的内容,参考国际人道法的具体要求,也不能将恐怖主义犯罪与民族自决行为混为一谈。

(二) 国家恐怖主义概念的谨慎对待

国际社会围绕民族解放运动是否属于恐怖主义犯罪的分歧在纳米比亚独立后得到了很大程度的消解,但有学者认为,恐怖主义犯罪定义的共识之所以继续处于一个缓慢的进程中,是因为支持恐怖主义的国家倾向于保留模糊的定义。② 国际社会界定恐怖主义犯罪的思路或是体现恐怖主义犯罪的伦理色彩,或是强调恐怖主义犯罪的法理特质。两者的主要区别实际上仅集中于一点,即前者覆盖了国家恐怖主义这一类型,而后者因立足于时下国际社会的反恐立法而将政府与国家排除在恐怖主义犯罪的主体之外。

加州大学洛杉矶分校教授戴维·拉波波特(David Rapoport)认为,自 19 世纪 80 年代以来,国际社会经历了无政府恐怖主义、反殖民恐怖主义、新左翼恐怖主义与宗教恐怖主义"四波浪潮"。③ 20 世纪 90 年代之前频繁制造骚乱的左翼或无政府恐怖主义,或是随着冷战的结束、意识形态纷争的逐渐消停而与主流社会和解,或是随着政治对话的加深与沟通渠道的畅通而不再通过制造暴力诉诸政治理念。④ 相对而言,"9·11"事件让国际社会将"基地"组织列为最具威胁性的恐怖组织,在全球化背景下,"基地"组织积极地向其他恐怖组织输出宗教极端理念,提供资金支持与技术帮助,助长恐怖主义如毒瘤般向全球渗透,⑤尽管在 2011 年,本·拉登等"基地"组织头目相继被击毙令恐怖主义一时式微,

---

① Angel Rabasa, Stacie L. Pettyjohn, Jeremy J. Ghez, Christopher Boucek, *Deradicalizing Islamist extremists* (RAND Corporation), 2010, p. 3.
② Susan Tiefenbrun, "A semiotic approach to a legal definition of terrorism", *ILSA Journal of International and Comparative Law*, vol. 9, 2003, p. 378.
③ Rapoport, D., "The Four Waves of Rebel Terror and September 11", *Anthropoetics: The Journal of Generative Anthropology*, vol. 8, 2002, p. 2.
④ 魏怡然:《欧盟反恐法研究》,中国社会科学出版社 2019 年版,第 16—17 页。
⑤ 徐军华:《"一带一路"与国际反恐:以国际法为视角》,法律出版社 2019 年版,第 17 页。

但 2013 年"伊斯兰国"从"基地"组织脱离并强势崛起,尽管"伊斯兰国"在教义要旨的诠释运用上与之前的恐怖组织存在差异,①但"伊斯兰国"对恐怖主义意识形态的输出较之前有过之而无不及,极端宗教类型的恐怖主义成为国际社会的主要威胁。基于这一转变,恐怖主义犯罪的主体构成逐渐多元化,不再局限于某些政客,而是遍布社会的各个阶层,除了宗教狂徒,还有极端民族主义者与普通民众,从主体的组织形式来看,不仅有宗教团体,还有民族主义联盟、跨国犯罪集团乃至国家。②

强调恐怖主义犯罪主体的非国家性的学者大致有以下几种观点:① 基于传统国际法体系的考虑,认为国家的法律身份决定其拥有合法使用武力的权利,将国家作为恐怖主义犯罪的行为主体,将导致国际反恐合作的复杂化;③ ② 基于目前生效的主要反恐公约并未明确把国家列为恐怖主义犯罪主体的现状,认为国家不是恐怖主义犯罪的主体;④ ③ 考虑到国际政治格局旧秩序的症结,在联合国难以行使国际事务主导权的情况下,想要证明某国构成恐怖主义犯罪存在举证困难的现实问题,难以让该国承担相应的国际刑事责任,无法保证国际社会所追求的公平正义得以实现。⑤ ④ 强行法中的国际犯罪虽然给国家设定了某些法律义务,但这些义务与特定的条约义务或国家法律规定无关,而违反某个国际法的国家犯罪却不会出现国际执行义务的问题。⑥ 上述观点值得商榷,一方面,《联合国宪章》第 51 条规定联合国成员国单独、集体自卫的权利保障的是国家合法使用武力的权利,但这显然不是国家非法动用武力进行恐怖主义犯罪的免责依据。另一方面,国际上的反恐公约鲜有将国家列为恐怖主义犯罪主体的规定,但并没有全盘否定存在国家恐怖主义的可能性。例如,

---

① 周明、曾向红:《"基地"与"伊斯兰国"的战略差异及走势》,《外交评论》2016 年第 4 期。
② 马长生等:《国际恐怖主义及其防治研究:以国际反恐公约为主要视点》,中国政法大学出版社 2011 年版,第 49 页。
③ [美]詹姆斯·多尔蒂等著,阎学通、陈寒溪等译:《争论中的国际关系理论(第五版)》,世界知识出版社 2003 年版,第 418—419 页。
④ 阮传胜:《恐怖主义犯罪研究》,北京大学出版社 2007 年版,第 93—101 页。
⑤ 冯卫国、贾宇、尚进:《恐怖主义定义相关分歧之辨析》,《法学论坛》2018 年第 5 期。
⑥ [美] M. 谢里夫·巴西奥尼著,赵秉志、王文华等译:《国际刑法导论》,法律出版社 2006 年版,第 18 页。

1948年联合国颁布的《世界人权宣言》和1966年颁布的《公民权利和政治权利国际公约》都有关于国家恐怖主义的内容。国家是否应当对其国际不法行为承担责任是当代国际法的主要议题之一,[①]2001年联合国通过的《国家对国际不法行为的责任条款草案》开宗明义地指出"一国的任何国际不法行为均引起该国的国际责任"。[②] 而实践中,美国国防部就长期将国家或政府视为恐怖主义犯罪的行为主体。[③] 又如,以色列针对巴勒斯坦人采取的定点清除行动也符合恐怖主义犯罪的特征。[④] 在理论界,王逸舟教授指出不能"排除了国家恐怖主义存在的可能",否则"国家可以胡作非为而不被视为恐怖主义"。[⑤] 王雪梅教授也认为,在国际恐怖主义的谱系中不能漏掉国家恐怖主义形态。[⑥] 后"9·11"时代,在国际恐怖主义的浪潮中,"伊斯兰国"除了在国家主权地位层面缺乏国际社会的认可,基本具备了主权国家的其他要素。[⑦] 上述问题对强调恐怖主义犯罪主体要素的非国家性理论产生了挑战,如果因为忌惮霸权主义对国际秩序的主导,认为将国家纳入国际恐怖主义犯罪的行为主体不具有现实的可行性,而将国家从国际恐怖主义犯罪的主体中剔除,反而会诱导一些国家援引合法使用武力的国际法依据从事侵犯他国主权的武装暴力行为,进而导致国际反恐阵营的分化。

回溯恐怖主义的发展史,在法国大革命时期,恐怖主义犯罪专指国家实施的行为,即恐怖主义犯罪的行为主体仅限于国家。直至19世纪,随着在俄罗斯实施的针对统治者的刺杀以及民粹无政府主义者在欧洲实施的袭击的出现,恐怖主义的行为主体范围进一步扩张,个人也可以成为实施恐怖主义的主体。"9·11"事件以来,恐怖主义犯罪在多数情形中与伊斯兰极端暴力联系在一起,

---

① 张乃根:《试析〈国家责任条款〉的"国际不法行为"》,《法学家》2007年第3期。
② 龚宇:《气候变化损害的国家责任:虚幻或现实》,《现代法学》2012年第4期。
③ 潘志平:《中国对恐怖主义的研究述评》,《国际政治研究》2011年第3期。
④ 王政勋、徐丹丹:《恐怖主义的概念分析》,《法律科学》2016年第5期。
⑤ 王逸舟:《如何界定恐怖主义》,《现代国际关系》2001年第10期。
⑥ 王雪梅:《恐怖主义犯罪发展特点分析》,《环球法律评论》2013年第1期。
⑦ 马陇平:《后"伊斯兰国"背景下完善我国反恐怖主义法治研究》,《兰州大学学报(社会科学版)》2019年第2期。

这种片面的政治性话语导致理论界假设恐怖主义犯罪的主体只能是非国家行为体。[1] 尽管国家恐怖主义的表述在联合国的《关于"反人类和平安全犯罪"》的草案法典中有所体现,[2]苏丹、伊朗、叙利亚甚至被美国列为"支恐国家",但总体而言,非国家暴力已成为恐怖主义犯罪的主要表现形式,同时,以《欧洲国际军事法庭宪章》为基础建构的国际刑事责任以个人的刑事责任为基本原则,此外,鉴于非国家组织、个人实施恐怖主义活动的可行性更高,这类恐怖主义犯罪已成为当今世界最为棘手的安全问题之一,国家恐怖主义进一步淡出了国际法的视野,不仅如此,即便在主权豁免理论从绝对主义迈向相对主义的背景下,一些国家试图将"恐怖主义例外"纳入"豁免例外情形",进而为本国恐怖主义犯罪受害者起诉其他国家提供诉权的做法也招致了国际社会的反对。并且,国际机制具有对违反机制的国家行为施以惩罚的功能。[3] 根据草案第 34 条,"对国际不法行为造成的损害的充分赔偿,应按照本章的规定,单独或合并地采取恢复原状、赔款和满足。"在国际法理论中,国家责任"原则上应限于提供赔偿的义务",[4]但这里赔偿不同于国内法中民事责任或刑事责任中的赔偿,而是一个集合的或者总的概念,包括了"恢复原状""赔款""满足""保证不再重犯""宣告性判决"甚至"限制主权"等方式,是国际法独一无二的责任形式。如果国际法院宣告一个国家未履行应尽的国际义务,那么这对该国在国际关系中的地位、形象、经济交往以及政治利益等将产生重大影响,包括但不限于物质方面的损失。[5] 例如,在"波黑诉塞黑案"中,国际法院要求塞尔维亚保证不再重犯,并与

---

[1] Michael Grewcock, "Contemporary State Terrorism: Theory and Practice", *Australian and New Zealand Journal of Criminology*, vol. 43, no. 1, 2010, p. 185.

[2] 第 4 条"为政治目的,武装从一国领土入侵另一国领土";第 5 条"由一国政府支持或执行造成另一国的内乱纠纷,或者该国当局对组织造成另一国的内乱纠纷予以容忍的";第 6 条"由一国政府支持或执行的对另一国的恐怖活动,或者该国当局对组织造成另一国的恐怖活动予以容忍的"。

[3] Robert O. Keohane, *After Hegemony: Cooperation and Discord in the World Political Economy* (New Jersey: Princeton University Press), 1984, pp. 80–83.

[4] Ian Brownlie, *system of the law of Nations* (Oxford University Press), 1983, p. 33.

[5] 刘大群:《国际法上的国家刑事责任问题》,载陈兴良:《刑事法评论》(第 21 卷),北京大学出版社 2007 年版,第 619 页。

前南斯拉夫问题国际刑事法庭开展合作以引渡被通缉者,否则塞尔维亚将承担无法从欧盟得到经济援助等不利后果。尽管根据现有的反恐公约,制裁的对象是非国家行为体的犯罪行为,具有强制力的国际法律文书也没有为惩罚违规国家提供明确的法律渊源,但国际反恐法律机制的制裁模式仍可以对违反公约义务的国家施以一种隐性的惩戒。例如,联合国检测机构根据国家的不作为或不合作行为的记录,要求国际社会对这些国家予以相关性制裁。虽然当前有关恐怖主义犯罪的讨论往往集中于非国家行为体或个人,但国际社会中一直存在国家直接或间接支持或实施恐怖主义犯罪的可能。这种行为的正常化造成了越来越多的国家对恐怖主义的容忍甚至对暴力行为予以合法化。[1] 理想化的恐怖主义犯罪的定义应当将根据《纽伦堡法典》《防止及惩治灭绝种族罪公约》和《联合国宪章》中的人权条款而被视为国家控制恐怖主义的行为纳入范畴之中。[2] 同时,追究国家的责任,能够避免个人与国家责任混同,从而导致个人以执行国家政策为由推卸责任,或者因追究个人责任而忽视了国家应承担的国际责任。尽管在国际社会,宣布一个国家触犯国际罪行在现阶段往往只有象征意义,目前尚无证据表明,这种惩罚能够改变其他国家作出国际性禁止行为的决定和实践,但至少从逻辑上看,威慑的设想应当是有效的。[3] 国际社会对于个人、组织承担恐怖主义犯罪的国际法责任并无争议,但国家能否被反恐公约以行为主体所规制亟待厘清,已有的案例就体现出解决这一问题的迫切性。在 1978 年 3 月 11 日"以色列沿海公路大屠杀"案发生后,被袭击的遇难者亲属就尝试在美国对几个非政府组织和利比亚进行上诉。但最终被法官以国际法未授予原告相关诉权而予以驳回,对于该案中恐怖分子在国际社会中的地位问题应通过外

---

[1] Zoi Aliozi, "A Critique of State Terrorism", *The Crit: A Critical Studies Journal*, vol. 6, no. 1, 2012, p. 58.

[2] John Dugard, "Towards the Definition of International Terrorism", *American Society of International Law Proceedings*, vol. 67, 1973, p. 96.

[3] [美] M. 谢里夫·巴西奥尼著,赵秉志、王文华等译:《国际刑法导论》,法律出版社 2006 年版,第 76 页。

交途径予以解决。①

前南斯拉夫问题国际刑事法庭大法官刘大群认为,可以将恐怖主义行为视为战争罪或危害人类罪的一种,例如,恐怖主义中也常常会存在对战俘的不人道待遇,也会有对贫民的大规模屠杀、劫持人质等行为,例如,在"塔迪奇"案中,控方第一项指控就是关于被告在集中营内外实施杀害、酷刑、性暴力等恐怖行为。② 黎巴嫩问题特别法庭与塞拉利昂问题特别法庭以战争罪制裁涉及恐怖主义实行行为的罪行,对于此类战争罪的构成要件,特别法庭列举了以下几点:① 暴力行为或威胁针对人员或财产;② 被控告的犯罪嫌疑人在明知的情况下故意对个人或财产施以暴力或以暴力相威胁;③ 实施暴力或以暴力相威胁的目的是在人群中传播恐怖。而将恐怖主义行为纳入危害人类罪时,即表明该罪是指在广泛或有系统地针对任何平民人口进行的攻击中,在明知这一攻击的情况下,作为攻击的一部分而实施的行为。而恐怖主义的行为方式恰恰与规约关于危害人类罪的构成要件的描述存在重合,例如,谋杀、奴役、酷刑、强迫人员失踪,等等。根据规约第七条的第二款,战争罪与危害人类罪是"国家行为"或"国家政策支持"实施的国际犯罪行为。尽管恐怖主义实行行为与规约中的国际罪行存在重叠,但这并不意味着在各类国际刑事法庭中提起指控就变得顺理成章,在行为发生的时机并不存在规约意义上的武装背景时,恐怖主义犯罪就不适用战争罪或危害人类罪的条款。但遵循上述思路,至少体现国家恐怖主义也可以包括在罪行之内。③

国家支持恐怖主义并不是一个新问题,禁止国家支持恐怖主义虽然存在于习惯国际法中,但并未被涉及预防和惩治恐怖主义的国际公约吸收,在乌克兰诉俄罗斯资助恐怖主义一案中,主要的争议就在于对《制止向恐怖主义提供资助的国际公约》规定的国家义务的解释,即制止资助恐怖主义犯罪的缔约国义

---

① Hanoch Tel-Oren, et al., Appellants, v. Libyan Arab Republic, et al. see, http://www.internationalcrimesdatabase.org/Case/937/Tel-Oren-v-Libya/.
② 陈泽宪主编:《刑事法前沿(第十卷)》,社会科学文献出版社 2017 年版,第 403 页。
③ Partly Dissention Opinion of Judge Liu Daqun, Milosevic Appeal Judgement, Case No. IT-98-29/1-A, para. 26, 12 November 2009.

务是否意味着禁止国家支持恐怖主义。从文本内容看,缔约国有义务依据《制止向恐怖主义提供资助的国际公约》第18条,通过修改国内立法,将对资助恐怖主义的行为界定为犯罪,同时,通过引渡或起诉等国际合作,预防和制止《制止向恐怖主义提供资助的国际公约》第2条所述罪行,即任何人在其境内为在其境内或境外实施这些罪行进行的准备工作。然而,《制止向恐怖主义提供资助的国际公约》没有明确规定缔约国本身不支持恐怖主义的法律义务。在乌克兰诉俄罗斯资助恐怖主义一案中,俄方在初步反对意见中认为《制止向恐怖主义提供资助的国际公约》中第2条第1款的"任何人"一词应"仅指私人",不包括国家行政人员。

按照国家责任制度,由于国家是一个抽象的实体,国家行为只能通过具体政府部门、行政人员及其他能够代表国家的人员实施,因此,主权国家对某一个行为承担国际不法责任的前提是该行为可归因于本国,而判断一个行为对国家具有"可归因性"的依据便是联合国国际法委员会于2001年通过的《国家对国际不法行为的责任条款草案》。① 俄方认为,国家责任已被排除在《制止向恐怖主义提供资助的国际公约》的适用范围之外,但根据联合国国际法委员会通过的《国家对国际不法行为的责任条款草案》,在本案中承认国家行政人员存在法律责任也意味着宣布俄罗斯联邦对资助恐怖主义行为负有直接责任。② 对于俄方的解释,乌克兰认为,根据条约的文本以及上下文,《制止向恐怖主义提供资助的国际公约》第2条第1款中的"任何人"既包括个人,也包括国家行政人员。③ 针对上述分歧,国际法院认为,根据《制止向恐怖主义提供资助的国际公约》规定,当一个人以任何方式直接或间接、非法和故意地提供或筹集资金,意图全部或部分用于或明知将用于实施第2条第1款(a)项和(b)项所述的恐怖主义行为时,缔约国有义务处理此人所犯罪行。但国际法院认为,《制止向恐怖主义提供资助的国际公约》没有涉及一国资助恐怖主义行为的问题,这超出了

---

① 马呈元:《国际刑法论(增订版)》,中国政法大学出版社2013年版,第523页。
② ICJ (Ukraine v. Russian Federation) Preliminary Objections, para 44, 8 November 2019.
③ ICJ (Ukraine v. Russian Federation) Preliminary Objections, para 53, 8 November 2019.

《制止向恐怖主义提供资助的国际公约》的适用范围。虽然在《制止向恐怖主义提供资助的国际公约》起草阶段,就有代表提出将国家资助恐怖主义行为包括在内的建议,但该建议未被通过。① 国际法院同时提出,虽然一个国家资助恐怖主义行为不属于《制止向恐怖主义提供资助的国际公约》的适用范围,但这并不意味着国际法规定这种行为是合法的。国际法院回顾,在《联合国安理会第1373(2001)号决议》中,联合国安全理事会根据《联合国宪章》第七章采取行动,决定所有国家应"不向参与恐怖主义行为的实体或个人主动或被动提供任何形式的支持。"②国家资助恐怖主义行为不属于《制止向恐怖主义提供资助的国际公约》的范围,因此,国家官员实施《制止向恐怖主义提供资助的国际公约》第二条所述罪行本身并不涉及《制止向恐怖主义提供资助的国际公约》规定的有关国家的责任。然而,《制止向恐怖主义提供资助的国际公约》的所有缔约国都有义务采取适当措施并进行合作,防止和制止任何人资助恐怖主义行为的罪行。如果一个国家违反这一义务,就会产生《制止向恐怖主义提供资助的国际公约》规定的责任。③ 如同国际法院所表达的意见,《制止向恐怖主义提供资助的国际公约》并未规定缔约国本身参与资助恐怖主义犯罪的法律义务,但如果因此否定可归因于国家行为的不法责任,显然是不合理的。

国际法院对《世界首例国家被告实施种族灭绝行为的案件的判决》("波黑诉塞黑案")对于研究国家刑事责任具有重要意义。2007年2月26日,国际法院对此案("波黑诉塞黑案")作出判决,依据《防止并惩治灭绝种族罪公约》对行为要件与主观要件的规定,认定被告塞尔维亚共和国在20世纪90年代波斯尼亚战争期间没有犯下灭绝种族罪。但缔约国应承担防止并惩治灭绝种族罪的义务,由于未防止1995年7月斯雷布雷尼察种族灭绝事件的发生,因此被告违反了公约规定的国家义务。④ 尽管这一国际法院的判例最终未判定塞尔维亚共

---

① ICJ (Ukraine v. Russian Federation) Preliminary Objections, para 59, 8 November 2019.
② ICJ (Ukraine v. Russian Federation) Preliminary Objections, para 60, 8 November 2019.
③ ICJ (Ukraine v. Russian Federation) Preliminary Objections, para 61, 8 November 2019.
④ 蒋娜:《多维视野中的波黑诉塞黑案》,《刑法论丛》2009年第1期。

和国构成灭绝种族罪,但国际法院认为,该公约同样禁止国家犯下灭绝种族罪。在判决中,国际法院首次明确,国家对其没有履行该公约应当承担国际责任,对国家及其代理人所犯下的灭绝种族罪也应当承担国际责任。[1] 对此,刘大群法官认为,国家也可以成为灭绝种族罪的犯罪主体。[2] 国际法院认为,禁止国家从事灭绝种族行为的义务可以基于对《制止向恐怖主义提供资助的国际公约》的立法目的解读推断出来,因为缔约国在同意根据国际法将灭绝种族罪归为罪行时,必须承担禁止其管辖的个人或团体犯下灭绝种族罪的义务,显然,仅假定国家只有预防义务,但"不禁止他们自己的机构或他们如此严格控制的个人实施这种行为",且根据国际法,这些行为可归于国家,这样的逻辑显然是"自相矛盾的"。[3] 国际法院在"波黑诉塞黑案"关于预防义务的一般结论也可以适用于对《制止向恐怖主义提供资助的国际公约》规定的法律义务的解释,即承担禁止资助恐怖主义罪行的义务应意味着禁止国家对恐怖主义的资助。"波黑诉塞黑案"的判决结论被视为国际法发展史上的重要突破,它明确了国家承担刑事责任以及国家作为国际法院刑事判决对象的可能性,通过坚持国家可能对国家支持恐怖主义承担法律责任,也可以使国家对恐怖主义的法律责任更加明确。

恐怖主义犯罪通常被概念化为非国家行为体的工具,但《制止向恐怖主义提供资助的国际公约》并未明确指出该罪的行为主体不包括政府与国家,这种不明确性实际上为国际社会制裁国家恐怖主义保留了灵活性。尽管对这一灵活性的保留以牺牲法律的明确性为前提,不利于法律尊严的维护,[4]但对于国际反恐合作而言,适当降低机制措辞的严谨性可以吸引更多主权国家参与,国际法相关概念的界定在一定程度上须屈从于国家意志以争取得到国际社会的普遍承认。据此,国际法中恐怖主义犯罪的概念往往不会明确肯定国家恐怖主义

---

[1] Bosnian Genocide Case [2007] ICJ Rep 43, 113 [166].
[2] 刘大群:《国际法上的国家刑事责任问题》,载陈兴良:《刑事法评论》(第21卷),北京大学出版社2007年版,第605页。
[3] Bosnian Genocide Case [2007] ICJ Rep 43, 113 [166].
[4] 黄瑶等:《联合国全面反恐公约的研究:基于国际法的视角》,法律出版社2010年版,第51页。

的存在,也不会在具体用语方面过分推敲以追求立法的公正与严格,协商一致与妥协让步就像是一个硬币的两面。然而,如果将国家恐怖主义纳入反恐公约的适用范围,又存在滥用该定义的可能。例如,一些国家在没有明确达到武装冲突界限的情况下,就将看似不"正常"的情况界定为"紧急状态",这种滥用定义的做法与恐怖主义犯罪具有相似性,却成为一国对他国以反恐为由动用武力的合法依据,[1]为一些国家在反恐中奉行双重标准大开便宜之门。

因此,即便选择概括式的立法语言全面界定恐怖主义犯罪,为了保证适用的明确性,也要尽可能地囊括"恐怖主义犯罪"的基本构成要素,从而使该定义能够得到国际社会的普遍认可。基于现实而言,国家"恐怖主义犯罪"至少包括四个关键要素且缺一不可:第一,国家具有保障公民免于针对他人的蓄意暴行或威胁而采取这种行为的义务;第二,罪行必须由代表国家或与国家共谋的行为者犯下;第三,暴力行为或暴力威胁的目的是使一些与受害者有同感的目标受众产生极端恐惧;第四,目标受众被迫考虑以某种方式改变他们的行为。

---

[1] Bruce Broomhall, "State Actors in an International Definition of Terrorism from a Human Rights Perspective", *Case Western Reserve Journal of International Law*, vol. 36. no. 2 & 3, 2004, p. 421.

实践篇

联合国反恐国际合作法律机制探析

一、引言

"9·11"事件以前,国际社会针对反恐国际合作的必要性展开了长期的争论,但在大多情况下,恐怖主义被认为是一个国内的问题。"9·11"事件的爆发打破了国际社会对恐怖主义的传统认知,促成了不同级别、针对不同问题的反恐国际合作。[①] 后"9·11"时代的反恐国际合作以在界定恐怖主义犯罪方面达成共识、"或引渡或起诉"原则的适用为主要内容,[②]因此,现阶段的反恐国际合作,其实质主要是国际刑事方面的法律合作。

"机制"并非法学领域的专有名词,如前文所述,机制泛指社会或自然现象的内在组织和运行的变化规律。罗伯特·杰维斯对安全机制下了著名定义,机制不仅被表述为"原则、规则和规范",还包括对上述规范的实践所体现的形式。[③] 国际法视域下的反恐国际合作的法律机制不仅包括在反恐国际合作的法律关系领域指导国际法主体进行相关行为的原则、规则、规范,还包括依据这些原则、规则、规

[①] Hendrik Hegemann. *International Counterterrorism Bureaucracies in the United Nations and the European Union*(nomos),2014. p. 85

[②] 黄瑶等:《联合国全面反恐公约研究:基于国际法的视角》,法律出版社2010年版,第137—138页。

[③] 罗伯特·杰维斯认为"安全机制"不仅指便于合作的规范和期望,而且指一种超出短期自我利益追逐一种合作形式。Robert Jervis, "Security Regimes", *Intercontinental Organization*, vol. 36, no. 2, 1982, p. 357.

范所进行的具体实践。国际合作是一个非常宽泛的概念,广义上的国际合作既有政治外交领域的合作,也有法律制度层面的合作,而对反恐国际合作法律机制的研究仅仅是对反恐国际合作进行狭义的解剖。如前文所述,法律机制视域下的反恐国际合作又可以分为立法层面的合作与司法层面的合作,前者主要表现为国际反恐公约等法律文书的共同制定和加入,后者主要体现为国际组织、专门机构的机制实施。在反恐国际合作法律机制中,对机制的阐释依赖于对反恐公约的把握,而具体的操作和落实则是实践中危机处理方面的问题。① 换言之,对反恐国际合作法律机制的解读既需要探索国际反恐法中关于反恐国际合作的文本内容,还要关注国际法主体依据国际法律文书开展的反恐国际合作的具体实践。

冷战时期,反恐国际合作进程停滞不前的原因主要为发达国家与发展中国家在观念上的对立。这一时期的首要国际议题是如何应对核战争以及超级大国对抗所滋生的威胁,惩治恐怖主义犯罪并不是国际社会最关心的事项。20世纪六七十年代的一系列劫机事件以及慕尼黑第20届奥运会人质劫持事件推动国际社会相继制定了《制止非法劫持航空器公约》《制止危害民用航空安全的非法行为的公约》《反对劫持人质国际公约》。然而,尽管联合国推动反恐国际合作的行动越来越积极,但由于联合国未能协调发达国家与发展中国家之间的矛盾,无法厘清恐怖主义犯罪与合法使用武力的区别。② 这一时期,以联合国主导的反恐国际合作仍处于较低的水平。③ "9·11"事件将反恐国际合作推向了一个新的高度,反恐国际合作的程度不断深化。

二、联合国反恐国际合作法律机制的国际法依据

国际恐怖主义犯罪是由国际法规定的具有跨国性的某种暴力、暴力威胁以

---

① 张屹:《国际反恐合作法律机制研究》,武汉大学出版社2019年版,第54—55页。
② Hendrik Hegemann. *International Counterterrorism Bureaucracies in the United Nations and the European Union* (nomos), 2014. p. 86.
③ Crelinsten, Ronald D. Counterterrorism as Global Governance. A Research Inventory. In Mapping Terrorism Research. State of the Art, Gaps and Future Direction, ed. Magnus Ranstorp (London: Routledge), 2007, p. 217.

及胁迫他国的罪行,因此联合国反恐国际合作法律机制的依据主要是由主权国家在联合国主导下缔结的国际公约以及由联合国安理会作出的具有普遍性义务的反恐决议。

(一) 联合国反恐国际公约:由引渡展开的刑事司法合作

迄今为止,联合国及其专门机构主导制定的国际反恐法由 19 项国际法律文书构成,[①]这 19 项国际法律文书被国际社会视为反恐国际立法的主干,分别对危害国际航空罪、侵害受国际保护人员罪、劫持人质罪、恐怖主义爆炸罪、非法获取和使用核材料罪、资助恐怖主义罪等恐怖主义犯罪作了规定。

反恐国际合作的基础是国家之间的互信,对这份互信的维护离不开国际反恐法的常态化以凝聚国家间的共识、消弭国家间在相关领域的分歧,由联合国主导制定的一系列反恐国际公约回应了这一需求。为了强调国际合作的重要性并保证合作手段的可行性,上述公约一般都要求:缔约国应当将反恐公约所针对的各项恐怖主义行为规定为国内法中的刑事犯罪;在任何情况下,都不得引用政治、思想、意识形态、种族、人种、宗教或其他类似的因素为这些犯罪辩护;不得将涉嫌恐怖主义犯罪人视为难民而予以庇护。[②]此外,除了将特定类型的恐怖主义行为规定为国际犯罪,为了实现对恐怖分子的惩治,多项公约不断

[①] 它们分别是:《关于在航空器内的犯罪和其他某些行为的公约》(简称《东京公约》)、《制止非法劫持航空器公约》(简称《海牙公约》)、《制止危害民用航空安全非法行为公约》(简称《蒙特利尔公约》)、《制止在为国际民用航空服务的机场上的非法暴力行为的议定书》(简称《蒙特利尔公约补充议定书》)、《关于防止和惩处侵害应受国际保护人员包括外交代表的罪行的公约》《反对劫持人质国际公约》《核材料实物保护公约》《关于制止危害民用航空安全的非法行为的公约》《制止危害海上航行安全非法行为公约》《制止危及大陆架固定平台安全非法行为议定书》《关于在可塑炸药中添加识别剂以便侦测公约》《制止恐怖主义爆炸事件的国际公约》《制止向恐怖主义提供资助的国际公约》《制止核恐怖行为国际公约》,以及《制止与国际民用航空有关的非法行为的公约》。此外,2014 年通过了关于修订《关于在航空器内的犯罪和其他某些行为的公约》的议定书,2010 年签订的《制止非法劫持航空器公约》的补充议定书(简称《北京议定书》)于 2018 年正式生效。2005 年通过了《核材料实物保护公约》修订案,同年 10 月 14 日,各国在《制止危害海上航行安全非法行为公约》的 2005 年议定书与《制止危及大陆架固定平台安全非法行为议定书》的 2005 年议定书方面达成一致。

[②] 王秀梅:《惩治恐怖主义犯罪中维护公共秩序与尊重人权的平衡》,《法学评论》2006 年第 2 期。

重申了"或引渡或起诉"原则,①确定了由"毫无例外"的起诉到"毫无例外并毫无不当延迟"的原则性要求。② 这些公约通常都规定恐怖主义犯罪是可引渡的犯罪,缔约国有义务根据引渡法、相互缔结的条约甚至该反恐公约引渡涉嫌恐怖主义犯罪的人员,从而避免恐怖分子在国际公约中寻求"安全地带"和"避风港"。③ 例如,《关于防止和惩处侵害应受国际保护人员包括外交代表的罪行的公约》第7条规定,"缔约国于嫌疑犯在其领土内时,如不予以引渡,则应毫无例外,并不得不当稽延,将案件交付主管当局,以便依照本国法律规定的程序提起刑事诉讼",④并且要求各缔约国应当将"侵害应受国际保护人员罪"视为"应该引渡的罪"。⑤ 类似的表述也在《制止非法劫持航空器公约》等一系列国际公约中出现。绝大多数的恐怖主义犯罪都属于典型的政治犯罪,如王牧教授指出,"主义"一词本身就是个政治学概念。⑥ 因此,若固守政治犯不引渡原则,便会充分地暴露该原则在惩治恐怖主义犯罪国际合作领域的局限性。为了规避这一负面影响,避免恐怖分子逍遥法外,国际社会在起草反恐公约时往往致力于采取措施限制该原则的适用范围,即在引渡合作的问题上将其所针对的特定犯罪"非政治化",排除在政治犯罪之外,⑦从而解决"或引渡或起诉"原则在反恐领域适用方面的矛盾。如果说早期的反恐公约尚在这一问题上犹豫徘徊,⑧晚近的

---

① 管建强、曹瑞璇:《惩治国际恐怖主义以及完善我国惩治恐怖主义法律体系》,《法学杂志》2015年第7期。
② 朱丽欣:《反恐怖主义犯罪的国际合作及中国立法的完善》,《国家检察官学院学报》2009年第6期。
③ 马长生、贺志军:《联合国防治国际恐怖主义法律机制探析——兼论国际反恐与国际社会的稳定关系》,载刘仁文主编:《刑事法治视野下的社会稳定与反恐》,社会科学文献出版社2013年版,第352页。
④ Convention on the Prevention and Punishment of Crimes Against Internationally Protected Persons, Including Diplomatic, art. 7.
⑤ Convention on the Prevention and Punishment of Crimes Against Internationally Protected Persons, Including Diplomatic, art. 8(1).
⑥ 王牧:《恐怖主义概念研究》,《法治论丛》2003年第5期。
⑦ 黄风:《或引渡或起诉》,中国政法大学出版社2013年版,第34页。
⑧ 例如,在1963年签订的《关于在航空器内的犯罪和犯有某些其他行为的公约》第16条规定,该公约关于引渡的任何规定不应当被解释为规定引渡的义务,即公约规定的有关恐怖主义分子的引渡并非签署国的强制性义务。

反恐公约则通常直截了当地要求"缔约国在对罪犯提起刑事诉讼时,应相互给予最大限度的司法协助,将恐怖主义犯罪排除在政治犯罪之外,不适用政治犯不引渡原则"。[①] 目前的反恐国际法更倾向于强调恐怖主义犯罪的法律属性而弱化其政治属性,逐渐形成了将恐怖主义犯罪视为违反国际法基本准则以及《联合国宪章》的反人类行为的国际共识,而这份共识亦是反恐公约的起草者对恐怖主义犯罪手段多样性的考量。

值得注意的是,反恐国际合作包括以引渡为主的刑事司法合作但不限于此,反恐公约除了规定在惩治、追究各类恐怖主义犯罪方面负有刑事合作的义务,在其他刑事司法合作层面,还专门规定了缔约国在预防恐怖主义犯罪方面的合作义务,要求各个缔约国相互之间予以最大程度的协助,采取一切切实可行的措施,不断扩展包括犯罪情报交换在内的合作方式和渠道,防止各类恐怖主义犯罪的发生。从《制止非法劫持航空器公约》到《制止核恐怖主义行为国际公约》,关于国际合作的规定,反恐公约经历了从先前规定的笼统性概括到现在的对合作方式逐渐明确化的过程。联合国通过反恐公约的制定不断为成员国间开展反恐国际合作提供制度供给,"包括依据各自的国内法展开对案件的调查、提供他们掌握的情报和为诉讼程序所需的一切证据,移送被羁押者或者服刑人提供协助方面的合作,交换关于预防措施的资料,并且在技术、设备和有关材料方面进行合作与转让,以及没收、冻结、扣押犯罪资产及收益等方面的合作。"[②]基于上述反恐公约的具体规定,联合国主导架构的反恐国际合作法律机制呈现出事前严密防范、事中坚决反击与事后严厉惩治的现实图景,为构建既包括预防犯罪合作也涵盖惩治犯罪合作的反恐国际合作法律机制提供了国际法依据。

(二) 联合国安理会决议对反恐国际合作的要求

联合国安理会在国际组织中的地位是独一无二的,依据联合国的授权,安

[①] 马德才:《国际法中的引渡原则研究》,中国政法大学出版社2014年版,第52页。
[②] 朱丽欣:《反恐怖主义犯罪的国际合作及中国立法的完善》,《国家检察官学院学报》2009年第6期。

理会以维护国际和平与安全为己任,一旦发现和平受到威胁、遭到破坏或是出现了侵略行为,安理会有权根据《联合国宪章》第 7 章的授权作出强制性决议以彰显其强制力。① 在反恐实践中,这表现为安理会通过决议形成对成员国具有约束力的规则惩治恐怖主义犯罪,对涉嫌从事或支持恐怖主义犯罪的国家、团体和个人实施制裁。安理会的强制性决议作为安理会的立法须符合以下标准:第一,由安理会单方面作出;第二,决议所设立的标准具有普遍性;②第三,决议所设立的标准具有强制性。③ 安理会决议的普遍性标准曾受到质疑,一些学者认为这只针对特定条件发布的命令,这些制裁在问题解决后将逐渐失去法律效力。④ 支持安理会决议具有法律效力的学者则认为,国际组织决议的法律效力来源除了包含国际组织创建法律文件时的明文规定,还应考虑国际法的暗含规定。例如,国际法院曾指出,虽然在《联合国宪章》中没有明文规定,但必须以必要的暗示赋予联合国履行其职责的必要条件,即联合国必须被视为拥有这些暗含的权力。⑤ 而安理会决议的法律效力来源于《联合国宪章》为了维护国际和平及安全而对其进行的暗示授权。⑥ 相对应的,《联合国宪章》第 25 条和第 48 条为安理会决议的效力提供了法律基础,表明决议的效力来源于联合国会员国的共同同意。同时,参考《联合国宪章》第 41 条、第 42 条及相关实践,《联合国宪章》默示同意了安理会在符合《联合国宪章》宗旨和规定的前提下,为维持国际和平与安全而必须且有权采取立法措施。因此,安理会决议的法律效力还间接源自《联合国宪章》的暗含规定。随着"9·11"事件的爆发,《联合国安理会第 1373(2001)号决议》的出台,安理会决议的普适性更是被决议起草者多次采纳

---

① C. H. 鲍威尔:《联合国安理会、恐怖主义和法治》,载维克托·V. 拉姆拉伊等著,杜邈等译:《全球反恐立法和政策(第二版)》,中国政法大学出版社 2016 年版,第 17 页。
② Kirgis FL Jr, "The Security Council's First Fifty Years", *American Journal of International Law*, vol. 89, no. 3, 1995, p. 520.
③ Marschik, "A Legislative Powers of the Security Council", in Ronald MacDonald and Douglas Johnston eds, *Towards World Constitutionlism* (Leiden: Martinus Nijhoff), 2005, p. 461.
④ Paul C. Szasz, "The Security Council Starts Legislating", *American Journal of International Law*, vol. 96, no. 4, 2002, p. 902.
⑤ 王虎华:《国际公法学(第四版)》,北京大学出版社 2015 年版,第 12 页。
⑥ 王虎华、肖灵敏:《再论联合国安理会决议的国际法性质》,《政法论丛》2018 年第 6 期。

并嵌入决议的内容中,安理会决议的出台不仅是要在特定的政治危机中实现和平,而且是要广泛、长期或全方位地对各国权利与义务进行约束,安理会一旦做出决议,就"可以说是在为国际社会普遍立法"。其中,《联合国安理会第 1373(2001)号决议》是联合国反恐历史上的新篇章,是联合国反恐斗争的基石,[①]对反恐国际合作而言亦具有里程碑式的意义。该决议的第 3 条的前 5 项呼吁所有国家交流行动情报、促进行政和司法事项上的合作、进行双边和多边协议的签订,等等。[②] 从内容上看,《联合国安理会第 1373(2001)号决议》为各成员国设定了三类普遍义务,其中,"前两类为强制性义务,第三类则采用建议性口吻"。[③] 此后的反恐决议延续了类似的强制性和建设性义务共存的设置。总体而言,自 2001 年《联合国安理会第 1373(2001)号决议》提出以来,指导各国反恐实践的安理会决议的制定进入了高峰期,推动了反恐国际合作法律机制步入轨道化机制。大大摒弃了"9·11"事件以前反恐决议存在的"内容重复、少有建树、收效甚微"的弊病。[④]

三、联合国反恐国际合作法律机制的具体实践

(一)推动反恐国际合作的机构及其功能

联合国通过的 19 份涉恐国际公约与议定书等法律文书为打击诸如劫机、绑架人质、爆炸物与非常规武器的使用等类型的恐怖主义犯罪制定了行动策略,[⑤]构成了联合国主导的反恐国际合作的基础性法律框架。作为恐怖主义全

---

① Rosand, Eric, "Security Council Resolution 1373, the Counter-Terrorism Committee, and the Fight against Terrorism", *American Journal of International Law*, vol. 97, no. 2, 2003, p. 333.

② Resolution 1373 (2001). S/RES/1373 (2001). September 28, 2001. https://undocs.org/en/S/RES/1373(2001).

③ C. H. 鲍威尔:《联合国安理会、恐怖主义和法治》,载维克托·V. 拉姆拉伊等著,杜邈等译:《全球反恐立法和政策(第二版)》,中国政法大学出版社 2016 年版,第 23 页。

④ 张屹:《国际反恐合作法律机制研究》,武汉大学出版社 2019 年版,第 71 页。

⑤ 曾向红:《恐怖主义的全球治理:机制及其评估》,《中国社会科学》2017 年第 12 期。

球治理的首要平台,联合国反恐国际合作法律机制必然体现于联合国系统内的机构设置上。起初,在《联合国宪章》中,并没有任何条款约定成立专门的反恐机构,与反恐有关的任务分散于联合国下的各个子系统中。例如,国际原子能机构(IAEA)致力于凝聚国际社会的力量来应对涉及化学、生物、辐射、核物质等在恐怖主义犯罪中所带来的威胁以及大规模杀伤性武器扩散的问题。联合国教科文组织着眼于不同文明之间的对话,"避免文化冲突造成人们思想的混乱和内心的失衡进而产生犯罪"。① 此外,联合国开发计划署(UNDP)旨在解决暴力、激进化的社会经济根源。② 进入后"9·11"时代,为了促请国际社会在联合国框架内反恐,联合国建立了一系列反恐机构。例如,有鉴于各国反恐法律行为不一致的局面,为了更好地加强全球反恐合作,在用以直接回应"9·11"事件的《联合国安理会第1373(2001)号决议》中,联合国决定成立由安理会15个成员国组成的反恐怖主义委员会,以监测包括国际合作在内的《联合国安理会第1373(2001)号决议》的贯彻情况。③ 2017年6月15日,联合国大会通过A/RES/71/291号决议,设立了联合国反恐怖主义办公室(UNOCT),以协调联合国系统有关反恐方面的努力,加大对各成员国反恐能力建设的支持力度,等等。

此外,根据《联合国宪章》设定的职权安排,联合国大会在反恐国际合作法律机制的实现中发挥着重要作用。联合国大会制定的反恐宣言与决议只是不具有法律拘束力的国际文件,然而,这些国际文件虽"没有法律拘束力,但并不是没有法律意义",纵然联合国大会制定的反恐宣言与决议依据宪章的规定,只是"提出建议",但否认其法律效力是"过于简单化的想法"。④ 联合国大会制定的反恐宣言与决议的法律意义体现在促成国际公约的签订,这对于反恐国际合作法律机制的完善具有积极意义,更有助于凝聚各国在国际反恐斗争中的共识

---

① 吴何奇:《社会转型背景下恢复性刑罚执行模式的建构》,《犯罪研究》2019年第4期。
② Hendrik Hegemann, *International Counterterrorism Bureaucracies in the United Nations and the European Union*, nomos, 2014. p.95.
③ 赵秉志、杜邈:《在联合国法律框架内进行反恐斗争——"全球反恐法律框架"学术研讨会综述》,《法学杂志》2008年第3期。
④ Robert Jennings, Arthur Watts, eds. *Oppenheim's International Law, Nineth edition, vol.1* (England: Longman), 1992, p.46.

与合作。① 因此,在反恐领域,联合国大会已被视为反恐国际公约商讨的重要平台。② 不同于联合国安理会的决策模式,联合国大会在反恐国际合作法律机制的实现中往往能作为一个更具包容性的机构。事实上,一些国家会质疑联合国安理会决议在程序上的合法性,他们认为,被予以国际合作义务的联合国安理会决议的制定者只是联合国成员国中的极少数国家,单凭这些国家就将反恐国际合作的义务赋予所有会员国有违传统国际法所要求的"全体国家一致同意的原则"。③ 不仅如此,相对于全面反恐公约的制定因草案第 18 条"公约的适用范围"的争议至今仍被搁置,④被视为国际"软法"的联合国大会制定的反恐宣言与决议更能吸引国际社会大多数国家参与,⑤在国际刑事司法中发挥重要作用。2006 年,联合国大会以协商一致的方式通过了《联合国全球反恐战略》,形成了惩治恐怖主义犯罪、打击恐怖主义的"四个支柱",这是国际反恐领域迄今为止所形成的最重要的共识,不仅如此,联合国大会对《联合国全球反恐战略》每两年一次的审查频率,保证了该文件成为符合成员国反恐优先事项的实时性文件,既强调国际社会在四个支柱领域预防和惩治恐怖主义犯罪事务的执行,也关注国际社会在应对助长恐怖主义滋生、蔓延的条件,在经济、技术等政治色彩较为淡化的领域展开国际合作,通过在功能性领域的活跃逐渐推向更高层次的政治合作,"一点一滴、逐渐积累的缔造和平"。⑥ 为促进各成员国在国家、区域

---

① 黄瑶等:《联合国全面反恐公约研究:基于国际法的视角》,法律出版社 2010 年版,第 14 页。
② 赵远:《国际б区域性反恐公约研究》,载刘志伟等:《反恐怖主义的中国视角和域外借鉴》,中国人民公安大学出版社 2019 年版,第 115 页。
③ Eric Rosand, Alistair Millar, "Strengthening International Law and Global Implementation", cited in David Cortright, George A. Lopez, *Uniting Against Terror Cooperative Nonmilitary Responses to the Global Terrorist Threat* (The MIT Press), 2007, p. 54.
④ 关于公约适用范围的界定已成为全面公约最后也最为关键的争议,一些国家主张把武装部队的活动排除在该公约适用范围之外,另一些国家主张应排除反对外国占领的民族解放运动。KENNEDY GRAHAM, "The Security Council and Counterterrorism: Global and Regional Approaches to an Elusive Public Good", *Terrorism and Political Violence*, vol. 17, issue 1-2, 2005, p. 47.
⑤ 黄瑶:《论国际反恐法的范畴》,《吉林大学社会科学学报》2010 年第 5 期。
⑥ 江国青:《联合国专门机构与功能主义理论的发展》,《武汉大学学报(哲学社会科学版)》1991 年第 3 期。

和国际层面的反恐实践中采取共同的战略和行动方法提供了较为适宜的指引。

(二) 反恐国际合作法律机制在不同领域内的实践：以网络领域为范例

从国家安全的角度看，互联网和计算机的进步使得安全措施得以发展，安全技术得以改进。情报部门通过监控、信息收集、存储和分析技术的改良，可以更容易地发现各种威胁，但便捷的可访问性以及技术中立性意味着互联网技术、资源同样可以被恐怖分子利用，网络恐怖主义的威胁正变得越来越突出和棘手。[1] 尽管一些学者认为，相对于物质世界的恐怖主义犯罪，网络恐怖主义犯罪的威胁并非迫在眉睫，[2]现实中似乎也没有相关研究具体统计过在网络恐怖袭击中的伤亡人数，但这并不意味着恐怖分子不能通过信息通信技术执行传统意义上的恐怖主义犯罪。同时，恐怖分子认为，互联网可以作为一个即时通信平台，去连接全世界所有有相同信仰的组织以及个人。[3] 因此，在后"9·11"时代，恐怖主义分子及其支持者在全球化社会中越来越多地使用信息和通信技术，通过互联网这一关键基础设施，进行煽动、招募、筹集资金以及部署恐怖袭击等，这些行为已然引发国际社会的关注。

面对恐怖主义不断寻求网络扩张，国际合作乃是目前治理网络恐怖主义的重要途径。2006年发布的《联合国全球反恐战略》的附件《行动计划》就明确谴责包括网络恐怖主义犯罪在内的一切形式的恐怖主义，并在第二部分"防止和打击恐怖主义的措施"中专门就网络恐怖主义的治理提出了相应措施，以期通过国际、区域各级的协调努力，共同应对网络恐怖主义的威胁。[4] 至2014年第

---

[1] Luca, Gabriela. "Manifestations on Contemporary Terrorism: Cyberterrorism", *Research and Science Today*, vol. 13, no. 1, 2017, p. 21.

[2] Mauro M, "Threat Assessment and Protective Measures: Extending the Asia-Europe Meeting IV Conclusions on Fighting International Terrorism and Other Instruments to Cyber Terrorism", In: Halpin E., Trevorrow P., Webb D., Wright S. (eds) *Cyberwar, Netwar and the Revolution in Military Affairs* (Palgrave Macmillan, London), 2006, p. 221.

[3] Chu, Hai-Cheng & Deng, Der-Jiunn & Huang, Yueh-Min, "Next Generation of Terrorism: Ubiquitous Cyber Terrorism with the Accumulation of all Intangible Fears", *Journal of Universal Computer Science*, vol. 15, no. 1, 2009, p. 2392.

[4] 徐军华：《"一带一路"与国际反恐：以国际法为视角》，法律出版社2019年版，第170页。

六十八届联合国大会,根据中国提出的修改意见,联合国修改并通过了《联合国全球反恐战略》决议,首次将打击网络恐怖主义写入全球反恐战略框架之中。[①]

在安理会层面,对恐怖分子利用"新的信息和通信技术"招募、煽动与进行恐怖袭击的现象表达的"关切"首次被记载于《联合国安理会第1963(2010)号决议》中。[②] 为了应对这一问题,以国际合作制裁网络恐怖主义的建议在此后的反恐决议中被多次提及。例如,联合国安理会在《联合国安理会第2341(2017)号决议》中呼吁会员国"酌情与公共和私人利益攸关方建立或加强国家、区域和国际伙伴关系,以交流信息和经验,以预防、保护、缓解、调查、响应和从恐怖袭击关键基础设施的损害中恢复,包括通过联合培训以及使用或建立相关的通信或紧急预警网络。"[③]在《联合国安理会第2370(2017)号决议》中,联合国进一步"敦促会员国采取合作行动,在尊重人权和基本自由并履行国际法义务的同时,防止恐怖主义分子通过信息和通信技术等途径获取武器,并强调指出在此努力中与民间社会和私营部门合作包括建立公私伙伴关系的重要性。"[④]简言之,尽管联合国尚未针对网络恐怖主义犯罪制定专门的国际公约,也并未对网络恐怖主义犯罪制裁的国际司法合作提供明确的指引,[⑤]但在具有立法性质的安理会决议以及不具有法律约束力的联合国大会决议与经过修订的《联合国全球反恐战略》中,均呼吁成员国采取措施防止网络恐怖主义犯罪。

除了为网络领域反恐国际合作提供政策上的指引,联合国反恐怖主义办公室也针对互联网等新技术领域采取了多项举措,旨在增强成员国和个体、组织预防和降低恐怖分子及暴力极端分子滥用技术发展的能力。这包括抵抗恐怖分子对关键基础设施实施的网络攻击的威胁,以及在尊重人权的同时,利用社交媒体收集开源信息和数字证据,以对抗网络恐怖主义和暴力极端主义。

[①] 赵红艳:《国际合作背景下的网络恐怖主义治理对策》,《中国人民公安大学学报(社会科学版)》2016年第3期。

[②] SC Res. 1963.

[③] SC Res. 2341, art. 5.

[④] SC Res. 2370, art. 13.

[⑤] 潘新睿:《网络恐怖主义犯罪的制裁思路》,中国法制出版社2017年版,第86页。

四、联合国反恐国际合作法律机制的困境

"9·11"事件以来,联合国始终致力于从政治、经济、法律、技术等方面提升国际社会反恐实践的水平与力度,为统一各国对恐怖主义犯罪的态度进而促进国际合作的发展奠定了基础。但遗憾的是,联合国构建的反恐国际合作法律机制并未充分遏制恐怖主义的蔓延。对此,有学者指出,对于人数众多、武器装备精良且屡屡跨境作案的超大型恐怖组织,国内法乃至国际条约都无法保证对其实现法律惩治。[1]对诸如"伊斯兰国"、"基地"组织等极端势力的瓦解仍在很大程度上依赖于美国实施的单边军事干预。国际合作的意愿及全球性共识只在"9·11"事件后以及"伊斯兰国"在中东地区肆虐时十分强烈,更多的时间里,不可调和的分歧与矛盾是反恐国际合作法律机制面临的主旋律。受制于不同国家对恐怖主义犯罪的立场、理解、政治诉求的分歧,联合国反恐国际合作法律机制的现实样貌与联合国为其勾勒的理想图景相比,仍具有很大的缺陷。

(一) 反恐公约的滞后

为了应对恐怖主义犯罪带来的威胁,各国反恐刑事立法呈现出预防性特征,以实现法律对秩序和安全价值保护的强化。[2] 不同于国内刑法在后"9·11"时代反恐领域的积极作为,联合国在反恐国际公约的起草方面鲜有建树。如何评价国际公约应对恐怖主义犯罪的有效性?针对这一问题国外学者提出了三项标准:第一,国际法是否能够就恐怖主义犯罪提出一个普适性的界定;第二,国际法中是否设置了用以预防和惩罚恐怖主义行为的议定措施;第三,国际法是否为打击某些国家支持恐怖主义提供行动上的支持?[3] 如果参考上述标准审

---

[1] 李寿平、王志佳:《试论国家境外武力反恐的合法性》,《法学杂志》2016年第9期。
[2] 何荣功:《"预防性"反恐刑事立法思考》,《中国法学》2016年第3期。
[3] Guillaume G, "Terrorism and International Law", *International & Comparative Law Quarterly*, vol. 53, issue 3, 2004, pp. 537-548.

视联合国框架下指导反恐国际合作法的法律依据,现状下的反恐公约明显滞后于恐怖主义犯罪的发展。

首先,联合国框架下的反恐公约尚未提供一个恐怖主义犯罪的一般性定义。自 1963 年以来,联合国通过了各种决议和公约以遏制恐怖主义犯罪的发生与蔓延。但时至今日,国际法律文书中对于恐怖主义犯罪的定义尚未达成共识。何为恐怖主义犯罪?国际公约在这一问题上的回答通常采用列举的方式,将那些必须予以制裁的具体行为写入法律文件。即便如此,一些国家在签署上述公约时仍选择作出保留,例如,巴基斯坦在批准《制止恐怖主义爆炸事件的国际公约》时,便将非国家团体以民族自决为目的而实施暴力的行为排除在该公约的适用范围之外。联合国试图通过《全面反恐公约》的起草制定出能够适用于一切情况、涵盖所有恐怖主义犯罪表现形式的定义,但成效颇微。纵然国际社会饱受恐怖主义的侵扰,诸如"9·11"事件之类的恐怖主义犯罪不断挑衅着各国政府的底线,安理会也曾不止一次地呼吁国际社会加倍努力预防和制止恐怖主义活动,但在联合国框架下的反恐实践中,恐怖主义犯罪的界定始终是分歧的焦点,这一症结直接导致各国政府在反恐国际合作的问题上产生的分歧多于形成的共识。尽管有学者提出"作为一个法律概念的恐怖主义往往被认为是无法以法律的形式予以界定"的命题,[①]但缺乏一个明确且能够被大部分国家所接受的界定,仅寄希望于国与国之间的政治磋商,不仅难以保证打击手段的合法性,更难以实现国际社会反恐合作的一致性。概言之,恐怖主义犯罪一般性定义的欠缺束缚了反恐国际合作的"手脚","定义的不明必然导致标准不一和合作困难的问题,并对有效防治和打击恐怖主义造成障碍",[②]把恐怖主义犯罪拘泥于现有公约所规定的表现形式,不利于国际社会在预防和打击恐怖主义犯罪领域开展诸如刑事司法协助、罪犯的引渡等国际合作。

其次,"部门性"反恐公约的起草滞后于制裁新型恐怖主义犯罪的现实需

[①] Levitt G, "Is terrorism worth defining?", *Ohio northern university law review*, vol. 13, 1986, p. 114.

[②] 徐晨:《防治恐怖主义的国际合作机制研究》,复旦大学博士学位论文,2014,第 74 页。

求。后"9·11"时代亦是互联网等信息技术快速发展的时代,伴随着网络在恐怖主义犯罪中的大规模运用,恐怖主义犯罪的形式发生了转变,但联合国框架下已有的19项国际法律文书并未针对网络恐怖主义犯罪进行专门的制约。网络恐怖主义犯罪的行为类型大致分为两种,一种是利用互联网进行宣传、招募和收集情报,将以计算机为媒介的网络视为理想的犯罪工具。① 另一种则是对目标网站进行攻击。② 但已有的反恐公约针对的是恐怖主义犯罪的实害行为及其所造成的后果,抑或说是恐怖主义犯罪在物质世界的"具体表现",据此,后者则不属于反恐公约认定的恐怖主义犯罪。但当代社会生活的方方面面都依赖于计算机通信,恐怖分子对关键网络的入侵将使公民日常生活遭受众多风险。如果对于前者的制裁尚可通过偏离法律文本严格字面意义的解释,将产生相关实害的网络恐怖主义行为纳入公约的适用范围进而予以制裁,但现有的反恐公约则难以应对第二种情况下所产生的恐怖主义威胁。

最后,对于国家支持恐怖主义犯罪的行为,当前的反恐公约难以提供有效的制裁。自法国大革命起,恐怖主义主体经历了从限于国家到个人主体的加入再到如今排除国家作为恐怖主义主体的转变,虽然国家恐怖主义的概念也曾在联合国的《关于"反人类和平安全犯罪"》的草案法典中有所体现,③实践中,苏丹、伊朗、叙利亚甚至被美国列为"支恐国家",但总体而言,由于以《纽伦堡法庭宪章》为基础建构的国际刑事责任以个人的刑事责任为基本原则,国家恐怖主义几乎淡出了国际法的视野,"恐怖主义"也通常被概念化为非国家行为,但国际公约并没有以加害方或受害方来区分国家与个体行为人,这也说明,实施恐怖主义的行为主体并不局限于非国家行为者这一概念。国际社会对于个人成

---

① Gabriel Weimann, *Terror on the Internet: The New Arena* (The New Challenges). January 2006, p. 3.
② Janet J. Prichard & Laurie E. MacDonald, "Cyber Terrorism: A Study of the Extent of Coverage in Computer Security Textbooks", *Journal of Information Technology Education: Research*. vol. 3, no. 1, 2004, p. 281.
③ 《关于"反人类和平安全犯罪"》第4条"为政治目的,武装从一国领土入侵另一国领土";第5条"由一国政府支持或执行造成另一国的内乱纠纷,或者该国当局对组织造成另一国的内乱纠纷予以容忍的";第6条"由一国政府支持或执行的对另一国的恐怖活动,或者该国当局对组织造成另一国的恐怖活动予以容忍的"。

为恐怖主义犯罪的行为主体并无太大争议,尤其随着国际法的发展,灭绝种族罪、危害人类罪、战争罪等都将个人纳入了规制的行为主体的范畴,但对于国家能否适用反恐公约,在已有的案例中,就存在这一问题导致的困境与争议。

当下,国际反恐形势的变化更使得国家的国际责任问题不应诉诸国内法院的司法行为,但反恐公约对打击某些国家支持恐怖主义犯罪所能提供的行动上的支持十分有限。在罗伯特·基欧汉看来,国际机制具有对违反机制的国家行为施以惩罚的功能。① 根据现有的反恐公约,由于制裁的对象是非国家行为体的犯罪行为,联合国也没有在具有强制力的国际法律文书中为惩罚违规国家提供明确的法律渊源,因此,当前联合国反恐国际合作法律机制的制裁模式只能对违反公约义务的成员国产生一种隐性的惩戒。例如,联合国检测机构对国家的不作为或不合作行为进行记录,进而要求国际社会对这些国家予以相关性制裁。

(二) 安理会反恐决议造法的合法性危机

一直以来,在国际法领域,合法性(legitimacy)都是学者评价一项国际规则的核心要素。国际法的合法性由形式合法性与实质合法性组成,前者通过审视国际法的创制程序得出,后者则借助于对国际法内容正义性的衡量而得。② 为了维护国际和平与安全,协调国际社会在反恐领域具体行动的一致性,"9·11"事件以来,安理会决议的内容由针对特定安全问题的处置转型为创设对所有成员国具有普遍约束力的国际法规则。尤其在反恐领域,安理会"造法性决议"的出台一定程度上缓解了反恐公约制度供给不足的窘境。尽管宪章的相关条款并没有排除安理会决议造法的权力,③但这一做法招致了国外学者的广泛批评,例如,马修·哈珀德认为,安理会决议的内容应当仅限于根据特定情势向特定

---

① Robert O. Keohane, *After Hegemony: Cooperation and Discord in the World Political Economy* (New Jersey: Princeton University Press), pp. 80 - 83.
② 潘德勇:《论国际法的正当性》,《法制与社会发展》2011 年第 4 期。
③ 简基松:《对安理会"决议造法"行为之定性分析与完善建言》,《法学》2009 年第 10 期。

国家施加义务额,而不应具有创设被普遍遵守的国际法规则的功能。[1] 我国一些学者亦对此颇有微词。[2]

在形式合法性方面,安理会曾就朝鲜半岛问题颁布一系列决议,遭到了部分国家的反对。[3] 正如一些观察家所指出的,部分安理会决议由少数成员国在理事国会议之外协商作出,程序合法性的问题不言而喻。[4] 显然,这与宪章对程序的规定明显不符;在实质合法性方面,最为国际社会诟病的是安理会针对"洛克比空难事件"作出《联合国安理会第748(1992)号决议》。安理会在该决议中要求利比亚政府交出涉嫌恐怖主义犯罪的犯罪嫌疑人,否则利比亚将承担联合国对其的制裁。在这里,安理会决议所涉及的针对利比亚的义务与利比亚根据《制止危害民用航空安全非法行为公约》所承担的"或引渡或起诉"的条约义务产生了冲突,被国际社会视为对"《制止危害民用航空安全非法行为公约》明确规定的国际法准则"的超越。[5] 值得一提的是,安理会决议的形式合法性带有明显的"冷战"烙印,在"冷战"结束后,这类问题便销声匿迹。而《联合国安理会第748(1992)号决议》虽然确有实质合法性的问题,但该决议对国际规则的改变并不具有长期有效性和适用上的普遍性,严格来说,该决议并非造法性决议。而后"9·11"时代的反恐决议之所以被国际社会认为是对国际规则的创设,是因为这些决议一般都不具有明确的时间限制,即在决议所应对的恐怖主义威胁根除以前,该决议将始终具有效力,这意味着安理会为所有成员国施加的义务在短时期内不会中止。

---

[1] Matthew Happold. The Security Council Resolution 1373 and the Constitution of the United Nations, Leiden Journal of International Law, vol. 16, no. 3, p. 600.

[2] 陈亚芸教授认为,安理会决议的合法性问题主要体现在"威胁国际和平安全情势判断中立性""安理会职权的扩张""安理会决议程序的正当性""与保护人权的冲突"等方面。陈亚芸:《联合国安理会决议司法审查机制的构建——以国际法院司法审查为研究视角》,《武大国际法评论(第十四卷第一期)》,武汉大学出版社2011年版,第134—139页。

[3] 熊安邦:《论联合国安理会决议的司法审查》,武汉大学博士学位论文,2012,第17页。

[4] Dupuy, René Jean, "The development of the role of the security council: peace-keeping and peace-building: workshop", The Hague, 21 - 23 July 1992. M. Nijhoff, *Distributors for the U. S. and Canada* (Kluwer Academic Publishers), 1993, p. 365.

[5] 联合国文件:《安理会第3033次会议临时逐字记录》,S/PV. 3033,第28页。

在排除了上述非议后,对安理会反恐决议的造法性的质疑为何在国际社会依然存在?对刑事犯罪的国际法规制一般包括三方面的内容。第一,在国际法文本中定义犯罪;第二,为罪犯设置国际刑事责任;第三,授予各国起诉的权力以及要求他国或引渡或起诉被指控的罪犯、惩罚被判犯有国际刑事罪的人的权力。[①] 安理会的反恐决议基本延续了"犯罪概念-国家义务-管辖原则-国际合作-人权保护"的框架体系,基本满足了国际法的形式要件。从公约创制的方式而言,刑事犯罪的国际法规制存在两种进路。第一种进路,国际法形成于条约或国际会议通过的决议,遵循该条约或决议的国家做法是遵守或执行该条约或决议所确立的规范,并最终由国家的实践使上述规范成为一般国际法中的一部分。第二种进路,国际法是将国家实践作为基础编纂而成的多边条约。比如,惩治海盗行为的国际法就源于几百年的国家实践,这些国家在处理海盗问题上采取的程序、享有的权利和义务被各国所默认,从而保证每个国家能够享受航行自由带来的利益。最终,以上述实践为基础,1958年《日内瓦公海公约》通过,私人船舶或私人航空器的船员或机组成员或乘客以私人目的实施非法暴力或扣留行为、掠夺行为从而被视为海盗行为,是各国必须采取行动制止的犯罪行为。概言之,传统国际法的造法模式意味着一项对国家具有普遍约束力的前提或是国家的明示同意,或是通过国际实践和法律确信来表达暗示同意。[②] 据此,国家的普遍同意仍是制定普遍适用规则的基本原则。[③] 而安理会造法性决议的形成源自少数成员国投票权的行使,这难免招致国际社会对安理会决议的质疑,而这些质疑归根结底就是:安理会这样一个欠缺代表性且自身行为不会受到任何司法审查的政治机构,能否具有为所有成员国创制法律义务的权力以及这一权力的行使是否挑战了传统国际法理论下以国家同意为前提的国际造法

---

① Daniel G. Partan, "Terrorism: An International Law Offense", *Connecticut Law Review*, Vol. 19, issue 4, 1987, p. 768.

② Duncan B Hollis, "Private Actors in Public International Law: Amicus Curiae and the Case for the Retention of State Sovereignty", *Boston College International and Comparative Law Review*, vol. 25, issue 2, 2002, p. 250.

③ Henry G. Schermers and Niels M. Blokker, *International Institutional Law* (Leiden: Martinus Bijhoff Publishers), 1995, p. 5.

模式。尽管联合国成员国往往不会针对安理会反恐决议的内容表达反对的立场，但决议造法的合法性问题一定程度上制约了成员国在反恐实践中贯彻安理会决议的执行力。

(三) 反恐国际合作法律机制的执行力问题

从应然的角度看，联合国通过协商一致的方式，将主要形式的恐怖主义行为归为国际犯罪，通过国际法律责任的规定以及相关国际合作义务的设置，能够缓解日益增长的恐怖主义的威胁。但现实中，正如"洛克比空难事件"中所表现的那样，国家可以声称他们已然履行了自己的相关职责——而实际上他们只是走过场。并且，对涉嫌"洛克比空难事件"的两名利比亚特工的审判，在很大程度上是通过安理会的斡旋实现的而并非凭借反恐公约的强制力。[①] 这一案例暴露出在联合国主导的反恐实践中国际合作法律机制的被执行力度与可行性的问题，并非所有成员国都遵从机制的规则。联合国监测机构的报告，[②] 反映出联合国反恐国际合作法律机制中制裁功能对成员国的约束力与国际法律文书的起草者所设想的愿景相差甚远。

成员国在反恐领域拒绝执行合作机制至少有两个方面的原因：一方面是成员国在主观意愿上的不配合，相比较联合国构建的多边反恐法律机制，更倾向于奉行单边主义的安全思维。另一方面则是受限于能力匮乏，导致成员国在客观上无法配合。就前者而言，鉴于各国在意识形态、文化、法律制度等方面的差异，国际社会对待恐怖主义犯罪的立场与观念始终难以协调，而国家主权的独立性至少从制度层面保证了拒绝他国干涉本国法律制度的合法性。因此，纵然反恐公约与安理会决议要求各国遵循诸如"或引渡或起诉"原则的国际合作法律机制，但成员国出于国内利益的考虑而排出集体行动的承诺的现象比比皆

---

① White, Nigel D, "Preventive Counter-Terrorism and International Law", *Journal of Conflict and Security Law*, vol. 18, no. 2, 2013, p. 182.

② 按照机制的约束功能，本该有58个制裁国，但事实上，实施冻结资产的制裁国只有36个。此外，旅行禁令和武器禁运的措施也没有受到成员国足够重视。参见李金祥：《联合国制裁恐怖主义机制的功能和不足》，《欧洲研究》2011年第5期。

是，这些问题变相为恐怖组织提供生存空间，为恐怖分子提供安全的栖息地。有学者批判这一现象是成员国推行某种政策的需要或达成某些承诺的牺牲，[1]是"制度霸权与国际制度的平衡互动"。[2] 而在后者的问题中，缺乏独立、充足、稳定的经费来源一直是限制联合国框架下安全机制运行的难题，经费短缺在某种程度上约束着联合国在和平与安全领域的作为，[3]在许多国家并没有足够的资源与能力保障联合国反恐国际合作法律机制在国内获得有效执行的同时，联合国亦无法为其提供人力、财力以及技术方面的支持。

---

[1] Peter R. Baehr, Leon Gordenker, *The United Nations: Reality and Ideal* (New York: Praeger publishers), 1984, p. 173. 转引自：刘筱萌：《联合国制裁措施的国内执行研究》，武汉大学博士学位论文，2012，第29页。
[2] 杨洁勉等：《国际合作反恐：超级地缘政治的思考》，时事出版社2003年版，第135页。
[3] 杨泽伟：《联合国改革的国际法其问题研究》，武汉大学出版社2009年版，第392页。

欧盟反恐法律机制的发展与转型

一、欧盟反恐合作法律机制的道路逻辑

欧盟反恐机制的起源可以追溯到20世纪70年代,滥觞于成员国国家安全部门在应对国内政治暴力的合作,特别是在情报收集与警务合作领域,成员国还建立了欧盟官方架构以外的非正式合作网络。20世纪70年代中期起,一些成员国感受到极端左翼组织的威胁与日俱增,在此背景下,英国于1975年12月发起建立了针对恐怖主义的论坛,促使欧盟成员国成立了特莱维集团(TREVI Group),①以通过对共同威胁的分析,形成安全领域的合作网络。特莱维集团在没有正式文件出台与外界关注的氛围中以"酒宴文化"的形式聚拢各国官员讨论反恐议题。② 此外,比利时、荷兰、德国以及英国还在1979年成立了反恐警察工作组(Police Working Group on Terrorism),以回应英国驻荷兰大使遭极端分子暗杀一事。后来,这个组织不断壮大,吸纳了29个欧洲国家中负责反恐司法的警察部门。但总体而言,"9·11"事件以前,欧盟反恐的实践进

---

① John D. Occhipinti, *The Politics of EU Police Cooperation: Toward a European FBI?* (Boulder: Lynne Rienner Publishers), 2003, p. 31.
② Monica D. Boer, "Justice and Home Affairs: Attachement without Integration", in H. Wallace, and W. Wallace. (eds.) *Policy-Making in the European Union (3rd ed.)* (Oxford: Oxford University Press), 1996, pp. 394 - 396.

路十分缓慢。① "9·11"事件之后,恐怖主义成为欧洲挥之不去的阴霾,反恐因此成为欧盟关注的重要领域,反恐合作在欧盟内俨然演变成为制度化的政策空间。② 比较视野下,欧盟与美国侧重"反恐战争"的逻辑有着明显的差异,相较于在国际规则中为军事行动寻求法律依据,欧盟的反恐进路更青睐成员国之间的合作,通过对恐怖主义犯罪做出合理且具体的定义,强调刑事司法领域合作的重要性。③ 从其自身反恐法律机制的内容来看,后"9·11"时代的欧盟反恐又以"伊斯兰国"威胁的日益加深而产生分野。现阶段的欧盟反恐合作法律机制以规模化监控、数据情报的收集与交流为常态,为了及时预防恐怖主义犯罪,欧盟提前了反恐法的介入时机,较之过去更加突出预防性和控制性的反恐思维。

国际刑事司法合作往往触及国家主权的敏感区域,而欧盟反恐合作法律机制尤以司法内务领域的合作为主,即便如此,欧盟反恐合作法律机制的构建并不存在明显的政治性分歧,如同《阿姆斯特丹条约》中所表述的,发展司法与内务领域的紧密合作是欧洲一体化进程的内在要求。④ 在反恐领域,这一内在要求具体表现为恐怖主义犯罪在边界控制较为松弛的欧盟地区更为集中与突出,合作机制的缺位将让欧盟疲于应对恐怖主义犯罪的跨国性以及恐怖分子的流动性问题。⑤

(一)《欧洲联盟条约》以前的欧盟反恐

早期欧盟的反恐合作是在欧洲理事会的主导下展开的,为反恐合作提供制度供给的是欧洲理事会主持订立的《惩治恐怖主义的欧洲公约》,通过对欧洲理

---

① Oldrich Bures, "Europol's Fledgling Counterterrorism Role", *Terrorism and Political Violence*, vol. 20, issue 4, 2008, p. 500.
② Javier Argomaniz, "Post - 9/11 Institutionalisation of European Union Counterterrorism", Sermed Conference Papers Instituto Universitario de Análisis Económico y Social, 2017, p. 20.
③ Jörg Monar, "Common Threat and Common Response? The European Union's Counter-Terrorism Strategy and its Problems", *Government and Opposition*, vol. 42, no. 3, 2007, pp. 292 - 313.
④ 廖明:《欧盟区域的刑事一体化研究》,《刑法论丛》2009 年第 2 期。
⑤ 于文沛:《欧盟刑事一体化的起源与发展》,《北方法学》2015 年第 4 期。

事会订立的《欧洲引渡公约》《欧洲刑事司法协助公约》等引渡与互助协议的补充与修改,促进欧洲各国的反恐合作。并且,《惩治恐怖主义的欧洲公约》因侧重于刑事司法互助义务方面的规定而被视为程序性的反恐公约。① 尽管该公约因年代的制约而局限于"小司法协助"模式,刑事合作的规定较为单一,刑事合作规则设置的立场也较为保守。② 但该公约的内容较为适宜地回应了当时欧洲各国惩治恐怖主义犯罪的需求,公约的第1条把恐怖主义犯罪排除于政治犯罪之外,为缔约国之间的引渡规避"政治犯不引渡"的障碍。此外,第1条因公约第13条赋予缔约国保留基于政治犯罪而拒绝引渡恐怖分子的权利而大打折扣,且根据该公约第6、7条的规定,对恐怖分子实施普遍管辖或起诉存在以提出引渡请求作为前提的限制,但总体而言,作为第一部专门规定欧洲区域反恐合作的立法,《惩治恐怖主义的欧洲公约》开创了欧盟反恐合作法律机制的先河,为欧盟反恐合作的发展奠定了基础。1985年通过的《申根协定》为欧洲共同体规定了信息、警务、海关以及司法领域合作的要求。创制《申根协定》的目的是在取消边界检查的同时,加强打击包括恐怖主义犯罪在内的跨国犯罪的合作。但从实际效果而言,《申根协定》的执行更多地服务于欧盟一体化的进程,便利了物资与人员的流通,但在安全和打击犯罪领域的效果并不理想,甚至引发各国担忧。正如一些欧洲官员所承认的,《申根协定》造成了人员信息的匮乏,几乎让对恐怖分子的追踪无法开展。③ 尽管存在各种漏洞,但不可否认的是,上述条约为欧洲各国搭建起了商讨、构建欧盟反恐合作法律机制的基础框架。

(二) 第三支柱下的欧盟反恐

20世纪八九十年代,欧盟内部安全合作势头强劲,标志性的事件是1991年

---

① 姜国俊、罗开卷:《在安全与自由之间——欧盟反恐法律述评》,《河南师范大学学报(哲学社会科学版)》2009年第1期。
② 赵秉志:《国际区际刑法问题探索》,法律出版社2002年版,第249页。
③ 孙畔飞、齐耘:《边境管控是法国反恐"软肋"》,《中国青年报》2015年11月20日。

在荷兰马斯特里赫特签订《欧洲联盟条约》。该条约的第 K.1 条第(9)项将恐怖主义与其他严重国际犯罪行为并列为欧盟各成员国的共同利益问题。而作为负责反恐合作的重要机构,欧洲刑警组织亦根据《欧洲联盟条约》于 1992 年设立。《欧洲联盟条约》下,欧盟第三支柱"司法与内务"作为独立架构的形成标志着欧盟反恐合作法律机制的初步建构。第三支柱以刑事司法合作为重点,而促进成员国在预防和惩治恐怖主义犯罪方面的警务合作与司法合作自然属于刑事司法合作的范畴。规定司法与内务领域合作的条款位于《欧洲联盟条约》第六编"关于司法和内务事务领域合作的条款",对欧盟成员国反恐刑事合作的规定则集中体现于第 K 条中第 K.1 条和第 K.3 条,其中第 K.1 条将通过"警察合作"以"预防和打击恐怖主义"表述为各成员国"共同利益的问题",第 K.3 条则要求各成员国在理事会内部就第 K.1 条中所指领域的事项"互通情报并彼此磋商以协调其行动","建立各政府有关部门的合作",具体到反恐合作事项的安排,第 K.3 条第二款对欧盟理事会提出了要求,一方面,要求形成"共同立场",并采取适当形式和程序促进一切有利于实现联盟目标的合作,另一方面,在保证共同行动与个体行动可选择性的同时,基于行动规模和效果的考虑,如果共同行动比成员国个体行动更能实现目标,那么理事会有决定采取共同行动的义务。从上述规定可以看出,尽管第三支柱仍属于国家间的合作模式,但《欧洲联盟条约》已正式将警务与刑事司法合作机制纳入欧盟立法体系中,突破了传统国际合作中仅有的国家通过加入国际公约进而执行的单一模式,[1]形成了共同立场、框架决定、公约和其他决定这几种形式共存的合作机制。[2] 为后续刑事合作新形式的出现提供了可借鉴的思路。

继《欧洲联盟条约》以后,《阿姆斯特丹条约》继续强化警务与刑事司法合作在欧盟三大支柱中的独立地位,将《欧洲联盟条约》第六编警务与刑事司法合作以外的内容并入第一支柱,即把司法与内务领域中涉及民事领域的内容移植入

---

[1] 马贺:《欧盟区域刑事合作进程研究》,上海人民出版社 2012 年版,第 26—27 页。
[2] 王帅:《我国区际刑事司法合作中宪法渊源的完善——以欧盟刑事司法合作的开展为借鉴》,《海峡法学》2015 年第 4 期。

欧洲共同体机制下,而新的第三支柱则专门针对恐怖主义犯罪等刑事犯罪政策、立法的协调,将成员国之间的刑事司法、海关和警察作为合作的重点内容,①以建立一个自由、安全和正义的司法区域。《阿姆斯特丹条约》延续了由《欧洲联盟条约》形成的共同立场、框架决定、公约及决定等法律形式作为欧盟理事会促进成员国刑事司法合作的主要适用方式的制度安排,并在《阿姆斯特丹条约》生效后,逐渐用更为灵活的框架决定取代《欧洲联盟条约》K.3 条第二款赋予欧盟的在刑事合作领域适用共同行动的权利。《阿姆斯特丹条约》对《欧洲联盟条约》欧洲法院司法管辖权内容的修改进一步缓和了欧洲刑事合作中的矛盾,相对于《欧洲联盟条约》规定下欧洲法院司法管辖的非强性,《阿姆斯特丹条约》确立了欧洲法院的普遍司法权,②这一规定不仅有益于欧洲刑警组织职能的实现,更使得欧洲法院有权对框架决定进行合法性审查,从而消减外界因为欧盟决策程序的不透明而产生的对框架决定的质疑。基于上述情况,用以促进成员国反恐合作的第三支柱真正成为刑事司法合作的专门条款。《阿姆斯特丹条约》进一步将欧盟内部安全提升为欧盟政策的优先事项。在此期间,维也纳计划于1998 年出台,就警务与刑事司法合作形成了 2 年计划与 5 年计划,每份计划中又细分为警务合作、刑事司法合作、刑事规则的相互接近以及水平事项四个领域。在维也纳计划中,欧盟数据信息合作得到进一步发展,并把打击恐怖主义作为信息合作的重要领域之一。而在维也纳计划推进的同时,坦佩雷计划于1999 年启动,该计划在建立"欧洲司法区"方面形成的共识于反恐合作而言具有重要意义,既包括刑事司法判决相互承认要求,也敦促成员国批准欧盟框架下的引渡公约。坦佩雷计划呼吁采取包括欧洲逮捕令在内的一系列措施应对恐怖主义的威胁,这些措施后来也被运用于"9·11"事件后的反恐合作。自《阿姆斯特丹条约》以来,司法与内务事项成为欧盟文件中最活跃、最有成效的欧盟政

---

① 王文华:《欧盟刑事法的最新发展及其启示》,《河北法学》2006 年第 3 期。
② 马贺:《欧盟区域刑事合作进程中的制度缺陷与对策——从〈马斯特里赫特条约〉到〈里斯本条约〉》,《犯罪研究》2010 年第 5 期。

策之一。① 此外,欧盟理事会还建议通过设立"警察局长特别工作组"、加大对欧洲刑警组织的资金与技术投入、欧洲司法组织的建立等一系列实践加强成员国间的合作。

"9·11"事件的爆发对欧盟的反恐合作产生了深远的影响,国外学者将其称为推动欧盟安全政策调整的"机会之窗"。"9·11"事件及其产生的严重后果加速了欧盟内务与司法领域一系列立法的通过。例如,在2001年12月的司法与内务理事会会议上,就此前被搁置的为了便利引渡程序而设立的欧盟逮捕令达成了协议。② 此外,理事会批准了两项提案,全面呼吁成员国在刑事司法、警务和情报、恐怖主义融资等领域展开合作。欧洲理事会随即确认了上述内容,并给予委员会的两项提案以最高优先的地位,同时,理事会以警务司法合作、国际法律文书的制定、打击恐怖主义融资、航空安全、外部行动为目标商定了一项行动计划,通过46项措施的罗列,为欧盟反恐设计了思路。除此之外,2001年12月签订的《尼斯条约》为坦佩雷计划建立欧洲司法区的设想提供了法律保障,该条约的第31条进一步明确了成员国之间的刑事合作事项,其中就包括为成员国间的引渡提供便利以及在恐怖主义犯罪方面逐步建构犯罪构成和刑罚适用方面的共同最低规则。除此之外,《尼斯条约》首次将之前规划的欧洲司法组织纳入欧盟的宪法性文件中,为欧盟框架下的反恐合作提供了重要的法律渊源。

为了继续将欧盟发展成为自由、安全与司法的区域,2004年通过的海牙计划确定了坦佩雷计划结束后欧盟的五年发展思路。该计划对反恐合作的贡献首先在于将"全面的反应"作为有效预防和惩治恐怖主义犯罪的不二选择;其次,该计划继续强调信息合作之于反恐的重要性,并在各国设置联络点以接收有关恐怖主义犯罪的信息和情报。此外,对反恐合作中被移交的个人数据的保

---

① Jörg Monar, "Cooperation in the Justice and Home Affairs Domain: Characteristics, Constraints and Progress", *Journal of European Integration*, vol. 28, issue 5, p. 495.

② Monica Den Boer, "9/11 and the Europeanisation of anti-terrorism policy: a critical assessment", *Notre Europe*, Policy Papers No. 6, 2003, p. 5.

护以及对在信息交流合作中个人隐私与公共安全平衡的强调是该计划相对于过往欧盟反恐合作机制的创新。

(三) 欧洲一体化下欧盟反恐

作为《欧盟宪法条约》的替代方案,欧盟成员国首脑在2007年的欧盟非正式首脑会议上就《里斯本条约》达成一致意见。为了更好地应对欧洲国家所面临的新安全形势的挑战,《里斯本条约》取消了欧盟三个支柱的结构,将其纳入了《欧洲联盟运行条约》第三部分第五编"自由、安全和公正的区域"之中,通过赋予欧盟委员会在警务合作、刑事司法合作层面的动议权、欧洲议会在司法与内务合作领域决策活动的参与权以及欧洲法院对司法与内务合作领域法案的评论与解释权,提升欧盟机构在司法与内务合作中的地位和作用,确立了欧盟超国家机制在司法与内务合作区域中的主导作用。[1] 而预防和惩治恐怖主义犯罪的现实需求被视为推动上述进程的驱动力。自此,欧盟正式以一个"超国家"实体的身份在经济、政治、司法领域发挥作用,并通过"紧急刹车条款"的设置缓解成员国产生的主权被侵蚀的疑虑。[2] 为了建成欧洲司法区,《里斯本条约》在加强欧盟刑事司法行为能力的基础上,要求在应对恐怖主义犯罪等问题与挑战方面,采取更一致、更有效的国际行动。随着《里斯本条约》的生效,欧盟反恐合作法律机制从第三支柱下的政府间合作模式转型为"超国家"机制下的一体化模式,延伸了欧盟在反恐合作领域的范围与深度。同时,《里斯本条约》为欧洲刑警组织提供了新的制度基础,欧洲刑警组织真正意义上成为欧盟框架下的独立机构。

欧盟刑事一体化的水平因《里斯本条约》的出台而空前提高,为了将欧盟打造为一个"共同的单一区和综合法律秩序体",[3] 同年通过的《斯德哥尔摩计划》

---

[1] 李若瀚:《论欧盟司法与内务合作改革中的"更紧密合作"机制》,《大连海事大学学报(社会科学版)》2014年第2期。

[2] 马贺:《欧盟区域刑事合作进程研究》,上海人民出版社2012年版,第33页。

[3] 于文沛:《欧盟刑事合作进程研究》,黑龙江大学博士学位论文,2015,第73页。

制定了2010—2014年间欧盟司法、自由和安全领域的优先事项,要求成员国应充分发挥欧洲刑警组织在反恐中的作用。值得注意的是,鉴于之前反恐合作实践中各成员国当局对欧盟反恐合作的期望值较为有限,《斯德哥尔摩计划》并不像过去反恐立法、政策那般雄心勃勃。① 《斯德哥尔摩计划》主要是对之前欧盟框架下公约、行动计划中可借鉴的内容的吸收,围绕6个方面设计了170项行动规定。其中的人权保护、司法与警务合作均涉及反恐合作。人权保护方面,继《海牙计划》对刑事合作中保护公民隐私的强调,《斯德哥尔摩计划》亦要求欧盟成员国在反恐合作中贯彻《欧盟基本权利宪章》以及《保护人权与基本自由的欧洲公约》,保护欧洲公民隐私及个人数据。② 司法合作方面,《斯德哥尔摩计划》承接了《尼斯条约》的相关要求,要求加强成员国司法当局的合作,为制裁恐怖主义犯罪的活动诉诸刑事司法提供便利,包括通过司法普遍适用原则的确立推动欧盟内部刑事判决的相互承认以及适用共同最低规则促进制裁标准的接近。最后,计划将公民的保护作为内部安全合作的重点,旨在通过推进刑事领域的警务合作、边境管理合作、灾难管理能力合作打击恐怖主义犯罪。在上述条约以及行动计划的支持下,欧盟反恐合作法律机制得以在反恐合作领域发挥实效,例如,在2011年9月的"宜家恐怖主义袭击"中,欧洲刑警组织有力地支持了相关成员国间的反恐合作,并使用欧盟炸弹数据系统(EBDS)来确保与案件有关信息的及时交换。在2011年7月挪威发生汽车炸弹和枪击事件后,欧洲刑警组织通过其"第一反应网络"(First Response Network)进行了干预,在进行调查的同时,提供了有关该事件的信息和初步评估。③

综上所述,鉴于欧盟各成员国对于恐怖主义犯罪的认知并不存在太大的分歧,欧盟反恐合作法律机制的建构并没有出现太大的波折,《惩治恐怖主义的欧洲公约》《欧洲引渡公约》《欧洲刑事司法协助公约》等一系列区域立法对欧洲区

---

① Björn Fägersten, "Bureaucratic Resistance to International Intelligence Cooperation—The Case of Europol", *Intelligence and National Security*, vol. 25, no. 4, 2010, p. 514.
② 马贺:《欧盟区域刑事合作进程研究》,上海人民出版社2012年版,第41页。
③ Europol. EU Terrorism Situation and Trend Report. 2012. p. 100.

域内的反恐合作提供了不少重要的法律渊源,譬如对恐怖主义犯罪实行相对主义的去政治化逻辑,强调或引渡或起诉原则的重要性。但由于国家主权以及各国政治经济发展水平、法律观念、公众意愿等因素的差异,从合作机制的实践层面来看,与立法层面背道而驰的是实践层面欧盟各国在反恐领域的各自为政。相继发生的"9·11"事件、马德里火车爆炸案、伦敦地铁爆炸案是欧盟反恐合作的分水岭,为了应对日益剧增的恐怖主义新威胁以及恐怖分子本土化的趋势,欧盟不断致力于对各成员国反恐政策的协调,除了上述条约中提及的内容,一些框架决定、反恐制度的设计,亦为构建并夯实以警务与刑事司法合作为主要内容的欧盟反恐合作法律机制予以支持。例如,通过《打击恐怖主义框架决定》界定"恐怖主义犯罪"以及"与恐怖主义有关的犯罪",通过反恐协调员的设置促进欧盟与其他国家的反恐合作,通过"黑名单"制度服务欧洲统一逮捕令,通过反恐战略确立欧盟反恐的四大支柱,通过相应的行动计划提高欧盟层面在反恐领域的共同行动能力,[1]等等。

二、欧盟反恐法律机制的实践困境

(一) 职能扩张的愿景与权力地位的矛盾

"9·11"事件以前,欧盟反恐合作的层级并不高,推动司法与内务领域合作的优先事项集中在贩毒、有组织犯罪、非法移民等问题。虽然应对恐怖主义的威胁是欧洲刑警组织成立的初衷之一,但反恐并不在欧洲刑警组织的职能范围内,[2]直到 1997 年,反恐特别筹备组的成立才确定了欧洲刑警组织在反恐事务中的作用,《阿姆斯特丹条约》将欧洲刑警组织的职能范围扩大至反恐领域,其核心职能是通过信息共享加强欧洲各国警务部门的合作,换言之,这时期的欧洲刑警组织也仅仅被定位为一个信息和情报交换的媒介。概言之,直至

---

[1] 申志宏、苏瑞林:《后"9·11"时代欧盟反恐政策探析》,《国际论坛》2015 年第 4 期。
[2] 魏怡然:《欧盟反恐法研究》,中国社会科学出版社 2019 年版,第 166 页。

"9·11"事件爆发伊始,反恐合作都处于欧盟行动的边缘,合作很大程度拘泥于具体事件的推动,而不属于常态化的机制。

"9·11"事件以及随后发生的马德里火车爆炸案、伦敦地铁爆炸案迫使欧盟在安全领域更加重视成员国间的反恐合作,合作事项也从起初的警务合作、司法合作延伸到了应对恐怖组织的招募、关键基础设施的保护与事后处置领域。在上述事项中,欧盟在反恐合作领域的积极作为直接体现于欧洲刑警组织在反恐领域职能的不断扩张。第一,欧洲刑警组织被赋予了要求欧盟成员国警方与美国联邦调查局(FBI)等包括国际刑警组织在内的第三方组织开展合作调查、共享信息的权力。[1] 第二,根据欧盟成员国警务部门提供的信息与情报评估并公开恐怖主义的威胁;第三,根据欧盟理事会的规定,成员国必须确保至少向欧洲刑警组织传达以下情报信息:(1)用以识别被调查个人、团体或实体的资料;(2)被调查的行为及其具体情况;(3)与其他有关恐怖主义罪行的联系;(4)通信技术的使用;(5)拥有大规模毁灭性武器所构成的威胁。概言之,该决议通过赋予处理欧盟恐怖主义名单上的个人和团体互助请求优先级,从而帮助其他国家能够最大限度地获得有关目标人员、组织的信息。[2] 此外,欧盟理事会还启动了几项新制度,包括在欧洲刑警组织内部设立一个全天候的反恐预警单位,也就是后来的反恐工作队(Counter Terrorist Task Force, CTTF),该机构由来自各成员国的警务部门和情报机构的联络官组成,通过及时收集、分析与当前恐怖主义犯罪有关的信息和情报,进行必要的行动和战略拟定,并起草威胁评估文件,以及同美国展开反恐合作。[3] 除了制度上的创新,欧洲刑警组织还设立了具有专门职能的反恐项目,其中,"反恐计划"(Counter Terrorism Program, CTP)的出台便是用于协调欧洲刑警组织的反恐事项。"反扩散计

---

[1] John D. Occhipinti, *The Politics of EU Police Cooperation* (Boulder: Lynne Rienner Publishers), 2003, pp. 165 – 166.

[2] Council of the European Union. Council Decision of 19 December 2002 on the Implementation of Specific Measures for Police and Judicial Cooperation to Combat Terrorism.

[3] Monica Den Boer, Claudia Hillerbrand, and Andreas Nölke, "Legitimacy Under Pressure: The European Web of Counter-Terrorism Networks", *Journal of Common Market Studies*, vol. 46, no. 1, 2008, p. 110.

划"(Counter Proliferation Program，CPP)则是针对核材料、强放射源、武器、弹药以及大规模杀伤性武器等物品的非法贩运。"网络计划"(Networking Program，NP)则旨在推动与反恐领域的专家、其他国家、国际组织建立定期接触且良好的合作关系，以及为执法人员和情报人员提供培训，使他们能够在多元文化环境中参与有序合作的培训和教育项目(Training and Education Program，TEP)。[①]

虽然上述举措推动了欧盟内务与司法政策的发展，为欧盟反恐合作提供了依据，但欧盟的性质决定了它在主导欧洲反恐合作方面权力的欠缺。作为由27个成员国组成的联盟，对任何一项反恐立法、政策的遵循都依赖于成员国的妥协，因此，这些行动计划往往被国外学者认为是一个"联系松散的清单"。[②] 同时，尽管对主要负责反恐合作的职能机构——欧洲刑警组织在反恐合作中发挥效用的期待愈发高涨。[③] 但遗憾的是，欧洲刑警组织在该领域的作用一度十分有限，其在反恐实践中的表现与学者对它的期许大相径庭。鉴于不破坏国家主权的顾忌，信息交流在欧洲刑警组织中并不通畅，即便是逮捕人数等一般信息也并非组织内部的官员愿意共享的信息。[④] 尽管国际恐怖主义犯罪的威胁在"9·11"事件后与日俱增，但与其他类似组织相比，欧洲刑警组织明显欠缺与风险相匹配的规模与财力。[⑤] 此外，欧洲刑警组织在反恐领域并没有被充分地赋予职权，这导致它在反恐实践中常处于边缘化的窘境。上述问题在马德里火车爆炸案中暴露无遗，欧洲警方缺乏合作的迹象显而易见，例如，有关恐怖分子在

[①] Oldrich Bures, Europol's Fledgling Counterterrorism Role, Terrorism and Political Violence, vol. 20, issue 4, 2008, p. 503.

[②] Hendrik Hegemann, *International Counterterrorism Bureaucracies in the United Nations and the European Union* (nomos), 2014. p. 131.

[③] 例如，有学者认为，欧洲刑警组织已证明其能够在各国执法部门间承担信息交流的媒介以及评估威胁的工具，有潜力协调欧盟成员国在领土安全方面的国家政策。Jonathan Stevenson, "How Europe and America Defend Themselves", *Foreign Affairs*, vol. 82, no. 2, 2003, p. 87.

[④] Mathieu Deflem, "Europol and the Policing of International Terrorism: Counter Terrorism in a Global Perspective", *Justice Quarterly*, vol. 23, no. 3, 2006, p. 346.

[⑤] 直到2007年，欧洲刑警组织仅有约530名工作人员和4.68亿欧元的预算。这与同期美国联邦调查局近3万名职员和60亿美元的年度预算相比，欧洲刑警组织可谓微不足道。

爆炸案中使用的爆炸物为何的信息都被西班牙警方所遮掩。实践证明,在欧盟建构反恐合作法律机制的过程中,恐怖主义犯罪问题的严重化趋势需要欧盟通过反恐立法赋予相关行政机构更大的职能,但就现实中的权利地位而言,诸如欧洲刑警组织之类的欧盟反恐职能机构仍然更多地被视为一个负责协调事项的机构,而不是统筹各国警务合作的主体。进入后"9·11"时代,欧盟以超国家组织的姿态进行区域立法和政策的发布,形成了由区域组织负责协调与辅助、成员国主导的"密集的跨政府"模式,这种模式被欧盟成员国视为开展较为灵活的合作的先决条件。① 但由于欧盟的反恐立法涉及警务、刑事司法等众多关乎成员国核心主权的领域,相对于将主权让渡到超国家机构,成员国更愿意遵循政府间决策的模式,形成了大国主导、欧盟机构被动追随的权力架构样态。② 权力地位的欠缺,导致欧盟区域内的反恐合作并没有形成具有普遍约束力的中心,欧盟各成员国的行政、司法机构在反恐合作领域的具体实践与其所遵循的目标往往南辕北辙,更让欧盟在反恐合作领域的机构设置显得冗杂且多余。③ 此外,由国家元首和政府首脑组成的欧洲理事会为反恐合作制定了广泛的指导方针,并确定了对严重恐怖袭击问题或陷入僵局的合作进行干预的基本方向。问题在于,由于缺乏充足有价值的信息支持欧盟制定方针、政策,"9·11"事件以来的欧盟反恐对策仍以1999年坦佩雷计划设计的路线图为样板,这与欧洲恐怖主义犯罪的发展趋势有些不相适应。④ 统筹规划的缺乏造成欧盟协调反恐合作的机构多头并存的局面,机构和人员的重叠一度降低了欧盟反恐合作的效率,而欧盟主席6个月的轮值体系带来的是欧洲理事会或部长理事会工作方向的不断调整,在为不同主席的主张所驱动的前提下,很难期待他们设计并维持

---

① Helen Wallace, "An Institutional Anatomy and Five Policy Modes", in H. Wallace, M. Pollack, and Alasdair R. Young. (eds.) *Policy-Making in the European Union* (6th ed.). (Oxford: Oxford University Press), pp. 100-102.
② 陈洁:《欧盟反恐战略的发展与挑战》,《世界经济与政治论坛》2016年第1期。
③ Daniel Keohane, *The EU and Counter-Terrorism*, CEF Working Paper, London: Centre for European Reform, 2005, p.19.
④ Javier Argomaniz, "Post-9/11 Institutionalisation of European Union Counter-Terrorism: Emergence", *Acceleration and Inertia*, European Security, vol.18, No.2, 2009, pp.155-156.

长期的观念与战略,①这导致具体的行动计划往往无法为反恐行动提供持续的支持。

(二) 欧盟各国反恐实践的不协调

欧盟成员国在反恐合作领域的分歧远不如联合国在这一领域的情况,从反恐实践来看,欧盟成员国的态度也较为积极,但这不意味着所有成员国都能在反恐问题上达成一致的看法。相反,不同国家间差异性的利益主张制约了欧盟层面反恐合作的进展。这一问题的根本原因是欧盟各国所面临的恐怖主义犯罪的威胁程度并不平衡。在欧盟国家报告的 1968—2005 年间的 5 330 起恐怖主义犯罪中,九成左右的恐怖袭击集中发生在西班牙、法国、英国、希腊、德国、意大利这六个国家,包括芬兰在内的一些国家近乎没有遭受任何恐怖袭击。②在 2012 年,在欧盟执法局向欧盟报告的 219 起恐怖袭击中,恐怖主义犯罪仍集中于法国、西班牙、英国等少数成员国中。威胁程度的多样化导致成员国对恐怖主义议题的重视程度不同,有碍于在欧盟层级的反恐合作领域达成一致的立场。③"9·11"事件的发生加速推动了欧盟内务与司法领域诸多法律措施的出台与发展,但危机解除后,各国参与反恐合作的积极势头很难维持,直到马德里火车爆炸案,才再一次将反恐推至欧盟关注的前沿。在这种事件驱动合作的进路下,较之于联合国反恐国际合作法律机制的大量输出,欧盟没有形成多少欧盟层级、独立且正式的合作法律机制。

在欧洲一体化的背景下,阻碍欧盟反恐刑事司法合作发展的并非关于恐怖主义犯罪的定义,而是如何削减成员国之间围绕引渡所存在的国内法障碍。这

---

① Wim Wensink, Bas Warmenhoven and Roos Haasnoot, eds., *The European Union's Policies on Counter-Terrorism: Relevance, Coherence and Effectiveness*, European Union, January 2017, pp. 52 – 53.

② Edwin Bakker, "Differences in Terrorist Threat Perceptions in Europe", In Dieter Mahncke and Jörg Monar, eds., *International Terrorism: A European Response to a Global Threat?* (Brussels: P. I. E. Peter Lang), 2006, pp. 47 – 62.

③ 魏怡然:《欧盟反恐法研究》,中国社会科学出版社 2019 年版,第 162 页。

一分歧引发的争论延续到了"9·11"事件以后,其中涉及本国公民是否引渡、如何建构适当的司法程序以及欧盟层面的立法能否适用于未在负面清单中所列举的罪行等问题。反恐怖主义融资是后"9·11"时代国际社会关注的重点领域。为了回应美国坚持打击恐怖主义融资的努力,以及遵守《联合国安理会第1373(2001)号决议》所规定的国际义务,欧洲理事会通过了欧盟共同外交与安全政策领域两项决议,规定了成员国冻结所有实施或准备实施恐怖主义犯罪的个人、组织的资产的义务,以及根据打击恐怖主义的框架决定拟定涉嫌从事恐怖主义犯罪的个人、组织的名单。同时,欧洲理事会吸纳了安理会"1267委员会"编制的清单中的个人与组织。关于将这些个人与组织列入这份清单,曾在欧盟产生过激烈的争论,而资产冻结的执行在欧盟成员国也遭遇了巨大的阻力与挑战。[1]

在警务合作领域,成员国立法、行政的差异以及保守的警务观念制约了欧盟反恐合作法律机制的实现。由于各国反恐领域的行政和司法框架各不相同,有效的信息共享和协调也成为奢望。[2] 阻碍欧盟成员国警务合作的问题还在于各国负责反恐的部门并不统一,在一些成员国中,恐怖主义犯罪相关事宜是由警察机构处理的,而在另一些国家,则由情报机构负责反恐。情报机构和警察机构之间的合作可能很困难,因为他们往往对不同类型的信息感兴趣。[3] 更为主要的是,各国执法当局并不一定允许欧洲刑警组织的介入,他们对欧洲刑警组织在侵犯自身权威和自主权方面一直存在怀疑的态度。[4]《欧盟宪法条约》的搁浅就反映出各成员国主权观念优先于共同体利益的现实诉求。情报共享是反恐合作法律机制中的重要内容,但如上文所述,欧洲刑警组织并不能在这一领域发挥效用。尽管共享情报是欧盟诸多立法中所要求的义务,但该义务并不

---

[1] Elspeth Guild, "The Uses and Abuses of Counter-Terrorism Policies in Europe: The Case of the 'Terrorist Lists'", *Journal of Common Market Studies*, vol. 46, issue 1, 2008, pp. 173-193.

[2] 信息的性质在各国法律层面被区分,但由于缺乏信息合作的政策,各国在信息交流渠道的选择和如何处理敏感、机密信息方面往往难以达成共识。Oldrich Bures, "Europol's Fledgling Counterterrorism Role", *Terrorism and Political Violence*, vol. 20, issue 4, 2008, p. 504.

[3] Mathieu Deflem, "Europol and the Policing of International Terrorism: Counter Terrorism in a Global Perspective", *Justice Quarterly*, vol. 23, no. 3, 2006, p. 351.

[4] Nora Bensahel, *The Counterterror Coalitions: Cooperation with Europe, NATO, and the European Union* (Santa Monica: Rand), 2003, p. 40.

能很好地约束成员国的具体实践，特别是那些尚未被外界知悉的私密情报。基于这一视角，成员国与欧洲刑警组织间的情报交流在实然层面反而成为各成员国的权利而非义务。尽管自"9·11"事件以来，欧洲刑警组织的情报分析能力不断提升，但匮乏的信息量，特别是可立即采取行动的高级别且实时的恐怖主义犯罪情报严重制约了该组织在反恐领域的效用。

鉴于此，饱受恐怖主义犯罪侵扰的国家在推进欧盟反恐合作法律机制发展的同时更倾向于直接在互相关注的具体领域开展更为直接的双边合作，逐渐形成了不同成员国间的差异化合作进路，在情报合作方面，意愿、观念较为一致的成员国之间完全可以选择双边合作而非遵循欧盟反恐合作机制下的合作架构。① 例如，2004年，法国和西班牙成立了一个由法官和警察组成的联合反恐机构，以执行联合行动。而英国和爱尔兰政府在联合行动打击爱尔兰共和军方面的丰富经验，促成了两国政府于2005年2月签署合作协议，以深化双方在反恐方面的合作。② 不仅如此，后"9·11"时代，美国在反恐领域积极拓展的一个表现便是在欧盟内部寻求合作伙伴，鉴于美国自身信息量的庞大，情报合作自然是一些欧盟成员国与美国在反恐合作领域所喜闻乐见的事项，这样的现状自然也会挤兑欧盟反恐合作法律机制中的安排。③ 在加入欧盟层面的合作机制的同时，欧盟成员国亦会参加非正式的多边合作网络，如反恐警察工作组和伯尔尼俱乐部，④ 又如由法国、德国、意大利、波兰、西班牙和英国

---

① Björn Müller-Wille, "For Our Eyes Only? Shaping an Intelligence Community Within the EU", Occasional Papers No. 50 (Paris: Institute for Security Studies, January 2004), p. 26.

② Daniel Keohane, "The Absent Friend: EU Foreign Policy and Counter-Terrorism", *Journal of Common Market Studies*, vol. 46, no. 1, 2008, p. 128.

③ John Howell & Co., *Independent Scrutiny: The EU's Efforts in the Fight Against Terrorist Financing in the Context of the Financial Action Task Force's Nine Special Recommendations and the EU Counter Terrorist Financing Strategy*, European Commission, Feb. 2007, p. 36.

④ Paul Swallow, "Transnational Terrorism: Police, Interpol and Europol", in Oldrich Cerny and M. Edmonds, eds., *Future NATO Security: Addressing the Challenges of Evolving Security and Information Sharing Systems and Architectures* (Amsterdam: ISO Press), 2004, pp. 74-76.

组成的"六国集团"(G6)。[①] 在伯尔尼俱乐部这一非正式框架内,欧盟成员国与挪威以及瑞士的代表相继举行了几十年的会议。[②] "9·11"事件以后,伯尔尼俱乐部在其内部成立专门的反恐小组(Counter-Terrorism Group, CTG),以协调各国反恐领域的工作,深化安全和情报部门的合作与交流,反恐小组的任务是起草有关伊斯兰恐怖主义的威胁评估报告,然后提供给欧盟各机构和各国内政部。此外,欧盟主要成员国在六国集团中的反恐合作也更加密切,在六国集团的主导下,成员国之间达成了一系列双边合作协议,并建立起囊括涉嫌恐怖主义犯罪的个人的共同数据库,以及时获得与恐怖主义犯罪的相关信息。

概言之,在恐怖主义犯罪浪潮的侵袭下,开展反恐合作特别是情报领域的合作是欧洲情报、安全机构的共识,但从上述实践而言,尽管包含情报合作在内的欧盟反恐合作法律机制已经形成,但现实中的合作大多游离于欧盟主导的框架体系之外。[③] 然而,从长远来看,相对于非正式合作机制的小众性,考虑到恐怖主义犯罪的规模、行为模式的愈发复杂化,单靠几个国家的合作不可能在有限的地理范围内穷尽对恐怖主义犯罪的打击,而欧盟反恐合作法律机制下的专门机构更能借助职能的发展与完善来凝聚欧盟成员国内部对恐怖主义犯罪威胁的共识。欧盟框架下的反恐合作法律机制至少可以提供标准化的合作渠道与规范的合作形式,并根据情报的收集情况,通过类型化的分析评估恐怖主义的发展趋势,在战略层面为欧盟整体提供决策依据,只不过上述合作机制的落实与发展则依赖于成员国安全与情报部门的配合与支持。

[①] Sandra Lavenex and William Wallace, "Justice and Home Affairs: Towards a European Public Order?", in Hellen Wallace, William Wallace and Mark Pollack, eds., *Policy-Making in the European Union* (Oxford: Oxford University Press), 2005, p. 466.

[②] 伯尔尼俱乐部成立于1971年,不仅可以作为欧盟和安全情报机构的首脑商议打击恐怖主义事务的合作平台,更可以直接开展实践层面的合作。Björn Müller-Wille, "For Our Eyes Only? Shaping an Intelligence Community Within the EU", Occasional Papers No. 50 (Paris: Institute for Security Studies, January 2004), p. 56.

[③] Björn Müller-Wille, "The Effect of International Terrorism on EU Intelligence Co-operation", *Journal of Common Market Studies*, vol. 46, no. 1, 2008, p. 49.

(三) 针对欧盟反恐的质疑

根据人权法,预防和惩治恐怖主义犯罪是各国的国际义务,这种义务源自《公民权利和政治权利国际公约》所载的人权的一般义务,即"尊重并确保所有境内受其管辖之人",①"尊重并确保"既体现了国家不侵犯其管辖范围内个人权利的消极义务,也体现了确保个人权利不被侵犯的积极义务。对于后者,欧洲人权法院曾在判例中表示,"可能意味着当局有积极义务采取预防性行动措施,以保护处于生命危险中的个人免受另一人的犯罪之害。"②反恐旨在维护人权,但在反恐过程中,往往容易忽视对国际公约中人权规则的恪守。随着恐怖主义形势日趋严峻,国际社会更倾向于采取日渐严密的反恐法律机制,这张日益收紧的法网在试图笼罩各种已发生和未发生的恐怖主义行为的同时,难免对于广义的、普遍的公民权利与自由产生抑制的效果。③ 负责监督《公民权利和政治权利国际公约》的人权事务委员会注意到了这个问题,并在其迄今为止通过的36项一般性意见中表示并非所有骚乱或灾难都可被视为威胁国家安全的公共紧急状态。即使在武装冲突期间,也只有在局势对国家安全构成威胁时,才允许采取克减《公民权利和政治权利国际公约》规定的人权义务的相关措施。特别是在非武装冲突的情况下,缔约国应仔细考虑采取这种措施的必要性与合法性,且克减《公民权利和政治权利国际公约》条款的措施必须是例外和临时性的。④ 但在更早通过的一般性意见中,人权事务委员会在解释《公民权利和政治权利国际公约》第9条时又为各国通过预防性措施减损涉嫌恐怖主义行为的个人自由和权利的做法留下了可操作空间,⑤即只要有法可依且程序正当,即便是预防性拘留亦可以作为合理的反恐措施。

---

① Art 2(1) International Covenant on Civil and Political Rights.
② Law Teacher. November 2013. Osman v UK. [online]. Available from: https://www.lawteacher.net/cases/osman-v-uk.php? vref=1 [Accessed 15 July 2020].
③ 孙璐:《国际反恐与人权的协调发展》,《当代法学》2020年第2期。
④ Nigel D. White, "Preventive Counter-Terrorism and International Law", *Journal of Conflict and Security Law*, vol. 18, no. 2, 2013, p. 188.
⑤ Human Rights Committee, General Comment 8, 30 June 1982, p. 4.

自"9·11"事件以来,对人权的侵犯就逐渐被视为反恐行动的"副产品",但正如前联合国人权事务高级专员路易斯·阿尔布尔(Louise Arbour)曾表示的,坚持尊重人权和法治是有效打击恐怖主义的关键,而不应成为阻碍我们的障碍,人权不应该成为反恐的受害者。[①] 欧洲历来有崇尚民主与自由的传统,《欧洲人权公约》第 8 条与《欧盟基本权利宪章》第 7 条都强调"人人享有其私人和家庭生活、住所和通信受到尊重的权利",后者的第 8 条更是明确把"个人信息保护"作为一项单独的权利。[②] 因此,过度的安保措施必然为欧盟的反恐合作招致侵犯人权的拷问。在 2005 年的人权报告中,欧盟的反恐机制便涉嫌侵犯人权,其中就涉及欧盟反恐刑事司法合作中的引渡问题。报告指出,创造一个自由、安全和公正的欧盟的一大要素就是保障和提升基本权利,而欧盟反恐的具体决议并未体现这一要素。[③] 反恐的事后惩治基于特定事件的考量,而预防性反恐缺乏这一出发点,在信息匮乏的环境下,政府难以判断犯罪将在何时、何地发生,也不知道犯罪的目标是谁,恐怖主义威胁的分散化本质导致需要收集、处理和共享的信息量呈指数级增加。[④] 掌握与恐怖主义犯罪相关的信息是欧盟反恐合作中情报共享的基础,恐怖主义风险的评估以及对犯罪预防的强调产生了庞大的信息需求,而基于对信息的分析得出的针对恐怖主义的侵犯可能性与侵害程度的风险评估又是欧盟起草反恐立法、制定反恐战略的现实依据。

由于后"9·11"时代的恐怖组织往往缺乏固定的形式结构,如同马德里火车爆炸案后,欧盟意识到,恐怖组织往往是由一群具有共同信仰的个体组成的网络,[⑤]

[①] Mark D. Kielsgard, "A Human Rights Approach to Counter-Terrorism", *California Western International Law Journal*, vol. 36, no. 2, 2006, p. 250.

[②] 邵朱励:《反恐背景下金融隐私信息的跨境流动与保护——以 SWIFT 项目国际争议及其解决为视角》,《国际论坛》2014 年第 3 期。

[③] Amnesty International EU Office, "Human Rights Dissolving at the Borders?" *Counter-Terrorism and Eu Criminal Law*, IOR 61/013/2005, p. 2.

[④] Second Report of the Markle Foundation Task Force, "Creating a Trusted Information Network for Homeland Security", New York City, December 2003, p. 14.

[⑤] Janice Gross Stein, "Network Wars", in Ronald J. Daniels, Patrick Macklem and Kent Roach, eds., *The Security of Freedom: Essays on Canada's Anti-Terrorism Bill* (Toronto: University of Toronto Press), 2001, p. 73.

而伦敦地铁爆炸案则表明，在身份上，恐怖分子这些"远离"的人，既可能是欧盟成员国的公民，也可能是外籍恐怖分子，极度模糊的犯罪行为人特征意味着预防恐怖主义犯罪需要官方进行无差别的信息收集与分析。① 此外，由于极端信仰的牢固，执法与情报人员通过对恐怖分子的渗透获取情报的设想不具有可行性，这也迫使欧盟只能将情报的挖掘面向更广泛的群体。但这种做法，究其本质而言，涉嫌对公民隐私的侵犯。个人数据信息的保护是人权保护范畴里的重点，这从各国数据保护法的不断出台以及联合国 1968 年在国际人权会议上对这一概念的专门提出中可见一斑。特别是在个人数据已成为大数据时代重要驱动力的同时，以隐私为核心的个人数据保护日益受到关切，不充分的隐私保护可能会导致大数据应用领域的监管套利行为，损害公民个人的合法权益。公民通常不会以反恐为目的而向私人、公共、非政府或政府机构提供资料。据此，个人有权假设其个人信息只会基于收集的目的被使用和披露。而数据挖掘基于功利主义或结果主义，在不经个人同意和不通知个人的情况下获取、分析并生成可能被国家用于反恐的信息，从而提供有价值的情报，以在恐怖分子犯罪前阻止他们，并将其绳之以法。例如，法国为了扩大安全检查的范围，要求网络供应商必须保留其用户使用和浏览国际互联网的记录，并给予警方监视电子邮件的权力。② 对欧盟搜集公民个人数据用以反恐的做法的较为典型的疑虑是，既然信息搜集能够成为反恐法制中的常态机制，自然存在将这一举措运用于所有出于防卫社会目的的公权力行为之中，甚至导致数据被基于非法目的的滥用。③ 即便在没有非法滥用个人信息的场合，基于该逻辑的信息搜集也挑战了公民与国家间的关系。一般情况下，国家只有在公民被充分怀疑的前提下才有权对公民的个人信息进行自由访问。但在反恐领域，政府可以不加限制地搜集

---

① Wayne N. Renke, "Who Controls the Past Now Controls the Future: Counter-Terrorism: Data Mining and Privacy", *Alberta Law Review*, vol. 43, no. 3, 2006, p. 783.
② 刘作翔：《反恐与个人权利保护——以"9·11"后美国反恐法案和措施为例》，《法学》2004 年第 3 期。
③ 在美国，就曾发生这样的案例，有数据库权限的工作人员私自使用数据跟踪异性、威胁他人。美国联邦调查局也曾因为使用窃听装置对公民进行大规模的窥探而遭受社会的抵制。

个人信息，且不必为获取个人信息进行任何辩护，某种程度上，政府对公民私人生活的干涉达到了一般规则下难以企及的程度，违背了在欧洲传统法律体系中形成的出于对公民关于个人自由的保护而限制国家权的观念。基于社会防卫的理念，警务职能的扩张以及大规模监控的适用已成为后"9·11"时代欧盟反恐合作法律机制中的常规现象，但这些做法"在加强社会防卫能力时，会导致对个体权利保护能力的减弱"。① 如何在反恐合作中协调好反恐与人权保障的矛盾是欧盟反恐合作法律机制进一步发展不得不反思的问题。

迄今为止，欧盟的反恐合作仍未达到一体化、共同法律秩序体的标准，但在后"9·11"时代，欧洲面临的恐怖主义犯罪的威胁因传统意义上的本土宗教极端主义活动与外籍战斗人员渗入问题的相互交织而不断升级，为了应对风险日益增加的安全局势，欧盟反合作法律机制的重点从惩罚向预防转型。

三、从事后惩罚走向预先防卫：欧盟反恐合作法律机制的转型

由于恐怖主义带来的风险，反恐不仅需要关注惩治还要强调预防，比事后反应更好的是完全阻止恐怖事件的发生。马德里火车爆炸案不仅暴露了欧盟在反恐立法的执行方面以及成员国一致行动方面的症结，还反映出后"9·11"时代欧盟早期反恐合作法律机制的构建中忽视风险预警机制建设的问题。因此，较之于"9·11"事件后欧盟的反应，反恐合作领域的焦点也开始从对恐怖分子的事后惩治延伸至如何预防恐怖主义犯罪的发生。例如，电信数据的保留与跨境追踪。2004 年 3 月 19 日，在布鲁塞尔召开的紧急会议上，欧盟委员会发表了《打击恐怖主义宣言》，声称欧盟成员国将相互协助，运用包括军事资源在内的一切手段预防恐怖袭击。《打击恐怖主义宣言》明确了欧盟反恐合作的 7 项战略目标，涉及起诉、恐怖袭击的预防、极端化、招募、事后处置、恐怖融资、交通运输、边境安全、第三国能力建设以及外部合作，同时还制定了 175 项具体政策

---

① 魏怡然：《后巴黎—布鲁塞尔时期欧盟反恐法的新发展》，《欧洲研究》2016 年第 5 期。

措施,①试图通过加强边界的控制、情报共享、反恐怖主义融资等方式提升欧盟预防恐怖主义犯罪的能力。② 这项行动计划的宽泛性在当时引起了一定程度的争议,其中,就存在行动计划的推行是对公民自由侵犯的质疑。但值得肯定的是,在如此宽泛的领域开展反恐合作,为欧盟在新的反恐领域的行动提前预设了基础,而欧盟委员会以此为契机,得以在技术性较强但政治分歧较弱的领域推动反恐合作的开展,其核心内容便是构建一个通用的快速警报系统和一个基础设施保护计划。

时隔一年,伦敦地铁爆炸案的发生让欧盟成员国再次意识到统一战略目标的缺乏所带来的反恐实践散乱的问题。为了进一步整合并贯彻落实既有的反恐立法与政策措施,时任欧盟轮值主席国的英国和反恐协调员向部长紧急理事会提交了一份《欧盟反恐战略》,经过欧盟理事会的讨论和表决,该战略于2005年12月16日正式通过,并在此后一直作为欧盟反恐合作所必须参考的官方文件。《欧盟反恐战略》简化了之前欧盟反恐实践的战略目标,将其概括为"3P1R"这四个互为关联的基本架构,从而更清晰地勾勒出欧盟成员国反恐合作的框架。③ 根据《欧盟反恐战略》,"预防"被确立为欧盟反恐四大支柱的首要目标。围绕这一目标,欧盟积极采取一系列措施,例如,通过《欧盟打击激进化与恐怖主义招募的战略》抵制来自恐怖主义网络的招募行为,防止恐怖主义思想的扩散和新成员招募。通过"检查网络"这一数据库的建立,监控与恐怖主义相关的动态,通过对《打击恐怖主义的框架决定》的修订,将公开煽动、招募和培训恐怖分子的行为犯罪化,通过反洗钱立法以及反洗钱指令的出台打击恐怖主义融资。④

《欧盟反恐战略》不仅包括警务、司法领域的合作以追捕恐怖分子,还涉及基础设施的保护、借助危机管理与公民保护以预防极端化和恐怖分子招募的问

---

① Council of the European Union (25/03/2004). Declaration on Combating Terrorism.
② 陈洁:《欧盟反恐战略的发展与挑战》,《世界经济与政治论坛》2016年第1期。
③ "3P1R"即预防(Prevent)、保护(Protect)、追捕(Persure),以及反应(Response)。
④ Oldrich Bures, "Ten Years of EU's Fight against Terrorist Financing: A Critical Assessment", *Intelligence and National Security*, vol. 30, issue 2-3, 2015, p. 207.

题。该战略确定了成员国的首要责任,并且将根据协调员的报告,每6个月审查该战略的执行情况,旨在扭转之前欧盟反恐合作法律机制仅具有象征性效果的状况,换言之,该战略还具有欧盟在构建反恐合作法律机制过程中决策工具的意义。同时,围绕上述战略目标,欧盟通过了两项关于反恐怖主义与反极端化以应对恐怖分子招募的战略。但此前,欧盟反恐合作的焦点不在于此。伦敦地铁爆炸案意味着尽管历史上的欧洲经历了不同类型的恐怖主义,但当前的威胁主要是伊斯兰宗教极端主义对本土的侵袭所带来的极端化问题。为了应对这一问题,该战略强调了各成员国在教育、社会、经济政策以及外交方面所负有的责任。在具体措施的指引上,该战略提出了四个战略目标,即对招募和宣传网络的破坏,支持"适度的声音",促进安全、正义、民主以及公平,加强对极端化和招募本质与原因的理解。①

欧盟在"9·11"事件发生之初,一度认为恐怖主义犯罪既是一个执法问题,也是一个外部威胁,尤其是来自基地组织的威胁。②但随后发生于欧洲本土的恐怖袭击让欧洲意识到恐怖主义是由复杂的原因导致,威胁不光来自外部,也有自己内部的原因。伦敦地铁爆炸案中英国公民的参与更坚定了欧洲社会在此方面认知,让欧洲意识到有必要采取更为广泛的预防措施去应对欧洲社会内部的恐怖主义根源。特别是此后的巴黎、布鲁塞尔恐怖袭击的发生,更直观地表明拘泥于恶性事件的驱动而不断扩充负面清单的做法已经无法满足后"9·11"时代欧盟反恐合作的现实需求。2015年以前,欧盟"3P1R"战略架构下的反恐法律机制没有根本性的变化,③但巴黎、布鲁塞尔恐怖袭击的发生以及在上述事件中反映出的外籍恐怖主义战斗人员的问题引起了欧盟的警惕,也宣告之前由欧盟司法和内政部长理事会制定的"预防激进化"策略在应对欧盟恐怖

---

① Council of the European Union (24/11/2005). The European Union Strategy for Combating Radicalisation and Recruitment to Terrorism.

② Jörg Monar, "Common Threat and Common Response? The European Union's Counter-Terrorism Strategy and its Problems", *Government and Opposition*, vol. 42, no. 3, 2007, pp. 293 - 295.

③ 刘义、任方圆:《欧洲的恐怖主义与反恐治理困境分析》,《国际关系研究》2019年第1期。

主义犯罪新威胁时的疲乏与软弱。巴黎、布鲁塞尔事件后,欧盟于2016年通过的《乘客姓名记录指令》为欧盟进行大规模监控、进行情报分析识别可疑分子的举措提供了依据。2017年,欧洲议会和欧盟理事会通过了《欧盟打击恐怖主义指令》,以修缮"9·11"事件以来由《打击恐怖主义框架决定》等一系列战略、决定所形成的反恐架构。尽管并未从内容上推翻之前延续下来的法律机制,但对安全目标的进一步侧重使欧盟反恐立法的目的和原则发生了关键性转变。① 通过借鉴旨在"解决外国恐怖主义战斗人员日益严重问题"的《联合国安理会第2178(2014)号决议》以及欧盟《预防恐怖主义公约》附加议定书和《金融行动工作组建议》的内容,《欧盟打击恐怖主义指令》在2008年《打击恐怖主义框架决定》修正案的基础上进一步修订恐怖主义犯罪的清单,扩大预备行为的制裁范围,②旗帜鲜明地反映了欧盟对恐怖主义犯罪预备行为的警惕。此外,《欧盟打击恐怖主义指令》第15条将主观犯意作为可罚性标准,在恐怖主义犯罪的刑事司法中确立了有罪推定的思维,通过举证责任倒置的方式要求嫌疑人为脱罪而自证清白。

在上述反恐立法、合作战略预防性转型的指引下,欧盟框架下的反恐合作实践也体现了预先介入的思维。"9·11"事件这一前车之鉴,促使欧盟在2004年的反恐措施中要求所有飞往欧盟的航班都必须向目的地国的移民局提供有关乘客的详细信息。为了强化欧盟的边界安全,欧盟以《申根协定》为基础在警务合作中实行统一的签证样式、建立签证信息系统以及启动生物特征护照,并通过欧盟边防局的设置来加强成员国之间的合作,实现对南部、东南部边界的控制和监督;为了防止外籍恐怖主义战斗人员混入难民潮,通过政治避难投机取巧,欧盟建立了欧洲指纹数据库。同时,在一些倾向于在欧盟框架下强化彼此之间合作的成员国推动下,2005年5月,比利时、荷兰、奥地利、西班牙等七个

---

① 魏怡然:《欧盟反恐法研究》,中国社会科学出版社2019年版,第71页。
② 指令中,将预备行为实行化的条款包括:针对"招募恐怖主义人员行为"的第6条、针对"提供恐怖主义培训"的第7条、针对"接受恐怖主义培训"的第8条、针对"为恐怖主义目的旅行"的第9条、针对"组织或以其他方式促进为恐怖主义目的旅行"的第10条,以及针对"资助恐怖主义行为"的第11条。

成员国签署了《普鲁姆条约》,以加强跨境合作,特别是在打击恐怖主义犯罪方面的合作。该条约还载有欧盟层级未能达成一致意见的制度创新,包括根据可获得性原则进行有关个人敏感型数据的交换,以及警务部门在极端情况下可不经告知就展开跨国界追捕罪犯的权力。此后,在欧盟理事会将《普吕姆条约》的诸多条款纳入欧盟反恐合作法律机制中后,成员国均有权通过 DNA、指纹以及车辆登记信息的分享预防恐怖主义犯罪的发生。[1] 在《乘客姓名记录指令》出台以后,航空公司需要向欧盟提供的数据较之于之前在马德里火车爆炸案后设立的预报乘客信息系统更为广泛和细致,[2]从而服务于欧盟以情报共享驱动反恐合作的思路。

---

[1] Council of the European Union, "Council Decision 2008/616/JHA of 23 June 2008 on the Implementation of Decision 2008/615/JHA on the Stepping Up of Cross-border Cooperation, particularly in Combating Terrorism and Cross-border Crime", *Official Journal of the European Union*, L210, 6 August, 2008, pp. 12 - 72.

[2] 除了预报乘客信息系统包含的信息,还有乘客姓名记录的定位信息;机票的预定/签发日期;计划旅行的日期;地址和联络信息;各种形式的付款信息,包括账单地址;具体乘客的完整旅游行程信息;常客飞行数据;旅行社或是旅行代办人;乘客的旅行状况,包括确认、登记状态,显示或不显示的信息,分开的乘客姓名记录信息;一般说明,包括对未满 18 岁未成年人的所有可用信息,例如,姓名、性别、语言以及境外监护人的联络方式等;票务信息,包括机票号码,出票日期和单程票;自动售票的有关信息;座位号码和其他座位信息;代码信息;所有的行李信息;乘客姓名记录上旅行者的其他名字和编号,以及上述所有信息的任何历史更改。魏怡然:《后巴黎—布鲁塞尔时期欧盟反恐法的新发展》,《欧洲研究》2016 年第 5 期。

上海合作组织反恐法律机制

一、问题的提出

早在"9·11"事件以前,恐怖主义犯罪便与黑社会犯罪、毒品犯罪并称为"世界三大犯罪灾难"。[①] 而当前,恐怖主义犯罪则以"超国家、超领域"的姿态向"中亚、南亚北部、西亚和北非以及非洲萨赫勒地区(Sahel)"的广大地域迅速扩散并形成"不稳定弧形地带"。[②] 20 世纪 80 年代末以来,地区、民族、宗教之间的冲突在中亚地区愈演愈烈,以民族分裂主义、宗教极端主义为特征的恐怖主义活动日益猖獗。中亚五国毗邻中俄,中俄与中亚国家在衡量大国博弈影响的同时,睦邻合作以维持地区稳定,共谋发展的基础逐渐夯实,上海合作组织(SCO)在这一背景下得以形成与发展。

从区域分布上看,中亚从西部的里海延伸至东部的中国,从北部的俄罗斯延伸至南部的阿富汗。该地区主要由五个共和国组成,分别为哈萨克斯坦(The Republic of Kazakhstan)、吉尔吉斯斯坦(Kyrgyzstan)、塔吉克斯坦(The Republic of

---

[①] 李文燕、田宏杰:《黑社会性质组织特征辨析》,《中国人民公安大学学报》(社会科学版) 2001 年第 3 期。
[②] "不稳定弧形地带",又称"动弧带","9·11"事件之后,这一弧形地带上的中东、南亚、中亚南部等地带的国家常面临恐怖主义的威胁,成为恐怖主义势力的避难所。这一概念在 21 世纪多与恐怖主义联系在一起,特指恐怖主义严重泛滥的地带。刘青建、方锦程:《恐怖主义的新发展及对中国的影响》,《国际问题研究》2015 年第 4 期。

Tajikistan)、土库曼斯坦(Turkmenistan)和乌兹别克斯坦(The Republic of Uzbekistan)。[①] 中亚历来与游牧民族和丝绸之路紧密相连,是欧洲、西亚、南亚和东亚各国人民、商贸和文化交流的十字路口。时至今日,中亚地区局势的稳定与我国"一带一路"倡议的推行、海外经济利益以及边疆的安全与发展息息相关。

本节将以中亚地区恐怖主义活动的具体数据为样本,探讨上海合作组织在打击中亚恐怖主义犯罪过程中面临的挑战,提出应对的措施。

"9·11"事件以来,全球范围内的反恐联盟始终在合作与制衡间寻求平衡,一方面,积极有效的国际合作在防范与打击"三股势力"方面屡有建树,[②]另一方面,为制衡中国的迅速崛起,美国不得不在中东地区实施战略收缩,借此机会,恐怖主义组织企图东山再起,其中,"乌兹别克斯坦伊斯兰运动(IMU)"则以阿富汗北部为跳板,在塔吉克斯坦、乌兹别克斯坦和吉尔吉斯斯坦等中亚各国活动频仍。[③] 据不完全统计,按照俄罗斯和中亚国家相关机构的认定,2013年活跃于中亚地区的恐怖主义组织就有近20个。[④]

笔者收集了"9·11"事件以后发生于中亚五国的恐怖袭击事件数据,希望能从中发现中亚恐怖主义犯罪的基本特征和发展趋势。其中,截至2016年,有记载的发生于土库曼斯坦的恐怖袭击仅有两起,且都未造成5人以上的人员伤亡,样本数据缺乏代表意义,故笔者在此不作重点探讨。

二、中亚恐怖主义犯罪的宏观特征

中亚五国恐怖主义犯罪的特征因不同国家的政府所持政策的区别以及不同

[①] Central Asia, https://en.wikipedia.org/wiki/Central_Asia#cite_note-9. 2018年3月17日访问。

[②] "9·11"事件以后,全球形成的反恐联盟一度有效地打击了国际恐怖主义势力的发展,"基地"组织在阿富汗的训练营地被摧毁,庇护恐怖主义的塔利班政权被推翻,"基地"组织及2/3塔利班高层成员被打死或抓获,与恐怖组织及其活动相关的资金被冻结。顾华详:《国际合作打击"三股势力"策略探析》,《新疆师范大学学报》(哲学社会科学版)2010年第1期。

[③] 刘青建、方锦程:《恐怖主义的新发展及对中国的影响》,《国际问题研究》2015年第4期。

[④] 李琪:《中亚地区安全化矩阵中的极端主义与恐怖主义问题》,《新疆师范大学学报》(哲学社会科学版)2013年第2期。

国家主要矛盾的差异而有所差别。纵然如此,由于相近的地缘性、相似的历史渊源与民族构成,较之于差异,中亚五国的恐怖主义犯罪拥有更多的共同之处。

(一)"9·11"事件以来,中亚地区恐怖主义犯罪数量相对稳定

基于全球恐怖主义数据库提供的数据,1990—2016年,发生于哈萨克斯坦境内的恐怖袭击共计32起,13起发生于"9·11"事件之后,其中,2016年1起、2013年3起、2012年4起、2011年1起、2008年1起。①

1990—2016年,发生于吉尔吉斯斯坦境内的恐怖袭击共计34起,其中有15起发生于2001年9月11日之后,包括2016年3起、2015年1起、2014年1起、2011年1起、2010年1起、2007年1起、2006年2起、2005年2起、2003年1起、2002年2起。

较之于哈萨克斯坦、吉尔吉斯斯坦两国,塔吉克斯坦的恐怖主义犯罪集中于20世纪90年代,②自"9·11"事件以来,恐怖主义活动的频率反而在该地区有明显缓和,较之于前期的庞大数据,仅有14起恐怖袭击发生在2001年9月11日之后。包括2016年1起、2015年3起、2014年1起、2012年5起、2010年1起、2009年1起、2007年1起、2005年1起。值得注意的是,2012年实际成为这一时期恐怖主义犯罪最为频发的一年。

类似于塔吉克斯坦恐怖主义犯罪的发展趋势,在进入21世纪后,乌兹别克斯坦的恐怖主义犯罪发生频率有了较为明显的降低,"9·11"事件以后,该国发生恐怖主义犯罪的数量为8起,较多年份未有样本数据。已有数据的8起恐怖主义犯罪分别发生于2015年(1起)、2009年(2起)、2005年(2起)、2004年(3起)。

"9·11"事件被学者视为恐怖主义向全球迅速蔓延的标志,③但较之于20

---

① 本节所出现的2001年,若无特殊说明皆以2001年9月11日为起点。
② 在这一阶段,塔吉克斯坦境内发生了高达172起的恐怖主义犯罪。其中,以1997年为甚,仅此一年就发生了40起恐怖袭击事件。
③ 如王雪梅教授在其研究中指出:"一些恐怖活动的高发地带"在"9·11"事件之后出现,曾向红教授亦指出:"当前,'基地'与'伊斯兰国'等恐怖组织在全球肆虐,恐怖主义活动越来越显著的跨国性和破坏性对国际社会构成了严峻挑战,等等。参见王雪梅:《恐怖主义犯罪发展特点分析》,《环球法律评论》2013年第1期;曾向红:《恐怖主义的全球治理:机制及其评估》,《中国社会科学》2017年第12期。

世纪 90 年代以"三股势力"为典型的恐怖主义在中亚地区的猖獗,"9·11"事件之后,美国在中亚地区的影响和国际社会对中亚国家及其周边地区恐怖势力的预防措施,使得中亚国家能够在努力控制中亚地区恐怖势力蔓延的同时,也在国际社会的帮助下相继建立和不断完善自身的恐怖危机处理机制。① 这一背景下,中亚五国恐怖主义犯罪的总体趋势与世界范围内诸如中东、南亚、北非等其他区域的情形相比有着相对稳定的局面。

(二) 中亚恐怖主义犯罪的社会危害相对能够控制

中亚恐怖主义犯罪的社会危害相对能够控制主要体现于两个方面:

一方面,"9·11"事件以来,发生于中亚五国的恐怖袭击通常为单次袭击,连环袭击仅占样本总量的 2%。"9·11"事件以后,西欧国家对美国在全球范围内的反恐战争号角的群起响应为其自身招致了"带有明显伊斯兰极端主义、恐怖主义宗教特征的'宗教极端主义浪潮'",②在这一背景下,连环恐怖主义袭击让"烈火硝烟笼罩在欧洲的上空"。③ 相比较而言,中亚地区发生的恐怖主义犯罪仍以单次袭击为主。关于这一特征,笔者认为,世界范围内不同国家对恐怖主义采取的措施千差万别,一些政府会采取强硬的态度,抱着彻底根除恐怖主义的决心严厉镇压,而与之相对应的,一些政府会采取松散的甚至看似疏漏百出的预防机制。这也是一些学者常常站在不同的立场以人权苛责中亚五国的反恐政策与立法,甚至认为中亚国家对该地区恐怖主义的镇压是借着打击恐怖主义的旗号压榨中亚地区的伊斯兰教众的原因。④

另一方面,相比较发生于南亚等人口密度较高地区的袭击,中亚恐怖主义犯罪造成的人员伤亡规模相对较小。

---

① 古丽阿扎提·吐尔逊、阿地力江·阿布来提:《中亚反恐法律及其评析》,《俄罗斯中亚东欧研究》2010 年第 5 期。

② 张家栋:《现代恐怖主义的四次浪潮》,《国际观察》2007 年第 6 期。

③ 宋全成:《族群分裂与宗教冲突:当代欧洲国家的恐怖主义》,《当代世界社会主义问题》2014 年第 3 期。

④ Mariya Y. Omelicheva, "Combating Terrorism in Central Asia: Explaining Differences in States' Responses to Terror", *Terrorism and Political Violence*, 19: 3, 369 - 393.

根据全球恐怖主义数据库的伤亡人数统计,其中,对于哈萨克斯坦,以哈萨克斯坦解放军(Kazakhstan Liberation Army)于 2016 年 6 月 5 日在阿克托比制造的连环恐怖袭击以及由穆斯林极端主义分子于 2011 年 11 月 12 日在塔拉兹制造的爆炸式恐怖袭击为突出,均造成 8 人死亡;对于吉尔吉斯斯坦,从袭击造成的人数伤亡来看,未造成人员伤亡的恐怖主义袭击有 5 起,仅造成人员受伤的恐怖主义袭击亦有 5 起,造成人员伤亡的恐怖袭击占样本总数的 33%,死亡人数均维持在 2 人以下;相对哈萨克斯坦、吉尔吉斯斯坦两国而言,塔吉克斯坦、乌兹别克斯坦的情况相对严峻。在发生于塔吉克斯坦的恐怖主义犯罪中,仅 2005 年发生于杜尚别的袭击事件未出现伤亡,其余恐怖主义袭击事件皆有人员伤亡的悲剧发生,尤其以 2010 年 9 月 3 日发生于苦盏(Khujand)的事件最为突出,共造成 29 人伤亡;而 2005 年 5 月 13 日发生于乌兹别克斯坦安集延(Andijon)的武装袭击、2004 年发生于亚兰加奇(Yalangach)以及塔什干(Tashkent)的爆炸式袭击均造成更加严重的人员伤亡情况。

对比伦敦地铁爆炸案、[①]"11·13"巴黎恐怖袭击事件等案例,[②]笔者认为,中亚恐怖主义犯罪造成的人员伤亡规模依然控制在较低的级别,这与中亚地区较低的人口密度存在一定的关联。中亚大约有 7 000 万人口,其中哈萨克斯坦(约 1 800 万)、吉尔吉斯斯坦(约 600 万)、塔吉克斯坦(约 900 万)、土库曼斯坦(约 600 万)、乌兹别克斯坦(约 3 100 万)。[③] 中亚五国占地约 3 355 900 平方千米,中亚地区的人口密度仅为每平方千米 21 人,这一数据低于世界陆地人口密度的平均值,[④]更远低于巴黎、伦敦等重要城市的对应数值。[⑤]再以同为中亚五国之一的土库曼斯坦为例,截至 2016 年,"9·11"事件以后有记载的发生于该

---

① 2005 年 7 月 7 日早上,4 名受"基地"组织指使的英国人在伦敦三辆地铁和一辆巴士上引爆自杀式炸弹,造成 52 名乘客遇难,700 多人受伤。此次恐怖袭击被称为伦敦地铁爆炸案。
② 2015 年 11 月 13 日晚,在法国巴黎市发生了一系列恐怖袭击事件,造成至少 132 人死亡,300 多人受伤。
③ Central Asia. https://en.wikipedia.org/wiki/Central_Asia#cite_note-6, 2018 年 3 月 21 日。
④ 即每平方千米 47 人。
⑤ 巴黎人口密度 21 000 人/平方千米,伦敦为 5 590 人/平方千米(数据来源:Wikipedia)。

国的恐怖袭击仅 2 起,造成的伤亡人数共计 6 人,①这同样可以解释恐怖主义犯罪中人员伤亡规模与人口密度的关联。②

上述两方面的内容反映了当前中亚恐怖主义犯罪的社会危害处于相对能够控制的程度。

三、中亚地区恐怖主义犯罪的具体特征

笔者以中亚恐怖主义犯罪的区域、对象、犯罪手段与类型作为对象予以分析,以期更加明确直观地展现中亚恐怖主义犯罪的具体特征。

(一) 犯罪区域多集中于中亚国家的重要城市

在哈萨克斯坦,发生恐怖主义犯罪的地区包括阿克托比(Aktobe)、阿特巴萨尔(Atbasar)、阿特劳(Atyrau)、阿拉木图(Almaty)、乌拉尔斯克(Uralsk)、塔拉兹(Taraz),数据显示,发生于村镇的恐怖袭击仅有 3 起,分别为阿特巴萨尔 2 起、乌尔拉斯克 1 起,其余皆发生于哈萨克斯坦重要城市区域;无独有偶,在吉尔吉斯斯坦,发生恐怖主义犯罪的地区包括比什凯克(Bishkek)、托克马克(Tokmok)、贾拉拉巴德(Jalal-Abad)、奥什(Osh)等。较之于哈萨克斯坦,数据显示吉尔吉斯斯坦的恐怖主义袭击更易发生于中心化城市,发生于村镇的袭击仅有阿拉木墩 1 起,其余皆发生于吉尔吉斯斯坦的重要城市区域;在塔吉克斯坦,恐怖主义犯罪同样主要集中于重要城市区域。发生恐怖主义犯罪的地区包括杜尚别(Dushanbe)、瓦赫达特(Vahdat)、霍罗格(Khorog)、鲁尚斯克(Rushansk)、伊什卡希姆(Ishkashim)、苦盏、伊斯法拉(Isfara)。乌兹别克斯坦的情形没有出入,恐怖主义犯罪也集中在该国的重要城市区域,包括塔什干

---

① 分别是 2014 年 2 月 26 日由塔利班武装对土库曼斯坦军队发起的恐怖袭击,造成 3 人死亡、2 人受伤,以及 2002 年 11 月 25 日于阿什哈巴德发生的恐怖袭击,造成 1 人受伤。
② 土库曼斯坦的西边是里海,北部是大片沙漠,人口数量亦中亚五国之末。这些因素都限制了"恐怖-极端分子及贩毒活动缺乏空间",参见杨恕、王琎:《论上海合作组织的地缘政治特征》,《兰州大学学报》(社会科学版)2013 年第 2 期。

(Tashkent)、安集延、汗阿巴德(Khanabad)与亚兰加奇。

中亚恐怖主义犯罪的区位选择符合世界范围内恐怖主义组织的一般逻辑，一国的重要城市往往是该国的政治、经济、文化的中心，相对其他地区而言，这些区域的开放程度较高、人口密度较大，为恐怖分子对计划的执行提供了客观上的便利，恐怖分子既可以通过制造骚乱获得更多的外部关注，又可以通过造成大量的人员伤亡在社会中营造恐怖气氛。

(二) 中亚恐怖主义犯罪的对象较为集中

发生于哈萨克斯坦境内的恐怖主义犯罪的袭击对象集中于"政府"(5起)、"警察"(5起)以及"记者和媒体"(2起)。在样本数据中，袭击目标不在上述之列的仅有发生于阿拉木图的1起以教育机构为袭击对象的恐怖主义犯罪；发生于吉尔吉斯斯坦境内的恐怖主义犯罪的袭击对象同样集中于"政府""警察"以及"记者和媒体"三类，占该国样本数据的67%；略有区别的在于塔吉克斯坦、吉尔吉斯斯坦两国，在塔吉克斯坦制造骚乱的恐怖分子多与当地的政府、警察正面冲突。值得注意的是，不同于哈萨克斯坦、吉尔吉斯斯坦两国，发生于塔吉克斯坦的恐怖主义犯罪几乎不将媒体记者当作自己的袭击对象；乌兹别克斯坦的情况类似于塔吉克斯坦，但两者亦有区别，发生于该国的恐怖主义犯罪更多地将政府外交人员视为袭击的对象。

随着国际恐怖主义的日渐猖獗，结合具体的反恐实践，各国的立法政策与国际性文件多认为恐怖主义犯罪具有鲜明的政治目的性。[①] 一定程度上，相关数据也反映出，中亚恐怖主义犯罪具有明显的政治目的，恐怖分子通过袭击媒

---

① 英国《预防恐怖主义法》中对恐怖主义的定义是："为了政治目的而使用暴力，并且包括为了使公众或公众的一部分置于恐惧之中而使用定期暴力。"参见胡联合：《当代世界恐怖主义与对策》，东方出版社2001年版，第6页；《美国法典》第22条将恐怖主义视为："亚国家或者秘密代理人对非战争人员实施的有预谋的，基于政治动机的，通常意图影响公众的暴力。"参见何秉松：《恐怖主义·邪教·黑社会》，群众出版社2001年版，第59页；在联合国大会2000年2月2日的第54/110号决议的第2段具有操作性的文句中，恐怖主义被描述为"为政治上的理由意图或计划引起公众或一群人或特定的人的恐怖状态犯罪行为"。参见 Hans Kochler、何志鹏：《联合国、国际法治与恐怖主义》，《法制与社会发展》2003年第6期。

体记者、政府官员以及隶属于政府的军队、警察,是"伊斯兰极端势力觊觎政权以及向现政府猖狂地挑战",[1]其目的就在于让恐怖的气氛在社会弥散,胁迫政府对其妥协与退让。

(三) 中亚恐怖主义的犯罪手段与类型较为集中

中亚恐怖分子主要采用的袭击手段是武装袭击与爆炸式袭击,分别占据各国样本总数的85%、73%、100%、100%、100%(哈、吉、塔、土、乌)。不同于我国恐怖主义犯罪手段的多样性,[2]中亚地区恐怖主义的犯罪手段显得更为粗暴与简单,自"9·11"事件以来,哈萨克斯坦境内仅出现1起暗杀式恐怖主义犯罪。

纵火、枪击与爆炸是中亚五国恐怖主义的主要犯罪类型。样本数据中仅有1例发生于哈萨克斯坦的恐怖袭击,实施袭击的恐怖分子采取了徒手格斗的方式。塔吉克斯坦、乌兹别克斯坦两国的恐怖主义犯罪更集中于枪击与爆炸两种类型,活跃于塔吉克斯坦境内的恐怖分子则完全抛弃了破坏力相对较弱的纵火,仅以枪击、爆炸这两类具有较强社会危害性的方式对抗当地的政府军与警察。

中亚恐怖主义犯罪手段与类型的集中实则暗含了两方面内容:

一方面,活跃于中亚地区的恐怖组织往往得益于大国博弈战略的总体态势。为了牵制与之毗邻的中、俄两国,一些国家不惜染指恐怖主义,为其提供资金支持,更蓄意将其混淆为"人权问题",对一系列恐怖主义犯罪持纵容甚至怂恿的态度。一些国家甚至从自身的利益角度出发,采取双重标准对待,甚至把"东突"组织当作"人权斗士"来歌功颂德。[3] 正如美国学者博·格罗斯库珀曾指出,"我们给恐怖主义下定义时面临的基本问题是,它是一个充满政治性的概念,是一个被政治优先权、观点和利益的争论搞得混乱不堪的概念",在格罗斯库珀看来,人们基于不同的政治立场界定恐怖主义,"意味着我们是否把某个事

---

[1] 马勇、王建平:《中亚的恐怖主义探源》,《世界经济与政治》2003年第2期。
[2] 田刚:《我国恐怖主义犯罪的实证分析和未来刑法之应对》,《法商研究》2015年第5期。
[3] 参见赵英:《新的国家安全观》,云南人民出版社1992年版,第264页。

件视为恐怖主义取决于我们的政治观点"。①

　　另一方面,恐怖分子实施恐怖主义犯罪是为了追求社会恐怖,从而将这份恐怖植入犯罪行为的受害人及其以外的一般社会公众,②通过引起个体心理失衡引发群体不良社会心理,进而引起社会心理动荡并最终影响社会稳定。③ 纵火、枪击、爆炸无疑是最直接且最具破坏性的手段。

四、上海合作组织对中亚恐怖主义犯罪的应对

　　随着"一带一路"倡议进程的不断推进,加强与"一带一路"倡议的发展对接将是上海合作组织加强经济合作的新方向。然而,"一带一路"面临着恐怖主义的风险与挑战,这意味着,对上海合作组织治理恐怖主义进行研究有其必要性,而以上海合作组织在反恐领域取得的成效和不足作为分析中心则具有一定的代表性。

(一)大国平衡战略对上海合作反恐机制的冲击与应对

　　上海合作组织的前身是"上海五国",④随着边界的稳定和国与国之间相互信任的建立,"上海五国"将注意力集中在了日益突出的恐怖主义问题上。在1998年的阿拉木图峰会上,"上海五国"开始关注宗教极端主义、民族分裂主义以及该地区新兴的恐怖主义所带来日益增长的威胁。"上海五国"于1999年8月的比什凯克会议上提出建立一个反恐中心的设想,并希望在成员

---

① Beau Grosscup. The Newest Explosions of Terrorism, 1998 published by New Horizon Press, p. 6.
② 喻义东:《论恐怖主义犯罪在刑法分则中的地位》,《法学》2005年第2期。
③ 赵晓风:《恐怖主义活动的社会心理危害及对策探讨》,《理论导刊》2009年第11期。
④ 上海合作组织的起源可以追溯到20世纪90年代中苏的边境谈判,随着苏联解体,三个新独立的中亚国家——哈萨克斯坦、塔吉克斯坦和吉尔吉斯斯坦——也成为边界谈判的参与者。1996年4月,五个国家在上海签署了边境地区建立军事领域的信任协定。一年后又签署了《关于在边境地区相互裁减军事力量的协定》。See Yuan Jingdong, "Sino-Russian Confidence-Building Measures: A Preliminary Analysis", *Asian Perspective*, Vol. 22, No. 1, 1998, pp. 71-108.

国之间架构一个定期化、制度化的平台来管理成员国之间的外交、国防等事项。由最初的"上海五国"协同乌兹别克斯坦所组建的上海合作组织于2001年6月15日正式成立。六个会员国通过了《打击恐怖主义、分裂主义和极端主义上海公约》。上海合作组织的成立与在打击恐怖主义问题上的努力被国内学者盛赞为冷战后安全合作的典范,[1]起初,一些学者对此持怀疑与敌意的态度。[2] 有学者甚至认为,中、俄两国倡导构建上海合作组织的目的是维护本国在中亚地区的能源利益,借着维护地区稳定的"幌子"来控制中亚国家,[3]西方的主流论调并不看好上海合作组织反恐机制的有效性。[4]

恰逢上海合作组织成立伊始,便发生了震惊世界的"9·11"事件。为了遏制恐怖主义对其本土的继续侵犯,美国以打击"基地"组织为由发动阿富汗战争。美国的军事打击加速了塔利班政权的垮台,客观上消除了该地区对中亚国家的最大威胁。[5] 相比之下,成立初期的上海合作组织并未对此采取实质性措施的表现削弱了中亚成员国对上海合作组织在应对恐怖主义问题上的期待。中亚成员国也因此一度"疏远"上海合作组织。[6]

"9·11"事件背景下,大国之间的博弈为中亚五国"推行大国平衡战略"提供了便利,这暴露出草创之初的上海合作组织在应对恐怖主义犯罪方面行动力

---

[1] 王金存:《具有历史意义的跨越——从"上海五国"到"上海合作组织"》,《世界经济与政治》2001年第9期。

[2] 如有西方学者曾指出:"通过合法化独裁主义和将其自身确立为反对民主规范的堡垒,上海合作组织对普适民众和人权观念提出了严峻挑战。"See Thomas Ambrosio, Catching the 'Shanghai Spirit': How the Shanghai Cooperation Organization Promotes Authoritarian Norms in Central Asia. Europe-Asia Studies, Vol. 60, No. 8, 2008, pp. 1321 – 1344. 转引自曾向红、李廷康:《上海合作组织扩员的学理与政治分析》,《当代亚太》2014年第3期。

[3] See Yom S. L., "Power Politics in Central Asia: The Future of the Shanghai Cooperation Organization", Harvard Asia Quarterly, Vol. 6, No. 4, 2002, pp. 48 – 54.

[4] See Bakshi J., "Shanghai Co-operation Organization (SCO) before and after September 11." Strategic Analysis, Vol. 26, No. 2, 2002, pp. 265 – 276.

[5] 赵华胜:《中亚形势变化与"上海合作组织"》,《东欧中亚研究》2002年第6期。

[6] 如2001年,美国和乌兹别克斯坦通过签署协议,许可美国在哈纳巴德军事机场驻军,美国和吉尔吉斯斯坦亦达成协议给予美国玛纳斯机场的租用权,等等。参见曾向红、李孝天:《中亚成员国对上海合作组织发展的影响:基于国家主义的小国分析路径》,《新疆师范大学学报》(哲学社会科学版)2017年第2期。

的缺陷；但更为重要的是，这反映了中亚成员国在对外政策方面的自主性，把与一方加强合作作为向另一方抬高要价的筹码，从大国博弈之间实现国家利益的最大化。①"平衡外交"是他们外交的立足点，这种以利益为导向的外交政策倾向削弱了上海合作组织构建反恐合作机制的凝聚力，更使得作为战略要地之一的中亚成为国与国之间展开竞争的重心之一。随着美军驻扎中亚，美国在民主化改造的旗号下，加大了对中亚国家的政治压力和渗透，直接导致了中亚国家的政局动荡。而"三股势力"之所以能够长期盘踞于该地区，与中亚各国政局的不稳定不无关系。② 同时，中亚成员国之间亦存在矛盾，以"制毒贩毒、走私武器、非法移民等跨国犯罪"为典型的非传统安全难题因得不到应有重视和及时处理，对地区安全形成了严重威胁。中亚成员国之间在能源、资源的争端更使得地区局势一度呈现"剑拔弩张的状态"。③ 这些都为宗教激进主义与民族分裂主义的滋生提供了温床，成为上海合作组织应对中亚恐怖主义犯罪的严峻挑战。

国际社会应对恐怖主义的方针大致分为三种，最为常见的反恐战略是剥夺恐怖主义的政治效益，即在反恐策略上，坚持绝不向恐怖主义妥协的态度，让恐怖分子意识到他们所犯下的罪行只会影响到相关政府在相关事业方面的进程，但不会扭曲执政者的政治追求与坚持的政策思路。④ 一些学者呼吁采取第二种策略，即通过启动与恐怖组织之间的协商会谈，让恐怖分子停止对世俗政权的侵扰。亦有学者坚持通过民主进程的推进，赋予公民更大的参政议政的权利，来解决利益团体的需求矛盾，以此切断滋生恐怖主义的源头。⑤ 尽管上述三种策略都未能完成解决恐怖主义这一顽疾的任务，但对于上海合作组织应对中亚

---

① 刘宏周：《中亚安全形势：现实威胁与潜在挑战的交融》，《世界经济与政治论坛》2010年第3期。
② 刘宏周：《中亚安全形势：现实威胁与潜在挑战的交融》，《世界经济与政治论坛》2010年第3期。
③ 潘光：《走进第二个十年：上海合作组织面临的挑战和机遇》，《国际观察》2011年第3期。
④ see Dershowitz, A. M. (2003), *Why terrorism works: understanding the threat, responding to the challenge* (Yale University Press), p. 17.
⑤ See Bush, G. W. (2006), "President discusses war on terror and operation iraqi freedom, march 2006", *Journal of International Peacekeeping*.

恐怖主义犯罪而言,其中也存在值得借鉴的内容。

中亚各国同属于多民族聚居的国家类型,加之自苏联时期以来,对宗教组织的曲解以及民族政策的失误导致该地区的社会关系长期处于紧张状态,社会矛盾不断发展乃至激化到不可调和的程度。[1] 可以说,中亚恐怖主义犯罪是以民族分裂势力、宗教极端势力为典型的恐怖主义形态。这意味着,在应对中亚恐怖主义犯罪的问题上,应当在具备绝不向恐怖主义妥协的决心的前提下,重视分析中亚恐怖主义犯罪的特征与深层原因。美国于"9·11"事件之后,发动了以活跃于阿富汗的"基地"组织为目标的反恐战争,尽管取得了暂时的效果,但恐怖主义并未因此而销声匿迹,反而形成了"越反越恐"的局面,即恐怖主义的攻击范围不断扩张,袭击手段趋于隐蔽化,组织结构更加严密,技术手段愈发科技化,[2]这足以证明应对恐怖主义犯罪仅仅依赖严厉打击这一策略存在短板。

此外,上海合作组织成员国在公共议题上的需求和供给意愿上所存在的差异决定了中亚成员国在外交领域作出的选择。笔者认为,想克服"大国平衡战略"对于上海合作组织合作反恐的障碍,首先需要调动中亚各国在反恐议题上的积极性。相较于我国应对来自中亚恐怖主义犯罪的威胁的迫切性,中亚各国更多考虑的是将上海合作组织作为一个获得财政经济资源、巩固本国经济和解决各自社会问题的渠道。[3] 基于这一分歧,要想在上海合作组织成员国之间实现更有效的反恐合作,前提是能够满足中亚成员国对于上海合作组织在经济合作领域的期待。值得肯定的是,我国对上海合作组织框架下的经济合作的态度也非常积极,中亚地区被视为我国的"一带一路"倡议中的重要组成部分,而在我国推动下成立的上合组织开发银行和亚洲基础设施投资银行也可以为上海合作组织中亚成员国的经济发展增加助力。同时,应倡导各成员国在本国内推行相应的社会政策,健全社会保障制度,促进民生发展,逐步缩小民族、地区之

---

[1] 马振超:《恐怖主义活动源——防范打击恐怖主义的逻辑起点》,《中国人民公安大学学报》(社会科学版)2003年第3期。
[2] 刘仁文:《敌人刑法:一个初步的清理》,《法律科学(西北政治学院学报)》2007年第6期。
[3] 霍孟林:《上海合作组织未来发展需要解决的几个问题》,《新疆社会科学》2008年第5期。

间的贫富差距,从摧毁恐怖主义生存的土壤上应对中亚恐怖主义犯罪对于上海合作组织成员国的威胁。

(二)上海合作组织反恐法律机制的不断完善

当今,世界范围内的反恐格局主要分为三个阶层:由全球性国际组织倡导的国际反恐、由区域国家组织主导的区域反恐、由主权国家针对一国领土内部的本国反恐。相对应的法律依据分别为联合国的反恐公约、区域国家间的反恐公约与协定、主权国家内部的反恐立法等。

上海合作组织框架下的反恐法律机制属于区域性国际组织反恐法律机制的重要组成部分,其法律核心依据包括成立之初签署的《打击恐怖主义、分裂主义和极端主义上海公约》、2002年签署的《上海合作组织成员国关于地区反恐怖机构的协定》,以及2009年签署的《上海合作组织反恐怖主义公约》。

自20世纪90年代起,上海合作组织成员国之间便就刑事司法协助达成了一系列条约,对调查取证和送达文书等协助问题都有明确的表述,为成员国合作打击恐怖主义犯罪奠定了良好的基础。然而,上海合作组织各成员国的综合国力毕竟存在差别,各自的利益需求亦有不同的侧重范围,[①]这让区域内的国际形势趋于复杂化,在深化成员国之间合作反恐的议题上,既有的法律机制暴露出诸多的滞后性。总体而言,上海合作组织框架下的刑事司法协助较为被动。成员国之间司法协助的重点在于调查取证和文书的送达,且只有一国先行发出请求,被请求国才会介入和调查,被动、消极的刑事司法协助模式自然缺乏高效的行动力,难以满足应对突发恐怖袭击的需求。此外,现有的双边司法协助条约看似提纲挈领,实则缺乏具体的指导细则,涉及刑事司法协助的程序性设定更是过于笼统,实际执行过程中难免出现分歧。即使获准跨国取证,但涉及反恐的刑事侦查依然困难重重。针对上海合作组织反恐刑事司法协作的困境,一

[①] 如中国更多的是从经济合作的角度考虑上海合作组织的合作,俄罗斯则期望上海合作组织在地缘政治上发挥更大的作用。参见葛明、聂平平:《区域性国际组织协作的集体行动逻辑分析——以上海合作组织为例》,《上海行政学院学报》2017年第6期。

方面,需要成员国之间积极制定双边和多边的国际协定或者条约,为开展区际乃至国际合作奠定法律基础。在上海合作组织反恐机构的协调下,完善各成员国之间的信息交换机制,在控制本国恐怖主义犯罪的同时,对他国反恐怖主义犯罪活动予以可能的支持;另一方面,各成员国应当切实履行所制定的国际协定,积极加入反恐怖主义犯罪的国际刑事司法合作。各国之间除了继续开展传统的文书送达、调查取证、情报交换与共享、搜查扣押、引渡等国际合作,还应当根据现代恐怖主义犯罪分布范围广、随意性强、技术手段先进及国际化趋势增强等特点,拓宽合作渠道,增加合作形式,积极开展反恐怖联合军事行动以震慑恐怖主义组织,等等。[1]

此外,通过对国内学者在完善上海合作组织反恐法律机制问题上的研究进行总结,笔者发现国内学者多以联合国反恐法律机制和欧盟反恐法律机制为完善上海合作组织反恐法律机制的蓝本。其中,恐怖主义犯罪的普遍管辖权、对恐怖主义组织和罪名的界定、反恐合作及刑事司法合作的架构以及反恐的基本原则是两者的共有内容。[2] 上海合作组织成员国之间领土毗邻,活跃于中亚的恐怖主义犯罪往往呈现跨国发展的复杂性,越来越多管辖权重叠的情况需要上海合作组织的反恐法律机制有所回应。在成员国间确定对恐怖主义犯罪的普遍刑事管辖权,意在强调各成员国反恐的共同任务,更有助于消除与国际社会进行反恐合作的障碍。在合作反恐的过程中,上海合作组织各成员国应看到国际共同利益与本国利益的一致性,树立大局观念,明确合作理念,建立合作意识,夯实打击恐怖主义的政治基础和现实基础。[3]

在我们认识到不同国家之间在利益上的分歧为上海合作组织打击中亚恐怖主义犯罪设置了重重障碍的同时,我们更应该认识到不同国家组建的国际组

---

[1] 张旭:《恐怖主义犯罪的惩治与防范:现状、问题与应对》,《国家检察官学院学报》2004年第4期。

[2] 王志亮、袁胜育:《国际反恐法律机制视域下的上合组织反恐法律机制建设》,《俄罗斯研究》2016年第6期;于文沛:《欧盟刑事一体化的起源与发展》,《北方法学》2015年第4期;王永红:《问题与对策:上合组织下国际刑事司法协助论纲》,《长春理工大学学报》(社会科学版)2012年第2期。

[3] 余民才:《"打击核恐怖主义全球倡议"的背景分析》,《法学杂志》2007年第6期。

织是为了解决国与国之间战略合作的困境。① 中亚恐怖主义犯罪始终是中亚各国以及周边国家的严重威胁,打击中亚恐怖主义犯罪离不开上海合作组织成员国之间密切而持久的通力合作,亦需要各成员国在反恐法律机制的建构上达成共识。

---

① Lisa Martin, "Interests, power, and multilateralism", *International Organization*, Vol. 46, No. 4, 1992, p. 766.

反恐去极端化的域外经验

一、恐怖主义极端意识形态的发展

极端化分为行为极端化与意识形态极端化,前者是暴力行为,后者是偏激的认知。意大利公共政策学者马里奥·费列罗将其等同于宗教激进主义。[①] 其内涵包括信仰的排他化、思想的复古化、宗教的政治化,以及行为的暴力化。[②] 随着"伊斯兰国"的覆灭,大规模的恐怖主义活动在短期内不会再出现,但恐怖主义仍打着民族、宗教的幌子,以极端意识形态为思想基础,蓄意制造伤及无辜的暴力事件,并借助各方渠道大肆宣扬极端意识形态思想。[③] 因此,如果不能解决意识形态极端化的问题,那么仅依靠对恐怖分子的镇压无法防止其故态复萌。

(一) 恐怖主义极端意识形态的复杂化

传统恐怖主义犯罪中以推翻世俗政权或者建立新的民族国家等高政治

[①] Mario Ferrero, "Radicalization as a Reaction to Failure: An Economic Model of Islamic Extremism", *Public Choice*, vol. 122, no. 1-2, 2005, pp. 199-220.

[②] 张楚楚:《阿尔及利亚去极端化模式:手段、成效与困境》,《阿拉伯世界研究》2019 年第 6 期。

[③] 李寿伟、王思丝:《论反恐怖主义法的立法精神》,《北京师范大学学报(社会科学版)》2016 年第 3 期。

性目的为动机,但随着恐怖主义的蔓延和发展,恐怖主义呈现出"非政治化"的趋势,[1]以往清晰、强烈的政治诉求逐渐与民族、文化、宗教等意识形态因素相结合。[2] 恐怖主义的目的从简单演变为复杂,从较为单一的政治诉求向具有极端意识形态的公共性目标转变。

传统的恐怖组织通常都有笃信的政治立场,向世俗政权宣示他们的政治诉求是他们进行极端行为的初衷。但当下的恐怖主义不再局限于政治领域的博弈,而是以民族、宗教、社会、经济等方面所遭受的不公平和不公正待遇的主观认知为基础。[3] 以"伊斯兰国"为例,其意识形态包括"动摇当代边界政治""颠覆主流生命伦理"与"创设替代政治秩序"三个方面。[4] 它在大张挞伐并极力破坏国际秩序的同时,又渴望建设一个全球性的在其治下的"哈里发国家",既要重构国家边界的政治概念,又企图恢复"哈里发"制度、推行伊斯兰教法统治。世人谴责其主张的血腥与暴力,但就迷信伊斯兰教法的信众而言,这完全是与其截然相反的理解,[5]根深蒂固的极端意识形态甚至是其覆灭之际进行自我安慰的精神寄托。[6] 而除了上述政治诉求,"伊斯兰国"等恐怖组织的意识形态还嵌入了颠覆主流生命伦理的欲望狂想。虽然对于教唆自杀式恐怖袭击以及实施暴力践踏道德、法律底线的行为,如何粉饰都无法掩盖其极端、暴虐的思维逻辑,尽管意识形态被理解为"特定的一群人用来自我辩护的一种虚构",是"脱离实际以及与无知相联系的思想",[7]但它将恐怖主义的犯罪目的粉饰得愈发神秘,有助于恐怖组织、恐怖分子对外

---

[1] 古丽阿扎提·吐尔逊:《中亚恐怖主义犯罪研究》,中国人民公安大学出版社2009年版,第47页。

[2] Cindy C. Combs, *Terrorism in the Twenty-First* (Fourth Edition)(Upper Saddle River),2006 pp. 45–46. 转引自周展等编著:《文明冲突、恐怖主义与宗教关系》,东方出版社2009年版,第23—25页。

[3] 刘强:《现代国际恐怖主义再解析——基于社会心理与冲突和意识形态的视角》,《江苏社会科学》2010年第1期。

[4] 刘乐:《论恐怖主义的社会解构》,《国际安全研究》2019年第4期。

[5] Graeme Wood, "What ISIS Really Wants," *The Atlantic*, Vol. 315, No. 2, 2015, p. 86.

[6] Nelly Lahoud, "How Will the Islamic State Endure?" *Survival*, Vol. 59, No. 6, 2017, pp. 55–56.

[7] 曹伟:《反新疆分裂斗争中的意识形态问题研究》,兰州大学博士学位论文,2013,第22页。

宣扬自己的信仰。较之于过去"基地"组织以打击西方政府为目的,"伊斯兰国"倡导的以"圣战"的方式在中东地区乃至全世界范围内建立实施伊斯兰教法的"哈里发国家"的主张,对于那些陷入认同危机、生存危机和发展危机的边缘穆斯林群体,以及一些陷入精神困顿的非穆斯林青年,有较大的吸引力。[1]

(二) 恐怖主义极端意识形态在网络空间的扩散与渗透

社会的发展和技术的进步在造福人类的同时,也赋能恐怖主义变革犯罪手段的基础。数据技术深度"瓦解"了虚拟空间与现实空间的二元构造,互联网已融入社会生活的各个领域,成为人类活动的主要空间,特别是随着三网融合的深入发展,网络对于社会以及社会公众的影响不再局限于信息的获取这一层级。在此背景下,恐怖组织与恐怖分子利用网络的开放性、无国界性与隐蔽性等特征,将恐怖主义活动的场域转移至网络空间,使网络逐渐成为恐怖主义犯罪的工具和平台。[2] 有经验的网络恐怖分子,通常掌握娴熟的黑客技术(网络攻击技术),能够对政府系统、医院记录和国家安全计划造成巨大破坏。[3] 美国中央情报局(CIA)前局长约翰·多伊奇(John Deutch)在1996年便承认,国际恐怖主义组织具备攻击美国信息基础设施的能力。现实中,最常见的网络恐怖主义犯罪便是恐怖组织利用网络快速地聚合分散在全球各地的恐怖分子,通过非法入侵信息网络传播恐怖主义理念、传授恐怖主义犯罪方法等。[4] 例如,"基地"组织利用互联网与其支持者进行沟通,为招募新成员开辟通道。隶属于老牌恐怖组织的恐怖分子之间也更广泛地通过互联网进行通信。[5]

当前,越来越多的恐怖分子充分利用互联网在沟通、信息交流上所具备的巨大优势,将互联网作为宣传其极端意识形态的工具。相对于过去主要通过暴

---

[1] 刘中民、俞海杰:《"伊斯兰国"的极端主义意识形态探析》,《西亚非洲》2016年第3期。
[2] 潘新睿:《网络恐怖主义犯罪的制裁思路》,中国法制出版社2017年版,第6页。
[3] Worth, Robert, "Terror on the Internet: The New Arena, The New Challenges", *New York Times Book Review*, June 25, 2016, p.21.
[4] 潘新睿:《网络恐怖主义犯罪的制裁思路》,中国法制出版社2017年版,第11页。
[5] Conway M, "Reality Bytes: cyberterrorism and terrorist 'use' of the Internet", *First Monday*, vol.7, 2002, pp.2-3.

力犯罪向社会传递恐怖组织的主张,互联网的繁荣为恐怖分子传达所想表达信息提供了捷径。① "伊斯兰国"在伊拉克、叙利亚的核心暴政瓦解以后,便依赖于新媒体和网络以赢得更大范围的支持。近年来,该组织借助互联网发布包括英语、阿拉伯语、法语、德语、维吾尔语等多语种音像视频招募人员和鼓励恐怖袭击,取得显著的效果。例如,"伊斯兰国"在2017年斋月前怂恿支持者发动"斋月攻势",导致斋月期间全球各地的恐怖袭击数量急剧攀升。② 尽管推特(Twitter)与脸谱网(Facebook)会清除与恐怖主义有关的账户和内容,但同时追踪众多用户的内容十分困难。③ 在信息技术革命影响下,一方面,信息技术将会成为未来数字化战场上的主导力量,另一方面,网络的跨国界性将形成大量新的社会关系,开辟新的冲突领域。④ 恐怖主义极端意识形态在网络空间的扩散与渗透便是其中之一。

二、反恐去极端化的国外经验

(一) 沙特方案

自20世纪90年代海湾战争起,"基地"组织等极端组织在沙特阿拉伯王国(简称沙特)国内泛滥猖獗,为了应对恐怖主义对沙特国内和平与稳定的破坏,沙特政府通过借鉴历史先例、文化传统及其他国家在反恐方面的有益经验,⑤构

---

① Holt, Thomas & Freilich, Joshua & Chermak, Steven, "Exploring the Subculture of Ideologically Motivated Cyber-Attackers", *Journal of Contemporary Criminal Justice*. Vol. 33, No. 3, 2017, pp. 212-233.
② 中国现代国际关系研究院反恐怖研究中心:《国际恐怖主义与反恐斗争年鉴·2017》,时事出版社2018年版,第6页。
③ 潘新睿:《网络恐怖主义犯罪的制裁思路》,中国法制出版社2017年版,第19页。
④ Alvin Toffler and Heidi Toffler, *War and Anti-War: Survival at the Dawn of the Twenty-first Century* (Boston: Little, Brown and Company), 1993, pp. 18-25.
⑤ 例如,当被监禁人员因婚礼或葬礼等家庭事件被临时释放时,必须有三名家庭成员保证他能事后返回;如果被监禁人员一去不返,这些家庭成员将代替他接受牢狱之灾。这里体现了沙特文化习俗中的社会责任、荣誉观念,以及对传统大家庭等级制度的认可。

建了名为"预防、康复和善后关注"(Prevention, Rehabilitation, and After-Care, PRAC)的反恐去极端化机制,①沙特反恐去极端化机制涵盖行为去极端化与意识形态去极端化两个维度,覆盖对极端分子的监管、抓捕、改造以及再社会化等阶段,既有事后治理,也有事前预防。在"预防、康复和善后关注"项目中,最受国际社会推崇的是沙特的康复和善后关注计划,"康复"计划即在监所内对监禁人员进行教育改造,"善后"计划旨在促进个人获释后的再社会化。

"预防"计划针对的是极端组织对伊斯兰基本教义的错误解读与恶意篡改,是对异端邪说的驳斥,旨在通过大规模的宣传、官民之间的对话交流以及对非法宣教网站、社交媒体、出版物的查堵,向公众揭示极端组织的真实面目,尤其是揭露极端组织并不关心宗教人士而是利用他们来实现自己目标的现实,帮助民众辨别宗教事务与恐怖主义活动,认清极端意识形态的危害,"康复"计划立足对极端分子的改造,以行为去极端化为前提,即切断极端分子与组织的联系,控制极端分子的行为。相对于其他国家去极端化机制存在的软弱性症结,沙特的去极端化机制被认为具有全面性。②尽管去极端化滥觞于克服监狱行刑弊端的需求,③监禁却被视为去极端化机制的必要前提。不仅如此,监禁可以作为国家鼓励被监禁人员去极端化的激励机制,即如果想获释,就必须从行动上表明自己已经放弃信仰。在改造过程中,沙特政府借助开诚布公的宗教对话而非灌输式说教对极端分子进行思想、心理的疏通与引导,并辅以专门考核作为评价机制,④通过考核判断相关人员的心理状态,决定罪犯能否获得释放的资格。宗教对话、社会支持以及家庭参与是"康复"计划的主要内容,这项计划旨在帮助信奉极端意识形态的人"忏悔并放弃恐怖主义的意识形态"。在中东国家,开展

---

① 胡雨:《国际反恐斗争中的去极端化研究——以沙特 PRAC 战略为个案分析》,《国际论坛》2012 年第 5 期。

② Marisa L. Porges, Deradicalisation, the Yemeni Way, *Survival*, vol. 52, 2010, p. 28.

③ "9·11"事件以来,频繁的反恐斗争让一些国家的监狱人满为患,但监狱往往是滋生极端主义的温床,为了阻止这一进程,越来越多的国家尝试通过改造被监禁的极端主义分子来解决极端化在监狱中滋生与传播的问题。

④ Rohan Gunaratna, Jolene Jerard, Lawrence Rubin eds, *Terrorist Rehabilitation and Counter-Radicalisation: New Approaches to Counter-terrorism* (New York: Routledge), 2011, pp. 64 - 65.

去极端化工作的基本共识是极端分子遵循了那些对伊斯兰教的曲解。因此,以监禁为基础的去极端化项目通过宗教对话,借助主流宗教人士与极端分子的讨论和驳斥,能够帮助极端分子重新接受正确的价值观。沙特的去极端化机制不是对极端分子的报复,而是传递政府希望帮助这些囚犯复归正确道路的想法。宗教人士从事监狱矫正工作的做法在沙特具有丰富的先例,在农村,在亲人被捕后请宗教人士出面调解是常有的事。而在去极端化项目中,宗教人士还能鼓励嫌疑人认罪或敦促在押人员与当局合作。沙特政府鼓励罪犯亲属参与对极端分子的改造,为了保证康复活动的秩序与效力,囚犯会被关押在离其家人与住所更近的设施内,以促进家庭参与改造,保证更多的家庭互动。出于对被监禁人员现实需求的关注,沙特政府基于对每一位参与去极端化项目的人员的评估,判断监禁对其家庭的影响,然后决定采取何种措施来协助被监禁人员及其家人。例如,政府会为这个家庭提供替代工资,并妥善处理子女上学等生活问题,从而防止因拘留某一家庭成员而迫使其亲人走向极端化,这种社会支持旨在部分抵消极端组织对被监禁人员及其亲人的诱导。实践证明,对待被监禁人员的方式很大程度上会影响他们获释后的行为。在"善后关注"计划中,政府会将获释人员安置在更支持其发展的社会环境下,以加快获释人员的再社会化进度。获释人员将在工作和其他社会福利方面获得政府的援助,包括额外的政府津贴、汽车和住房,其中,就业包括从事政府和私营部门的工作。值得注意的是,仅通过该项目便能获释的人员通常限于对极端分子予以支持或同情的人员,最多是参与极端主义宣传或提供后勤援助的边缘角色。换言之,他们不是恐怖主义暴力犯罪的主犯,那些"手上沾满鲜血"的极端分子被禁止通过该项目释放。且参与该项目的人能否释放也取决于项目的完成度,以及能够向咨询委员会的医生和心理学家证明康复是真实的。[1]

沙特内政部负责支持上述计划的开展,在该部内,相关的决策、咨询方案由咨询委员会管理,该委员会由四个小组委员会组成:宗教小组委员会、心理和社

---

[1] Angel Rabasa, Stacie L. Pettyjohn, Jeremy J. Ghez, Christopher Boucek, *Deradicalizing Islamist extremists* (RAND Corporation),2010,pp. 63 - 64.

会小组委员会、安全小组委员会和媒体小组委员会。宗教小组委员会由约160名宗教相关人员、学者组成,直接参与对话罪犯的过程。选拔宗教小组委员会成员的关键是沟通方式,沙特的去极端化项目拒绝说教式的交谈,如果小组委员会成员无法与被监禁人员成功沟通,委员会将选择其他宗教相关人员或学者来替代他的工作。心理和社会小组委员会由大约60名心理学家、精神病学家、社会学家及其他研究人员组成。该小组委员会的工作侧重于评估被监禁人员的社会地位,同时诊断其是否存在心理问题。在项目进程中,社会学家与心理学家会与被监禁人员开展互动,以评估项目的进展,尤其确定改造是否真实。此外,该小组委员会还负责评估被监禁人员及其家人在其获释后所需的支持。尽一切努力帮助极端分子恢复正常生活,并对他和他的家人予以必要的支持,是沙特政府在该计划及其他去极端化方案中所坚持的核心内容。此外,判断罪犯的安全风险以及是否予以释放是安全小组委员会的主要职责,对沙特青年男性的宣传教育则由媒体小组委员会来执行,媒体小组委员会通过其他信息在民众内心强化极端组织不人道的阴暗面,通过揭示极端组织酿造的悲剧敦促民众远离极端信仰。

(二) 英国方案

英国对反恐去极端化的关注始于2003年,但去极端化计划的全面开展是在伦敦地铁爆炸案以后。英国的反恐策略由"预防、追捕、保护和准备"四个方面构成。其中,"预防"计划是通过解决产生极端化的因素来实现去极端化的目的。[①] "预防"计划是通过与警察、地方政府以及非政府组织的合作共同反对伊斯兰极端组织,打击实施暴力极端主义行为的人,援助容易受到极端主义影响或已经开始极端化的公民,提高社区抵抗暴力极端主义的能力、为那些意识形

---

① 此外,"追捕"计划即针对恐怖分子及其支持者的司法活动,"保护"计划是对英国公众和政府的安全保障,"准备"计划是针对恐怖袭击的善后措施。HM Government, *Countering International Terrorism: The United Kingdom's Strategy*, London, July 2006, pp.1-2.

态趋于安稳的人提供援助以及安抚社会中那些容易被极端组织利用的不满情绪。[①] 伦敦地铁爆炸案后，英国政府组织了一个由穆斯林组成的工作组，探讨政府如何阻止暴力极端主义在该国的蔓延。该工作组于2005年9月向英国政府提交了他们的提案，建议建立一个清真寺和阿訇(Imam)国家咨询委员会，开展相关学者的路演以及讨论"伊斯兰恐惧症"和极端主义的论坛。[②] 同时，"预防"计划旨在阻止那些试图在清真寺、学校、监狱、社区和互联网上诱导他人极端化的极端分子，将支持恐怖主义的行为定为犯罪，让协助恐怖分子的个人承担刑事责任。[③] 此外，政府借助情报监控，为那些访问恐怖主义网站、讨论和宣传暴力的年轻的穆斯林提供辅导与培训，避免他们受到极端意识形态的腐蚀。英国通过地方性的、以社区为基础的项目，依靠警方、地方当局和当地社区来识别激进分子，然后帮助他们回到正确的道路上，防止极端思想升级为暴力极端主义。例如，英国利兹(Leeds)创建了"团结社区"项目。这项为期七个月的计划旨在帮助穆斯林青年抵抗并对抗极端主义，拒绝极端组织。[④] 最后，为了避免极端组织利用社会中的不满情绪动员普通民众参与其中，英国政府通过减少歧视和不平等来反驳极端分子对政府的污名化。

(三) 英国与沙特去极端化方案的比较

由于不同国家面临问题的严重程度不同，受两国政治、经济与文化传统的影响，沙特与英国的去极端化机制存在诸多细节上的差异。两者最大的区别，即相对于中东国家关注事后的去极端化，英国更倾向于事前的去极端化，即努

[①] HM Government, *The Prevent Strategy: A Guide for Local Partners in England*, London, June 2008, p. 16.

[②] Michael Whine, "The Radicalization of Diasporas and Terrorism: United Kingdom", in Doron Zimmermann and William Rosenau, eds., *The Radicalization of Diasporas and Terrorism*, Zurich: Center for Security Studies (ETH Zurich), 2009, pp. 31 – 33.

[③] HM Government, *Pursue Prevent Protect Prepare: The United Kingdom's Strategy for Countering International Terrorism*, London, March 2009, pp. 88 – 89.

[④] UK Department for Communities and Local Government, *Building Community Resilience: Prevent Case Studies*, London, December 2009, pp. 5 – 7.

力防止有风险的个人走上极端化道路,①为此,英国政府通过情报合作与信息共享监控极端分子,预防暴力犯罪的发生,并通过识别激进的穆斯林,鼓励他们约束自己的行为。这些计划针对的是没有违法的人,即伊斯兰极端组织的边缘成员或社会中同情极端分子的人。但随着国际社会围绕恐怖主义的共识不断增进,世界各国在认知极端主义方面的分歧逐渐减少,这决定了国际社会的主流反极端化机制存在共通之处:第一,在英国与沙特的反恐去极端化项目中,政府都会推广国家认可的伊斯兰教。这种方法的原型滥觞于也门的神学对话,该模式基于这样一种假设:大多数伊斯兰激进分子没有正确理解伊斯兰教,因此可以接受教育和矫正。第二,英国与沙特都关注对穆斯林青年的援助,两国政府都认为,为了削弱极端主义组织,有必要防止年轻人极端化。例如,为了避免极端主义意识形态对青少年的荼毒,英国政府建立起了措施完备的校园安全责任网络,通过弘扬主流价值观、开设反极端主义的课程,提升学生辨识和应对极端主义风险的能力。而在沙特,媒体小组委员会通过印刷、分发宣传正统伊斯兰教的书籍在青年群体中开展反极端主义的宣传教育。第三,英国与沙特都高度重视被改造的获释人员重新融入社会的问题。鉴于相关人员较为弱势的社会生活能力,在押期间,沙特政府会注重相关人员的职业技能培训,从而提高其在社会中独立生存的能力。并建立健全以"中途之家"、安置帮扶等社会援助为主要内容的"善后关注"计划。通过安全监督、家庭合作以及社会力量,帮助回归社会的罪犯更好地融入社会,避免其重新误入歧途的"再极端化"问题。而英国则致力于促进穆斯林进一步融入社会,以减少助长欧洲伊斯兰极端主义的歧视情绪。为了达到这个目的,政府帮助穆斯林公民获得公共住房,提供工作、教育和职业培训,构建和谐的穆斯林社区来抵制极端主义的渗透。

① Lorenzo Vidino, "Europe's New Security Dilemma", *Washington Quarterly*, vol. 32, 2009, pp. 61 - 62.

理论篇

武力反恐视角下自卫权理论考

一、问题的提出

根据《全面反恐公约草案》，恐怖主义是一种刑事犯罪。① 刑事反恐作为一种传统的反恐措施，对打击和预防一国范围内的恐怖主义起到了积极作用。然而在反恐的问题上，单凭刑法仅能制裁本国那些规模不大、武器装备不强的恐怖组织和恐怖分子，对于人数众多、武器装备精良且屡屡跨境作案的超大型恐怖组织，国内法乃至国际条约都无法保证对其实现法律惩治。②

此外，围绕恐怖主义的分歧无法得到解决，导致对恐怖主义犯罪的管辖被排除于国际刑事法院之外。对恐怖主义定义的缺乏是导致《国际刑事法院罗马规约》的起草者未将恐怖主义犯罪纳入国际刑事法院的管辖范围的主要原因。③ 尽管在规约草案的起草过程中，立法者确实考虑了几种涉及恐怖主义犯罪的管辖权问题。但考虑到法文明文规定不为罪，若要保证规约适用上的明确性和权威性，对恐怖主义犯罪的界定自然不能满足习惯国际法就"灭绝种族罪""危害人类罪""战争罪""侵略罪"在界定上所要求的清晰程度。基于此，在1998年罗

---

① Van Schaack B. (2008). "Finding the Tort of Terrorism in International Law", *Review of Litigation*, Vol. 2. p. 419.
② 李寿平、王志佳：《试论国家境外武力反恐的合法性》，《法学杂志》2016年第9期。
③ Martinez, L. (2002), "Prosecuting Terrorists at the International Criminal Court: Possibilities and Problems", *Rutgers LJ*, vol. 34, p. 2.

马会议的谈判中,规约得以吸收了国际习惯法中关于灭绝种族罪、危害人类罪、战争罪、侵略罪,但将恐怖主义犯罪纳入规约中的设想在仅仅五周的起草时间内只得作罢。① 虽然恐怖主义犯罪在绝大多数国家都被纳入了刑法典予以规制。同时,《国际刑事法院罗马规约》的第1条为国际刑事法院确立了管辖权补充性原则,即在特定情形下,国际刑事法院的管辖权将作为国家管辖权的补充,从而不与主权国家内部的刑事管辖权冲突。② 但这并不意味着在国际司法机构中起诉恐怖主义分子就顺理成章。例如,在行为发生的时机并不存在规约意义上的武装背景时,恐怖主义犯罪就不适用战争罪或危害人类罪的条款。同样,如果行为人没有按照必要的具体意图行事,或者袭击没有针对受保护的群体,则无法适用灭绝种族罪的条款。③ 近年来,随着恐怖主义的愈演愈烈,尤其在发生了"9·11"事件等一系列恶性恐怖袭击之后,支持将恐怖主义犯罪纳入国际刑事法院管辖范围的呼声日益高涨。但就目前而言,支撑国际刑事法院打击恐怖主义犯罪的国际法依据还有待进一步发展。

根据上述分析,一方面,恐怖主义正以"超国家、超领域"的姿态肆虐于全球并对国际社会的和平与安全构成严峻挑战,但在各国的刑事立法与用以惩治恐怖主义犯罪的国际条约尚不足以应对之际,武力反恐就成为当代国际社会惩治和预防恐怖主义的必然选择;另一方面,于我国而言,根据总体国家安全观的定位,维护国家安全需要中国扩大在海外的包括军事在内的战略利益。《中华人民共和国反恐怖主义法》(以下简称《反恐怖主义法》)第71条第2款的概括性授权为我国武装部队出境反恐提供了法律依据,④但由于固有的自卫权理论与非国家行为体在适用上的冲突很大程度地制约了国际社会武力反恐的效果,故对传统国际法自卫权理论及其相关问题的反思尤为必要。

---

① Van Schaack B. (2008). "Finding the Tort of Terrorism in International Law", *Review of Litigation*, Vol. 2. p. 422.
② 同上。
③ Van Schaack B. (2008). "Finding the Tort of Terrorism in International Law", *Review of Litigation*, Vol. 2. p. 437.
④ 邹南:《我国武装力量出境反恐的正当性研究》,《法学杂志》2018年第7期。

二、援引自卫权进行武力反恐：自卫权的题中之义还是理论崩溃

由《联合国宪章》第51条规定的联合国成员国单独、集体自卫的权利是《联合国宪章》体系下唯一的合法动用武力的情形，①是一国为反抗非法攻击而通过武力保护自己的权利。② 根据《联合国宪章》第51条规定，国家的自卫权至少包含以下几点内容：自卫权是国家的固有权利（inherent right）；类型上有单独自卫权和集体自卫权之分（individual or collective self-defence）；行使自卫权的前提是该国受到了他方的武力攻击；③行使自卫权的时间点落于他方武力攻击与联合国安理会采取必要行动之间；行使自卫权的国家具有立即向联合国安理会报告的义务。

虽然是禁止使用武力和以武力相威胁原则的例外情形，但"任何法律，无论是国际法或国内法，凡是禁止诉诸武力者都必须对自卫权有所限制"，④根据1996年"核武器合法性"案国际法院的咨询意见，《联合国宪章》第51条规定的自卫权受到《联合国宪章》、习惯国际法与"自卫"概念本身的固有限制。由于"自卫"概念本身的固有限制与自然法下的自卫权问题有关，但自然法往往不再被认为是现代国际法正式的法律渊源，因此，当前国际法秩序下，对国家启用自卫权的限制除了《联合国宪章》第51条的规定，还包括国际实践中逐渐形成的习惯国际法规则。但对于适用第51条的条件与具体界限，没有任何一项国际公约予以解释或界定。⑤ 2001年10月7日，美国在向联合国的报告中就声称

---

① 另一个情形是由《联合国宪章》第42条规定的安理会进行武力行动的权利。
② ［奥］汉斯·凯尔森著，王铁崖译：《国际法原理》，华夏出版社1989年版，第51页。
③ If an armed attack occurs against a Member of the United Nations.
④ 远东国际军事法庭编，张效林译：《远东国际军事法庭判决书》，群众出版社1986年版，第43页。
⑤ Kastenberg, J. E. . (2004), "The use of conventional international law in combating terrorism: a maginot line for modern civilization employing the principles of anticipatory self-defense & preemption", *Air Force Law Review*, vol. 55. p. 108.

是依据自卫权从而组织联军剿灭盘踞在阿富汗境内的"基地"组织和塔利班政权,以作为对"基地"组织发起"9·11"事件的回应。援引自卫权进行武力反恐究竟是自卫权的题中之义,还是对自卫权理论的破坏?笔者就这一问题展开如下分析。

(一)恐怖袭击构成自卫权规则下的"武力攻击"

根据《联合国宪章》第 51 条的规定,受到武力攻击是一国行使自卫权的法律基础,但对于"武力攻击"的解释,无论是旧金山的制宪会议记录还是《联合国宪章》都未对此给出明确的说明。考虑到《联合国宪章》起草的时代背景是"二战"时期,《联合国宪章》中武力攻击应该是指类似于法西斯国家对他国的军事侵略行为,国际法院在"尼加拉瓜诉美国"案中关于"武力攻击"的解释也趋近于侵略的含义。《奥本海国际法》则将武力攻击分为"直接攻击"与"间接攻击",但无论是哪种类型,国家均是武力攻击的唯一主体。① 因此,将自卫权的对象解释为发动武力的国家是国际法传统理论里的共识。② 从这一角度理解,《联合国宪章》自卫权规则下的武力攻击本应不具有恐怖袭击的内涵。一方面,恐怖袭击的表现形式与国家间的军事侵略行为存在语义上的出入;另一方面,恐怖组织作为非国家行为体又存在权利客体不适格的适用困境。

但在传统国际法理论中,"武力"包含"侵略战争""入侵"和"攻击"等意蕴。③ 此外,从制宪所处历史时期考虑,起草者很难想象在大规模杀伤性武器存在的今天,国际恐怖主义制造的恐怖袭击所产生的破坏力与对人类的威胁都不亚于"二战"时期任何侵略行径。④ 将恐怖袭击解释为《联合国宪章》中的"武力攻击"

---

① 詹宁斯、瓦茨修订,王铁崖等译:《奥本海国际法(第一卷·第一分册)》,中国大百科全书出版社 1995 年版,第 308 页。
② 简基松:《关于反对国际恐怖主义的若干国际法问题研究》,《法律科学(西北政法大学学报)》2002 年第 4 期。
③ Brownlie, I. (1963), *International Law and the Use of Force by States* (Oxford University Press), p. 361.
④ Beard, J. M. (2002), "America's new war on terror: the case for self-defense under international law", *Harvard Journal of Law & Public Policy*, vol. 25. p. 559.

从而为自卫权的适用扫清障碍,这不仅不会抵触《联合国宪章》所规定的"禁止使用武力原则",更符合联合国所倡导的"维持国际和平及安全"的基本宗旨。正因此,在国际实践层面,援引自卫权打击恐怖主义才会被国际社会允许。相对于形式层面的合法性,更需从实质层面考量这一解释思路是否突破了《联合国宪章》以及习惯国际法对自卫权理论的限制。根据国际法规则,自卫权是一国的固有权利(或称自然权利),但对于权利指向的客体,也就是武力攻击的实施者,《联合国宪章》并未作出具体限定。

具体国际实践中,自卫国武装力量打击的客体不仅是恐怖组织,还包括对恐怖组织予以帮助的"支恐国家"。例如,美国对"基地"组织的打击实则寄托于对阿富汗的军事行动。由此引发的争议便是,塔利班政权对恐怖组织的支持、保护、经济上的赞助是否构成《联合国宪章》第51条的"武力攻击"?是否违反了《联合国宪章》第2条第4款所禁止的成员国之间"威胁或武力"的使用?[1] 笔者认为,对这一问题的回答必须基于对"支恐国家"与恐怖主义关联性的评估。严格来说,《联合国宪章》第2条第4款以及第51条适用的对象仅仅是联合国的成员国,并未提及成员国的个人、团体或组织对恐怖主义活动予以支持的行为是否构成该款所禁止的内容,但一方面,若某一政权足以代表一国,那将该政权的行为视同为该国家的行为,例如,将塔利班政权对"基地"组织发动"9·11"事件的支持视为阿富汗对"基地"组织的支持也不会破坏《联合国宪章》所构建体系的完整性。另一方面,正如安理会通过对利比亚的经济制裁以反对其参与并支持恐怖主义活动时依据《联合国宪章》第2条第4款进行的申明,"每个国家都不被允许在另一国组织、煽动、协助或参与恐怖行为,或默许恐怖组织在其领土内进行任何涉及威胁或使用武力的有组织的活动",以及联合国大会在1994年通过的《消除国际恐怖主义措施宣言》中对涉及这一问题时国家责任的强调,即禁止国家组织、煽动、纵容或参加在另一国的恐怖主义活动,以及在其自己的领土上放任这种旨在从事恐怖主义的行为。

---

[1] Beard, J. M. (2002), "America's new war on terror: the case for self-defense under international law", *Harvard Journal of Law & Public Policy*, vol. 25. p. 578.

参照"尼加拉瓜诉美国"一案,如果援助使支持国对反叛分子"各方面"的实际控制达到有充分理由将反叛分子视为支持国机关或以支持国名义行事的程度,反叛分子的武力行动在法律之上应归于支持国,视为支持国的武力攻击。①

以"实际控制说"判断恐怖主义犯罪是否归因于一国依据的是联合国《关于国家责任的条文草案》第八条的规定,即当该国对恐怖组织或恐怖主义袭击存在"实际控制或指挥",恐怖主义袭击才可以归因于该国并构成对受害国的"武力攻击"。②

但如果国家对恐怖主义的放任是由于该国严重受制于政治、经济、民族、宗教等其他因素,客观上不具备阻止恐怖主义发展、蔓延的能力,即便该国与恐怖主义有所关联,也不至于因此而允许他国援引自卫权对其使用武力。正如有学者所指出的,仅以国家对恐怖组织的容忍得证该国与恐怖主义的关联性是不充分的,不足以以此援引《联合国宪章》对其进行武力攻击。③ 如果将对恐怖组织的放任、纵容甚至是包庇解释为第51条规定的武力攻击,就极易导致自卫权的滥用。在"尼加拉瓜诉美国"案中,国际法院甚至认为仅仅是一个国家对恐怖主义组织的积极支持也不构成"武力攻击"。值得注意的是,不支持援引自卫权对其使用武力并不等于不能对上述国家予以其他方面的干涉。联合国通过的19项用以制止恐怖主义的国际公约要求国际社会的所有成员依公约履行义务,当该国不履行义务时,根据国际法惯例,履行义务的其他国家可以通过实施反措施促使国际不法行为责任国履行义务。④ 综上所述,恐怖袭击的国际责任是否由相应的国家承担关键须看恐怖袭击是否可以被认定为"可归因于国家"的行为。

---

① 李毅、潘国平:《论预防性自卫与反国际恐怖主义》,《东北亚论坛》2008年第6期。
② Boyle, F. A. (1987), "Military responses to terrorism", *Am. Soc'y Int'l L. Proc.*, vol. 81, p. 288.
③ Erickson, R. J. (1989), *Legitimate use of military force against state-sponsored international terrorism* (Air University press), p. 104.
④ 例如,1988年洛克比空难发生后,美国针对利比亚的反措施,又如在埃塞俄比亚暗杀埃及总统的恐怖分子逃往苏丹后,安理会对苏丹首都喀土穆实施的制裁,以及安理会通过对阿富汗实施各种制裁,要求塔利班停止为国际恐怖分子提供庇护和训练,等等。

据此,将可归因于国家的恐怖袭击解释为国际法规则下的"武力攻击",本质上仍未超越自卫权理论的范畴。但对于不可归咎于国家的恐怖主义活动,是否同样属于一国启动自卫权的前提事由?

20世纪以降,随着国际刑法的发展,调整国家关系的规则可以直接适用于有限刑事领域的个人。国家与个人的二分实则成为现行国际法的结构层面。然而,恐怖主义集团作为一个有组织的"非国家行为体",其主体形式属于国家与个人间的灰色地带,这导致了国际法在反恐怖主义方面的困境的出现。也就是说,诉诸国际法打击国际恐怖主义,只能在规范国家间关系的法律基础之上寻求突破。① 但值得注意的是,国际法院2004年7月9日对在被占领的巴勒斯坦的领土上修建隔离墙的法律后果发表的咨询意见中表示,"自卫权的行使不仅限于国家发动武力攻击的情形"。② 尤其在习惯国际法规则下,禁止使用武力原则涵盖的主体范围更加宽泛,不仅包括国家,还涵盖具备区域安全机制的区域组织与具有实际政权的类国家实体。③ 此外,由于当代恐怖主义的发展已经产生了质的变化,传统国际法对自卫对象的限定在国际实践中早已被突破。④ 基于上述论证,无论恐怖袭击是否属于某一国的国家责任,将其认定为"武力攻击"并以此援引自卫权进而进行武力打击都尚未造成自卫权理论的崩溃。

(二) 武力反恐对自卫权时间规则的冲击

《联合国宪章》第51条决定了自卫行为的临时性,并对国家进行自卫的时间予以了两个层次的限制,⑤一是自卫权行使的时间起点,二是自卫权行使的时

---

① 王忠宝:《论国际法上的禁止使用武力原则》,中国政法大学博士学位论文,2004,第132页。
② Legal Consequences of the Construction of a Wall in the Occupied Palestinian Territory (Advisory Opinion) (2004), Separate Opinion of Judge Higgins, ICJ Rep 135, p. 139.
③ Henderson, C. (2012), "Contested states and the rights and obligations of the jus ad bellum", Cardozo J. Int'l & Comp. L., vol. 21, pp. 367-369.
④ 简基松:《关于反对国际恐怖主义的国际法问题研究》,《法律科学(西北政法大学学报)》2002年第4期。
⑤ "... until the Security Council has taken measures necessary to maintain international peace and security."

间节点。如果严格按照《联合国宪章》的内容进行文义解释,一国行使自卫权的最早时机应当是遭到他方的实然攻击之际。此外,一旦安理会采取了用以维护国际和平与安全的措施,国家的自卫行为就应当立即终止。

关于"在安全理事会采取必要办法,以维持国际和平及安全以前",坚持严格解释立场的学者认为,只要安理会采取了"以维护国际和平安全"为目的必要措施,相关自卫行为就丧失了国际法的依据。然而,恐怖主义的猖獗让国际法学界对《联合国宪章》就自卫权的时间限制产生了其他的看法。他们认为,如果安理会采取的必要办法并没有取得相应的效果,那相关国家的自卫行为也就没有必要停止。① 对此,问题的关键在于如何判断安理会是否已采取了维持国际和平与安全的必要办法。安理会自然可以认为已采取必要办法从而否定受害国继续进行自卫行为的必要性,但安理会的宣示是否等同于"必要办法"在实质意义上已经构成? 在这个问题上,由于恐怖主义问题的复杂性,安理会的结论通常会与自卫国的判断产生偏差。但若将评估"必要办法"是否已经采取的权利交给自卫国,则容易导致国际社会在打击恐怖主义的问题上过分扩大单方行为的作用从而排斥集体行为的可行性,抵触宪章的精神。要解决这一自卫权规则中的"特里芬难题",有赖于一个有效的观察机构的建立,秉持中立的立场并通过对客观证据的充分掌握,所作出的评估才能既保证联合国安全机制的一致性,又不以牺牲自卫国的合法利益为前提。

武力攻击结束后是否可以行使自卫权? 国际法中的自卫权源于刑法,因此《联合国宪章》赋予成员国自卫的权利是为了阻止非法武力攻击对受害国的进一步侵害,而不能被扭曲为受害国报复或惩罚他国的手段,防止国家假借自卫之名,干着侵略与颠覆他国政权的事实。有学者认为,如果他方的武力攻击已然停止,受害国采取的反击就是"报复性或制裁性军事行动",而不再是自卫。② 恐怖主义作为一种刑事犯罪自然具有了犯罪行动方式的暂时性,不符合《联合

---

① 辛柏春:《自卫权法律问题探析》,《学术交流》2014 年第 9 期。
② 简基松:《关于反对国际恐怖主义的国际法问题研究》,《法律科学(西北政法大学学报)》2002 年第 4 期。

国宪章》第51条设定的反应模式。哪怕承认恐怖袭击是一种可能持续发生的武力攻击,但实践中,任何国家都难以预测到下一次恐怖袭击的行动时机,无法符合第51条对攻击持续性的要求。因此,武力反恐具有挑战传统国际法理论中自卫权时间规则的可能。但有学者认为,考虑到一个国家的行为比任何个人行为复杂得多,在国际法中构成自卫,行为不需要像刑法要求的那样具有即时性,即必须是在不法侵害正在进行的时候发生。① 因此,在国际实践中,鉴于恐怖袭击与恐怖组织的特殊性,各国通常支持受害国在恐怖袭击结束后仍保留自卫的权利。

(三) 武力反恐对"韦伯斯特原则"的挑战

自卫权的必要性与相称性原则并非出自《联合国宪章》第51条的原文,而是形成于国际实践并被国际法学界普遍接受的观点。必要性与相称性的要求形成于1837年"卡罗林号"案中时任美国国务卿的丹尼尔·韦伯斯特(Daniel Webster)关于自卫权合法性的经典表述,故被统称为"韦伯斯特原则"(又称"卡罗林原则")。在1984年的"尼加拉瓜诉美国"案中,国际法院将必要性与相称性作为评判自卫行为合法的必要条件。同时,这一主张也与《联合国宪章》中最大限度地减少使用武力的基本原则一脉相承。

关于必要性,国际法学者认为,援用自卫权只能是保护国家免受进一步侵害的必要手段,②且在实施自卫以前,该国必须用尽其他手段来阻止攻击。③ 值得注意的是,尽管在穷尽其他非武力方法以前,动用武力被认为是不必要的,但在国际实践中,坚持必要性的要求不等于刻板地将使用非武力的方法作为援引自卫权的必要前置行为。1990年,在安理会通过第678号决议以前,联合国成

---

① Kastenberg, J. E. (2004), "The use of conventional international law in combating terrorism: a maginot line for modern civilization employing the principles of anticipatory self-defense & preemption", *Air Force Law Review*, vol. 55. p. 106.

② Charney, J. I. . (2001), "The use of force against terrorism and international law", *The American Journal of International Law*, vol. 4, pp. 835 - 836.

③ Polebaum, B. M. . (1984), "National self-defense in international law: an emerging standard for a nuclear age", N. y. u. l. rev, vol. 1, p. 198.

员国曾就在海湾战争中如何援引自卫权进行了讨论。最终,大部分成员国主张,对于必要性的确定应当采取比较灵活的态度。① 相称性要求一国在动用自卫权予以武力攻击时,不能超过该国所遭受的武力攻击的规模和程度,以避免自卫行为成为一国的报复手段。联合国大会以一项谴责性的决议否定1986年美国对利比亚的空袭便是出于相称性的考虑。反对美国援引自卫权解释本国对利比亚开展军事行动的学者认为,这种对海外公民的侵害是一种"孤立的恐怖袭击",难以达到国家援引自卫权作出军事回应的必要性和相称性的限度。② 换言之,1986年发生于西柏林的爆炸案不足以援引自卫权而使用军事武力,③对少数公民相对独立的、有限的恐怖袭击不能作为一个国家援引《联合国宪章》第51条从而对另一个国家开展军事打击的依据。

　　质疑一国援引自卫权对支恐国家动用武力欠缺必要性的理由往往是该国在援引自卫权进行武力反恐的过程中无视证据的支持,即缺乏足够的证据将恐怖分子与某个特定的恐怖组织相联系进而将这一事件、恐怖组织与某个特定国家联系起来。因此,只能在一个国家向国际社会提供了确切的证据证明自己正在遭受攻击,有特定实体对攻击负责且使用武力是保护国家免受进一步侵害的必要手段时,自卫权的援引才符合必要性的要求。④ 这也是"9·11"事件发生后,支持美国援引自卫权的行动不胜枚举的原因。不仅有包括中国在内的安理会通过决议支持自卫权的使用,更有不少国家以其他支援美国军事行动的方式表达了他们对美国通过自卫权使用武力的认可。⑤ 因为与美国以往进行武力反恐的做法不同的是,在"9·11"事件上,美国政府向许多外国政府介绍了有关该

---

　　① 参见辛柏春:《自卫权法律问题探析》,《学术交流》2014年第9期。
　　② Rowles J P. (1990), "Military Responses to Terrorism: Substantive and Procedural Constraints in International Law", *Proceedings of the ASIL Annual Meeting*, vol 81: p. 314.
　　③ Cassese A. (1989), "The International Community's 'Legal' Response to Terrorism", *International & Comparative Law Quarterly*, vol. 3: pp. 589–596.
　　④ Charney, J. I. (2001), "The use of force against terrorism and international law", *The American Journal of International Law*, vol. 4, pp. 835–836.
　　⑤ 在美国对阿富汗发动空袭的7天后,36个国家为美国提供了军队和装备,44个国家允许美国使用它们的领空,33个国家为美国提供着陆权。see Inside Afghanistan, WASH. POST, Oct. 14, 2001, at A20.

事件的机密信息,并对这些证据进行了详细审查。作为对美国政府的援助,英国政府甚至建立了一个网站,不断更新"基地"组织和本·拉登对"9·11"事件负责的相关信息。塔利班撤离后,整个阿富汗发现了众多"基地"组织的基础设施,这进一步证实了英国政府关于本·拉登的"基地"组织和塔利班建立"密切而相互依赖的联盟"的说法。

如果说武力反恐对"韦伯斯特原则"必要性要求的冲击还能依据证据的充分累积而得以缓解,但针对武力相称性的判断已然陷入评估困境的泥沼。从"9·11"事件的后果来看,美国出兵阿富汗,摧毁并推翻了塔利班政权,扶持了新的阿富汗政府,纵然美国的军事行动符合习惯国际法规则中使用自卫权的必要性要求从而能够得到《联合国宪章》第 51 条的支持而启动,但最终的结果毫无疑问是对自卫权中相称性原则的突破。实践中,对于恐怖主义是否存在进一步的侵害、侵害的程度以及侵害的手段、方式都难以预测。如何根据自卫国所获取的证据判断双方武力是否相称已然成为评价一国援引自卫权进行武力反恐的合法性的关键所在。

尽管援引自卫权进行武力反恐对由《联合国宪章》与习惯国际法规则为自卫权设置的藩篱产生了或多或少的冲击甚至挑战,但国际实践中,各国间相对形成的默契是,如果一个自卫行为获得了安理会的授权且符合必要性和相称性的要求,该行为合法性就是可以被接受的,或者至少是能得到国际社会的广泛支持的。因此,用自卫权打击恐怖主义的合法性的落脚点在于由谁来判断以及如何判断援引自卫权时构成要件的该当。自卫权的不当使用会纵容一些国家在国际安全领域对单极秩序的奉行。联合国集体安全机制建构以来,逐渐成为解决国际争端和采取集体行动最重要的决策、行动体系。因此,评估一国援引自卫权合法与否的理性逻辑应当是先由该国向安理会提交充分确凿的证据论证本国进行自卫的"必要性"、支恐国家的"有责性",以及"武力攻击"的"该当性",经由安理会的授权再由该国采取军事行动。在该国自卫行为实施以后,自卫国还需遵循《联合国宪章》要求的"及时报告"的义务、适时停止自卫行为的义务,以及习惯国际法规则要求的"相称性"原则,不能假借自卫之名,恣意长久地对一国使用武力,此外,任何武力行动,不论是以自卫为名,还是经由联合国安理会的授权,其合法性都应贯穿于整个行动的全过程。① 任何自卫行为都不得影响安理会维持国际和平与安全职权的行使。

三、预先性自卫反恐的合法性刍议

面对日益发展的国际恐怖主义,以及传统国际法理论在反恐怖主义问题上的所遭遇的桎梏,预先性自卫是援引自卫权进行武力反恐的合法性问题所必需关注的另一个重要内容。

格劳秀斯(Grotius)对预先性自卫的论述是,国家有权享有与自然所有人同样的权利,可以合法地杀死任何企图杀害他的人。瑞士的国际法学者德·瓦特尔(de Vattel)最早提出了预先性自卫的定义,他认为,一个国家有权抵抗另一个国家强加给它的伤害,有权对侵略者使用包括武力在内的一切正当手段进行抵抗,它甚至可以先于另一个国家的军事计划。② 现代国际法概念下的预先性自卫是一种对于即将来临的或迫在眉睫的武力攻击采取先发制人的打击的主张,是自卫权概念的延伸。预先性自卫的历史至少可以追溯到 17 世纪,国际法学理论界也以"卡罗林号"案为蓝本提出了预先性自卫的概念,即当危险具有紧迫性时,在没有其他方式选择的前提下可以采取先发制人的自卫方式。③

(一) 预先性自卫合法性的理论争议

预先性自卫的合法性争论实则缘起于国际法学界关于自卫权"武力攻击"的解释问题。针对"武力攻击"的解读,限制与扩大的解释立场的不同促生了关

---

① 黄瑶:《美国在阿富汗反恐军事行动的合法性问题探析》,《武汉大学学报(哲学社会科学版)》2002 年第 5 期。
② Beres, L. R. (1994), "On International Law and Nuclear Terrorism", Ga. J. Int'l & Comp. L, vol. 24, p. 31.
③ Beres, L. R., Tsiddon-Chatto, Y. (1995), "Reconsidering israel's destruction of iraq's osiraq nuclear reactor", Temp. intl & Comp L. j. vol. 9. p. 438.

于预先性自卫合法性的讨论。持前者立场的学者以伊恩·布朗利（Ian Brownlie）为代表，赞同后者立场的则包括杰塞普（Philph C. Jessup）等国际法学者。对"武力攻击"采取限制或严格解释的学者通常也都否定预先性自卫的合法性，他们认为《联合国宪章》的立法目的在于通过对武力的垄断来禁止联合国成员国之间动用武力的任意性。

尽管早期的国际法规则承认，当一国的领土完整受到迫在眉睫的威胁时，可以进行预先防卫。然而，这项权利在"二战"后失去了国际社会的支持，并被《联合国宪章》以第2条第4项所确立的禁止使用武力的原则从现代国际法中废除。[1] 此外，先发制人的自卫不符合《联合国宪章》第51条行使自卫权的先决条件——"受到武力攻击"。这意味着只有当武装攻击或军事攻击存在时，才能动用自卫进行武力反击。但是，预先自卫是在军事威胁阶段实施的，显然不符合《联合国宪章》第51条的规定；此外，考虑到国际法缺乏约束预先自卫的客观标准，一旦允许，就可能会导致一些国家滥用自卫权。[2] 上述观点是学者基于合法性、正当性两个视角否定预先性自卫。作为回应，对"武力攻击"采取扩大或广义解释立场的学者则认为，作为习惯国际法中的固有权利和自然权利，自卫权的行使并不包含遭受"武力攻击"的限定，"这种权利并不限于武力攻击的案件"。[3] 只要没有被成文法或新的习惯国际法明确禁止，《联合国宪章》第51条之前的习惯国际法仍是可行的。[4] 更何况，"武力攻击"的前期预备行为并不溢出于"武力"的范畴，如果非要等到他方攻击，才允许动用自卫权，那么不能保证自卫国是否还具有自卫的能力。因为在现代军事条件下，敌方的武力攻击很可能影响该国防御的开展，从而危及该国的存在；[5] 如果禁止预先性自卫，攻击方

---

[1] Delbrück, J. (1982), "Collective Self-Defence", *Encyclopedia of Public International Law*, vol. 4, p. 657.

[2] 马呈元：《国际法专论》，中信出版社2003年版，第78页。

[3] D. W. Bowett, (1958), *Self-defence in international law* (Manchester University Press), p. 188.

[4] Wingfield, T. C. (1999), "Forcible protection of nationals abroad", Dick. L. Rev., vol. 104, p. 462.

[5] Bowett, D. W. (1958), *Self-defence in international law* (Manchester University Press), pp. 191-192.

就可以选择有利时间使用武力,从而剥夺了受害者的自卫可能性。①

预先性自卫合法与否的分歧深刻反映了当代国际法规则在应对日益增多的恐怖主义问题上具体适用的局限。国际法院认为,既然《联合国宪章》承认自卫权是国家的固有权利,这显然将这项权利指向了《联合国宪章》出台以前便在习惯国际法领域已然存在的自卫权,作为习惯国际法的基本权利之一,1945年以前已有的原则或立场不应该被《联合国宪章》取缔。概言之,《联合国宪章》并不取代习惯国际法,而是与之并存。② 因此,探讨这一问题,不妨将视线延伸至习惯国际法规则之下,而自卫权规则在习惯国际法中的发展又与国际社会中武装冲突的变迁息息相关,所以,对于预先性自卫概念实质内涵的解读应当结合特定的历史背景、国际形势的更迭、军事水平的变化,以及相关国际条约的发展,等等。

武力冲突的历史可以追溯到文明出现以前。一些早期的交战记录显示,敌方城邦中的所有公民都被视为敌人。例如,《伊利亚特》中希腊军队对特洛伊城中所有男性的屠杀,以及在第一次十字军东征过程中,十字军对耶路撒冷等城市居民不加区别的屠杀。随着帝国列强在世界范围内的扩张,军事家们认识到成功的作战策略必须强调兵贵神速,19 世纪以来,战争的胜利在很大程度上取决于此。考虑到战争对无辜平民的荼毒,军事上的"先发制人"在传统的国际关系中逐渐被限制乃至禁止,国际法规则对武力最大限度地限制就是为了防止历史上那些屠杀再度上演。基于这一逻辑,"二战"后初期,以色列发动的对伊拉克奥西拉克核设施的攻击和美国对尼加拉瓜的石油管道、采矿港口的袭击以及对其领空的侵犯都被国际社会予以谴责,国际社会对上述预先性防卫具体实践的合法性都持否定的态度。

然而,"9·11"事件的发生,让国际社会对在反恐领域的预先性自卫的态度

---

① [德]沃尔夫刚·格拉夫·魏智通主编,吴越等译:《国际法》,法律出版社 2002 年版,第805 页。

② Brennan, M. F. (1998), "Avoiding anarchy: Bin Laden terrorism, the US response, and the role of customary international law", La. L. Rev., vol. 59, p. 1200.

产生了转变。在目睹了"基地"组织的恐怖袭击对美国造成巨大的生命、财产损失以后,将《联合国宪章》视为对预先性自卫的禁止的观点逐渐遭到诟病。不少学者引用"韦伯斯特规则"的经典表述更新了对自卫时机"紧迫性"解释的立场,即自卫国对于将要遭受的武力攻击的反应必须是"刻不容缓"的。①

对此,否定论者认为,《联合国宪章》第51条规定的自卫权是以武力攻击的实然发生为必要前提,预先性自卫的防御时机尚处于武力威胁阶段,这种自卫权前置化的思路同《联合国宪章》将国际关系中的单方面使用武力降低至最低限度的目标背道而驰。②笔者认为,界定一个国际法文件中相关用语,应当将其放置于整个国际法规则的语境之中,既要考量这一词汇所在立法文件中上下文的语义,还应立足于整个国际法规则的体系。自卫在习惯国际法中并不限于遭到武力攻击的情况,而《联合国宪章》第2条第4款也并非对习惯国际法规则下自卫权的禁止。同时,根据《联合国宪章》第2条第4款提出的对"使用威胁或武力"以及"与联合国宗旨不符之任何其他方法"的禁止可知,不仅仅是武力,威胁与其他方法都可能构成一国之不法行为。《联合国宪章》第51条作为第2条第4款的例外,从体系上看,也可视为"禁止使用武力原则"的但书条款,对于条文中"武力攻击"的解读自然也不能抱以孤立的视角,而应将其放置于整个《联合国宪章》体系之中,并结合习惯国际法与国际实践,才会得出正确的结论。《奥本海国际法》关于预先性自卫的表述是,"对于一个国家尚未实际上开始但可以合理地认为已迫在眼前的武力攻击",如果"先发制人的行动有真正必要而且是避免严重威胁的唯一方法",预先性自卫是可以被接受的。显然,在当前反恐形势下,"一个国家总是要等待武力攻击开始后才采取自卫行动,是不合理的"。③但应注意的是,根据联合国国际法委员会在准备《危害人类和平及安全治罪法草案》时表决得出的结论,威胁使用武力是一种犯罪,但此等威胁不构成

---

① 参见辛柏春:《自卫权法律问题探析》,《学术交流》2014年第9期。
② Brownlie, I. (1963), *International law and the use of force by states* (Oxford: Clarendon Press), pp. 275-278.
③ 参见詹宁斯、瓦茨修订,王铁崖等译:《奥本海国际法(第一卷·第一分册)》,中国大百科全书出版社1995年版,第310页。

侵略。① 因此,尽管预先性自卫启动于敌方的武力威胁阶段,但预先性自卫防御的威胁不是他国的威胁言论以及本国所凭空臆想的威胁感,而是针对他国武力攻击的预备行为所进行的预防性军事行动。笔者之所以采取这样的解释立场,在于预先性自卫进行反恐不仅需要从法理方面找到依据,还要从行为层面消除外界对行动的正当性的质疑。故关于预先性自卫在反恐领域的合法性问题,笔者倾向于秉持谨慎的态度,采取折中的立场,即可以在一定条件的限制下,在即将发生的来自他国的武力攻击已经显而易见的基础上,在穷尽可利用的一切外交手段之后,将行使预先性自卫作为一种例外手段。就像安乐尼奥·卡赛斯(Antonio Cassese)所认为的,在国家实践中有一种日益增长的共识,即预先性自卫在严格的条件下可能被承认。②

(二)预先性自卫在反恐实践中的滥用风险及应对

预先性自卫合法性的问题可以通过解释立场、解释方法的不同予以应对,但在反恐实践中,预先性自卫的滥用风险依然是动摇其合法性地位的症结所在。

何谓"紧迫的威胁"?在传统国际法理论视角下,通常不能以客观的标准来确定。何种情形构成"紧迫的威胁"并未在国际社会形成共识,关于适用预先性自卫的条件仍然处于争论之中。据此,反恐实践中有关的决定难免落入一些国家的主观自由裁量,③很难保证预先性自卫的"紧迫性"规则不会被当作发动战争的借口,由此出现的滥用风险是不难预见的。

"卡罗林号案"不仅阐明了预先性自卫的标准,也为预先性自卫措施不正当提供了一个范例。如果武力的威胁不足以达到紧迫的程度,就不能假借自卫的名义进行武力攻击。1967年的第三次中东战争则是阐明预先性自卫何以适用

---

① [苏联]克里缅科主编,刘莎等译:《国际法词典》,商务印书馆1996年版,第137—138页。
② 参见马呈元:《国际法专论》,中信出版社2003年版,第79页。
③ [英]M.阿库斯特著,汪暄等译:《现代国际法概论》,中国社会科学出版社1981年版,第297页。

的另一个案例。在以色列空袭埃及军事目标之前的几个月里,时任埃及总统的贾近勒·阿卜杜勒·纳赛尔(Gamal Abdel Nasser)下令联合国维和部队撤出与以色列接壤的加沙和西奈地区。同时,埃及领导人下令大规模军事集结,准备武装入侵以色列。作为回应,以色列在1967年6月派出空军首先袭击了埃及,并在6天内控制了西奈半岛、约旦河西岸和戈兰高地。在埃及对以色列发动军事行动以前,以色列便根据事先掌握的情报进行了"先发制人",并且,这一情报的真实性在后来也得到了埃及官方的承认。相反,以色列对伊拉克奥西拉克核设施的攻击,则为探讨预先性自卫的限度提供了另一个范本。尽管伊拉克政府在以色列发动攻击之前便发表公开声明对以色列施以威胁,但由于表明伊拉克的核设施对以色列构成迫在眉睫的威胁的客观证据的缺失,以色列对伊拉克奥西拉克核设施的攻击并未得到国际社会的支持。

根据上述案例不难看出,与"紧迫性"的判断相对的是依据模糊的猜疑,从而避免自卫行为向侵略行为的转换。[1] 将《联合国宪章》视为限制预先性自卫的理论逻辑是如果放任一国突破《联合国宪章》第51条的规定使用武力,将破坏《联合国宪章》限定武力冲突的初衷。[2] 换言之,如果援引预先性自卫进行武力反恐仍然满足《联合国宪章》以及习惯国际法对自卫权施以的各种限定要求,并不悖于《联合国宪章》最大限度地限制武力使用的基本目的,那么预先性自卫的滥用风险理应处于可控范围。因此,如果一个国家可以证明自卫的"必要性"与"相称性",预先进行自卫的行为便是合法的。[3] "紧迫性"标准表明客观的武力攻击尚未出现,这看似与习惯国际法中关于自卫权的"必要性""相称性"原则的要求存在偏差,但在现代军事科技以及情报技术日臻成熟的基础上,根据自卫国所获取的客观可信的证据衡量自卫行为的必要性以及针对双方武力是否相称进行判断,从而提前使用武力是可行的。

---

[1] Beres, L. R. (1994), "On International Law and Nuclear Terrorism", Ga. J. Int'l & Comp. L. , vol. 24, p. 31.

[2] Wingfield, T. C. (1999), "Forcible protection of nationals abroad", Dick. L. Rev. , vol. 104, pp. 461 - 462.

[3] 参见李毅、潘国平:《论预防性自卫与反国际恐怖主义》,《东北亚论坛》2008年第6期。

在援引预先性自卫打击恐怖主义的国际实践中,美国是最早在国家安全问题上主张先发制人立场的国家,美国前总统布什曾在《美国国家安全战略》中多次提出为了预先制止或防止恐怖分子采取敌对行动,美国将在这些新出现的威胁完全形成之前采取行动,在必要时采取先发制人的行动。[①] 尽管该主张引起了国际社会的激烈争论,但在应对恐怖主义的场合却逐渐得到国际社会的广泛赞同。例如,对威胁国家安全的恐怖主义实施"先发制人"的打击是俄罗斯国家安全战略一再声明的主张;当前,"先发制敌打击暴力恐怖分子"也已纳入我国反恐斗争策略并成为其重要的组成部分。尽管理论界关于预先性自卫合法性的分歧依然存在,但从第三次中东战争"以色列袭击伊拉克核反应堆""美国轰炸利比亚"等案例的最终结论中不难看出,预先性自卫为一国武力打击恐怖主义提供了一条较为理想化的路径。

反恐问题始终掺杂着各国的政治、经济等多方面的利益诉求,因此,现实中的反恐实践往往出现正当性与合法性分离的情形。不符合《联合国宪章》规定的反恐实践必然存在合法性问题,但经过安理会授权的军事行动未必就具有正当性。有些反恐实践能够落于正当性的题中之义,但很难保证其中不存在对他国主权的干涉甚至侵犯。国际法规则下,《联合国宪章》与习惯国际法规则为援引自卫权动用武力进行了严格限制,《海牙公约》《日内瓦公约》等条约亦对具体交战过程提出了限制原则、比例原则、区分原则、人道主义原则等要求和约束。此外,主权平等原则是国际法中最重要的原则之一,任何规则和制度都必须以国家主权平等为出发点。打击恐怖主义理所当然不能触碰国家主权平等的红线,任何反恐实践都必须恪守主权的标尺。因此,在反恐领域评判自卫以及预先性自卫的合法性不光要看军事行动是否符合国际法形式与实质的要求,是否出于维护本国主权的需要,还要确定本国的行动是否对他国主权予以了充分的尊重。

---

① ... as a matter of common sense and self-defense, America will act against such emerging threats before they are fully formed. To forestall or prevent such hostile acts by our adversaries, the United States will, if necessary, act preemptively.

论非法持有宣扬恐怖主义、极端主义物品罪的"情节严重"

一、问题的提出：《中华人民共和国刑法》第 120 条之 6 的适用现状及反思

《中华人民共和国刑法》(以下简称《刑法》)中,恐怖主义犯罪的专有罪名由 1997 年修订的《刑法》中的 1 个增至目前的 9 个,反恐刑法可谓是以一般积极预防为基础的刑事立法模式的典型,理论界将其称为"安全刑法""预防性刑法""危险刑法"或"象征性立法"。这类刑事立法的目的在于强调对国家与社会法益的保护,通过降低入罪门槛、增设犯罪类型、以抽象危险犯的立法范式扩大处罚范围等方式,应对恐怖主义活动产生的风险。该类刑事立法是现代社会大部分国家在反恐领域采纳的"刑事司法模式",从有关恐怖主义、极端主义犯罪的规定来看,反恐刑法的立法逻辑实际上就是风险刑法观或者说安全刑法观在刑法中的进一步扩张。对此,有学者提出,我国的反恐刑法存在过度犯罪化的嫌疑。[1] 这尤其体现于规范的描述方面,新增的《刑法》第 120 条的几项存在措辞不清的问题,"可能造成对人权的极大威胁",[2] 类似的忧虑所引起的对刑事法制

---

[1] 黎宏:《〈刑法修正案(九)〉中有关恐怖主义、极端主义犯罪的刑事立法》,《苏州大学学报(哲学社会科学版)》2015 年第 6 期。

[2] 刘仁文:《恐怖主义与刑法规范》,《中国法律评论》2015 年第 2 期。

在打击恐怖主义犯罪方面的演进逻辑的警惕同样出现在国际刑法学的研究领域。① 然而,刑法不仅是行为规范,亦是裁判规范,法律效果的实现不仅离不开文字的表述,也依赖于司法机关的实践。就司法者而言,只有法律明文规定为犯罪行为的,司法者才能将其认定为犯罪并判处刑罚。

尽管如此,我国不少学者仍以"人权风险"诘问《刑法修正案》不断增设恐怖犯罪的合理性,② 有学者甚至批判《刑法》第 120 条之 6 是植根于"重刑威慑"理念的不合理立法。③ 笔者认为,存在上述针对我国反恐刑法的评价,是学者在极力否定"敌人刑法"理论的过程中向另一个极端偏离的体现——片面地强调对犯罪人人权的保障。④ 虽然李斯特曾将刑法视为"犯罪人的大宪章",但依据"宪章"给予犯罪人"照顾"的落脚点在于保护公民免遭国家的侵害,避免公民遭受法官专断、陷入法官错误。⑤ 弗兰茨·冯·李斯特(Franz Von Liszt)的理论核心在于反对司法对公民的专制与合法权利的践踏,从而保证刑法对全体公民人权保护机能的实现。对犯罪人权利的过度强调反而会损害公民的合法权利,何谈对广大无辜群众人权的保护?任何以良心施刑的司法者必然反对司法擅断对犯罪人的侵害,因此,在《刑法》第 120 条之 6 中的"情节严重"尚未存在明确表述的背景下,参考 2015 年《刑法修正案(九)》生效以来法院系统做出的既判案件,以"非法持有宣扬恐怖主义、极端主义物品罪"的罪名做出的判决并不多,社会成员的生活并未因为该类罪名的增设而如履薄冰。那么,对于司法实践中以《刑法》第 120 条之 6 为依据对行为予以否定评价的情形,是否就逾越了罪刑法定的要求?实际上,针对个案的裁判过程就是司法者(尤其是审判者)就个案对法律进行解释的过程,并且这种解释往往具有法律效力。⑥ 尽管判定整体评

---

① 吴沈括:《扩张中的犯罪预备及参与形式——围绕第 18 届国际刑法学大会第一专题的展开》,《四川警察学院学报》2010 年第 4 期。
② 刘艳红:《二十年来恐怖犯罪刑事立法价值之评价与反思》,《中外法学》2018 年第 1 期。
③ 王志远:《〈刑法修正案(九)〉的犯罪控制策略视野评判》,《当代法学》2016 年第 1 期。
④ 王昌奎:《论刑事司法中的人权保护》,《当代法学》2016 年第 4 期。
⑤ [德]拉德布鲁赫著,米健译:《法学导论》,法律出版社 2012 年版,第 116 页。
⑥ 苏永生:《在刑法规范与社会事实之间——宣扬恐怖主义、极端主义物品之司法判定问题研究》,《河南大学学报(社会科学版)》2018 年第 1 期。

价要素的习惯性逻辑是参考司法解释的规定,但司法解释的缺位并不意味着刑法规范本身丧失了可适用性,更何况,面对恐怖主义、极端主义犯罪的复杂多变,规定得越具体,一些案件就越无法处理。在强调"防范为主"的反恐国家战略的大背景下,基于当前法院系统适用刑法第120条之6的情形,这既是刑法谦抑原则在裁判规范中的贯彻,也是司法者对良心的恪守,而不是以国家与社会的必要性为名,"以多意的、不断随着时间变迁的、充满争议的价值观"适用法律。①

那么,就反恐刑法而言,是否属于刑事政策对刑法规范的干涉,进而导致对犯罪论体系的破坏?笔者认为,存在类似的疑虑通常是因为论者对于刑事政策的理解不够全面,以我国的反恐刑事政策与刑法中恐怖主义犯罪的立法为例,2011年10月29日全国人大常委会通过的《关于加强反恐怖工作有关问题的决定(草案)》是我国立法者明文规定的以指导打击恐怖主义犯罪的刑事立法、刑事司法的具体刑事政策,是我国在应对恐怖主义犯罪的问题上"宽严相济"基本刑事政策中从严的一面,直接对应《刑法》第120条的相关条文。但"从重从严"不等于抛弃"宽严相济"的基本要求,单纯地从重从严亦不符合"综合治理"与"构建和谐社会"的政策要求,2014年9月9日最高人民检察院、最高人民法院、公安部联合出台的《关于办理暴力恐怖和宗教极端刑事案件适用法律若干问题的意见》对此予以明确肯定。② 在我国,修改刑事立法的实践依据是现实中国家与犯罪作斗争的具体经验与实际情况,我国所面临的与恐怖主义有关的犯罪的危险与日俱增,局面日趋复杂,总体上呈现出本土化、分散化、网络化、常态化特点,给国家安全、社会稳定和人民群众生命财产安全造成严重的侵害和威胁,如何应对恐怖主义犯罪成为我国目前危害最为重大、处理最为棘手的问题之一。③

---

① [德]拉德布鲁赫著,米健译:《法学导论》,法律出版社2012年版,第105页。
② 对待暴恐犯罪的处理仍然必须坚持宽严相济、区别对待。
③ 黎宏:《〈刑法修正案(九)〉中有关恐怖主义、极端主义犯罪的刑事立法——从如何限缩抽象危险犯的成立范围的立场出发》,《苏州大学学报(哲学社会科学版)》2015年第6期;靳高风:《2014年中国犯罪形势分析与2015年预测》,《中国人民公安大学学报(社会科学版)》2015年第2期;田刚:《我国恐怖主义犯罪的实证分析和未来刑法之应对》,《法商研究》2015年第5期。

现行刑法从实际出发,以国情为依据,显然并未脱离实际、超越阶段。① 笔者不否认刑事政策对于打击犯罪的刑事立法与刑事司法的影响,但若以此否定反恐刑法设置的合理性,论者首先应论证我国当前基本刑事政策与相关具体刑事政策的不合理性。

笔者肯定当下反恐刑法对于预防性的强调,但正因如此,在反恐刑法的适用过程中,如何做到既能实现维护国家与社会安全的立法目的,又避免产生极端化的司法实践对公民基本权利、社会生活所造成寒蝉效应,恰恰是笔者分析非法持有宣扬恐怖主义、极端主义物品罪的价值核心。当前,立法者将"情节严重"设置为非法持有宣扬恐怖主义、极端主义物品罪的入罪限定,我国刑法及单行刑法中不乏类似于《刑法》第120条之6中"情节严重"的规定。当刑法规定"情节严重"才构成犯罪时,至少体现了两点:第一,情节严重是犯罪构成要件,如果情节不严重,就不构成犯罪;第二,情节是否严重,应当基于实质的立场综合判断案件的全部情况。② 司法实践中,对于该类犯罪的认定,往往寄托于司法解释的发挥,例如,最高人民法院、最高人民检察院《关于办理危害药品安全刑事案件适用法律若干问题的解释》第五条对于生产、销售、提供劣药罪中"严重危害"的说明。因此,在该类犯罪的认定中,对相关刑法规范的司法解释一旦缺位,司法机关容易对规范的具体内容缺乏清晰的认知,从而陷入适用上的僵局。

现阶段,刑法规范未对《刑法》第120条之6中的"情节严重"予以明确,相应的司法解释尚未出台,基于此,非法持有宣扬恐怖主义、极端主义物品罪刑事判决阙如的现状一方面是司法者对罪刑法定的贯彻,但另一方面也反映出就"情节严重"的认定而言,司法实践中尚存在不少问题亟待解决,例如,指涉"情节严重"的内容应涵盖哪些方面?如何在司法判定中评价情节的严重性?等等。

在此,笔者以非法持有宣扬恐怖主义、极端主义物品罪中的"情节严重"为

---

① 张明楷:《刑法学(上)》,法律出版社2016年版,第25页。
② 张明楷:《论刑法分则中作为构成要件的"情节严重"》,《法商研究》1995年第1期。

研究对象,将思路发散至该类"情节严重"在犯罪论体系中的学理定位,评析学说之间的优势与不足,以指导类似非法持有宣扬恐怖主义、极端主义物品罪的适用为标准,得出本罪的"情节严重"应界定为整体评价要素。在此基础上,以二阶层犯罪构成为立场,通过对目前在裁判文书网已公开的 21 份以《刑法》第 120 条之 6 为法律依据定罪量刑的裁判文书为样本,阐释作为评价要素的"情节严重"的内涵。

二、《刑法》120 条之 6"情节严重"的犯罪论体系定位

关于"情节严重"在犯罪论体系中的地位,刑法理论中主要有客观处罚条件说、[1]犯罪构成要件说[2]、类构成要件复合体说、[3]整体评价要素说。[4]

(一) 客观处罚条件说

客观处罚条件是德日刑法中的一种例外,通常情况下,行为只要满足构成要件的该当性、违法且有责,就足以成立犯罪并受刑罚处罚。但特殊情形下,立法者出于各种原因的考虑,将行为的应受处罚性同某种事实相联系,并作为决定行为是否最终成立犯罪的条件。[5] 如德国刑法中参与斗殴罪的"严重后果",破产犯罪中"破产程序的开始",等等。[6] 客观处罚条件理论中又存在外在的客观处罚条件和内在的客观处罚条件的划分,[7]外部的客观处罚条件是基于刑事政策之维对行为应受处罚性的考量,从而置于刑法规范中以规避特殊情形下行为的入罪,从而限制刑罚权的发动,正因如此,为了限制刑事政策对于刑法过度

---

[1] 柏浪涛:《构成要件符合性与客观处罚条件的判断》,《法学研究》2012 年第 6 期。
[2] 陈兴良:《作为犯罪构成要件的罪量要素——立足于中国刑法的探讨》,《环球法律评论》2003 年第 3 期。
[3] 王莹:《情节犯之情节的犯罪论体系性定位》,《法学研究》2012 年第 3 期。
[4] 张明楷:《犯罪构成体系与构成要件要素》,北京大学出版社 2010 年版,第 239 页。
[5] 刘军:《当罚、可罚与要罚:犯罪构造客观要件的逻辑递进》,《政法论丛》2014 年第 5 期。
[6] 柏浪涛:《构成要件符合性与客观处罚条件的判断》,《法学研究》2012 年第 6 期。
[7] 周光权:《论内在的客观处罚条件》,《法学研究》2010 年第 6 期。

的渗透,导致刑法的处罚范围盲目缩小,立法者通常在适用外在客观处罚条件的场合要求以行为人对此具有高度模糊性的认识为前提;相反,内在的客观处罚条件的立法目的在于为责任原则设置例外,通过减轻司法机关的证明负担,在特定情形中扩张刑法的处罚范围。换言之,在适用内在客观处罚条件的场合无需要求行为人存在认识。

从形式上看,《刑法》第120条之6中的"情节严重"与德日刑法中的客观处罚条件具有一定的相似性。但从本质上看,以客观处罚条件定位《刑法》第120条之6中"情节严重"之类的刑法规范是存在问题的。就诸如《刑法》第120条之6的刑法规范而言,规范中类似于客观处罚条件的部分并非大陆法系刑法中的客观处罚条件。《德国刑法》第104条a关于"针对外国犯罪"所设置的追诉前提是典型的客观处罚条件,根据该条规定,当行为不具备追诉前提时,纵然构成《刑法》第102条所规定的针对外国的犯罪行为,但依然不具备可罚性。① 《日本刑法》第197条第2款事前受贿罪中的"就任公务员"以及我国台湾地区"破产法"第154条诈欺破产罪中的"在破产宣告前一年内或在破产程序中"都是设有客观处罚条件的立法条文。② 由于上述客观处罚条件属于大陆法系刑法规范的例外,该条件并不属于不法与有责的范畴之中,自然脱钩于行为人的主观认识。但我国《刑法》中的情节或数额,附着于构成要件,依然是不法的要素。例如,《刑法》第146条生产、销售不符合安全标准产品罪中的"严重后果",第224条合同诈骗罪中的"数额较大",第248条虐待被监管人罪中的"情节严重",等等,这些情形在主观故意或行为方式中有所体现,并非如客观处罚条件那样脱离于不法、有责之外。

(二) 犯罪构成要件说

根据作为理论建构基础的犯罪构成体系的不同,犯罪构成要件说可分

---

① 庄敬华、徐久生译:《德国刑法典》,中国法制出版社2000年版,第111页。
② 梁根林:《责任主义原则及其例外——立足于客观处罚条件的考察》,《清华法学》2009年第2期。

为四要件类型的犯罪构成要件说与"罪体-罪责-罪量"类型的犯罪构成要件说。

前者将"情节严重"纳入犯罪构成中的"客观方面";①后者则将情节与数额统称为独立于罪体、罪责以外的罪量要素,以反映行为的法益侵害程度。② 根据犯罪构成要件说的观点,罪量要素是犯罪成立的条件,在具有罪量要求的罪名中,只要具备犯罪的量的要素,才能构成犯罪。从形式上看,犯罪构成说所建构的"罪体-罪责-罪量"的犯罪构成体系,类似于客观处罚条件说的犯罪构成模式,但从实质上看,客观处罚条件说的处罚条件是那些与犯罪成立无关,但决定行为是否应收刑罚处罚的条件。持犯罪构成要件说的学者认为,这与我国《刑法》关于犯罪的概念存在冲突,陈兴良教授在驳论的大前提部分援引的是《刑法》第13条关于犯罪的定义,认为缺乏应受刑罚惩罚性的行为不构成犯罪,既然如此,那在我国的《刑法》中就不存在构成要件之外的客观处罚条件。③ 笔者在分析问题之初也赞同陈教授的观点,但经过推敲,笔者认为犯罪构成要件说存在论证上的瑕疵。第一,"无犯罪即无刑罚",应受刑罚惩罚性的确是犯罪的法律后果,但以刑罚的不存在为由否认犯罪的成立似乎站不住脚,这样的论证逻辑是从结果倒推前提。我们承认无犯罪即无刑罚的正确性,但笔者不赞同通过无刑罚而得出无犯罪这一结论,我国《刑法》第37条无疑规定了在成立犯罪的情况下免于刑事处罚的这种例外。第二,犯罪构成要件说将罪量要件独立于犯罪构成的客观要件(罪体)与犯罪构成的主观要件(罪责)之外,强调其无须行为人的认识,④但在我国《刑法》中,情节与数额等要件或属于行为的不法,或属于结果的不法,"是行为符合构成要件的典型体现",若不要求行为人对此存在至少模糊性的认识,这将与刑法理论中要求客观构成要件必须是行为人主观认

---

① 高铭暄、马克昌:《刑法学(第六版)》,高等教育出版社、北京大学出版社2014年版,第482页。
② 陈兴良:《作为犯罪构成要件的罪量要素——立足于中国刑法的探讨》,《环球法律评论》2003年第3期。
③ 同上。
④ 同上。

识的内容的法理相冲突。①

(三) 类构成要件复合体说

类构成要件复合体说是在对司法解释进行提炼的基础上,将刑法中的"情节"予以分类后与其他学说的一一匹配。根据该说,大多数描述行为不法与结果不法的情节属于构成要件的基本不法量域,应被界定为"整体性规范评价要素"。而对于那些逾越了基本构成要件的边界的情节,分别可以结果加重犯、客观处罚条件、刑事政策等因素进行法教义学上的定位。在论者看来,被司法解释予以细化补充的犯罪构成是一种"类构成复合体"。②

从形式上看,类构成要件复合体说最大限度地囊括了对"情节严重"认定的一切可能情形,是站在法教义学的视角对我国刑法、司法解释的详细考察。从刑法解释学的角度看,该说的立场具有一定的合理性。但从内容上看,笔者认为,类构成要件复合体说仍存在值得商榷的地方。

该说以"整体性规范评价要素"改造"整体评价要素",原因在于其反对整体评价要素说将"情节严重"之类的评价要素仅限定于客观方面之中,该说认为既然是对法益侵害程度的整体评价,自然不应忽略主观方面的情节,我国《刑法》中"情节严重"的规定并非对行为是否具有违法性的区分,而是对行为是否构成犯罪所应具备的可罚性提出的要求,"是一种规范的评价"。③ 诚然,在我国的司法解释中,的确存在将表明行为人特殊预防性高的事实纳入情节严重的情况,例如,2017年5月《最高人民法院、最高人民检察院关于办理侵犯公民个人信息刑事案件适用法律若干问题的解释》第5条第1款第9项和第6条第1款第2项对于"情节严重"的规定。但当出现行为不法的量较小却因符合这一司法解释的规定而成立犯罪的情形时,④将主观方面的情节纳入评价要素中的合理性

---

① [日]大谷实著,黎宏译:《刑法讲义总论》,中国人民大学出版社2008年版,第103页。
② 王莹:《情节犯之情节的犯罪论体系性定位》,《法学研究》2012年第3期。
③ 同上。
④ 石聚航:《侵犯公民个人信息罪"情节严重"的法理重述》,《法学研究》2018年第2期。

就不免让人质疑。此外,从犯罪的实质层面看,以"规范"修饰评价要素略显多余。犯罪的实体是违法与责任,据此,对不法行为违法性的评价自然包括对其应受惩罚性的衡量,如果行为仅符合违法的构成要件但未达到值得科处刑罚的程度,违法性自然不成立。①

(四)整体评价要素说

参考我国刑法分则中罪状的设置,整体评价要素说认为,在"情节严重""情节恶劣"与其他要件并列的情况下,即便行为符合客观的构成要件,也不代表行为的违法性达到了值得科处刑罚的程度,简言之,缺少了"情节严重",行为不构成犯罪。那么,如何衡量该类行为的法益侵害性程度,或者说是判断该行为的社会危害性?根据整体评价要素说的观点,当行为符合客观构成要件时,需要在此基础上对行为进行整体性的评价,而"情节严重""情节恶劣"之类的规定就是表征行为可罚的违法性程度的要件,即"整体的评价性要素"。② 值得注意的是,作为整体评价要素的"情节严重"的"情节"仅指向在客观方面表明法益侵害程度的情节,③即在行为的整体性评价中,衡量法益侵害程度的主观方面的要素是撇开不论的。

那么,根据整体评价要素说,如何理解"情节严重"或者"情节恶劣"中的"情节"?无论是犯罪构成要件说还是整体评价要素说,刑法规范中的"情节"都是用以区分罪与非罪的条件,一种观点认为,"情节"是指《刑法》明文规定的、以表明行为的法益侵害程度的且为成立犯罪所必需的主客观要素,④是判断犯罪是否成立的综合性要件。⑤ 另一种观点认为,如果采用基于违法、责任的两阶层体系或三阶层体系,"情节严重"中情节的含义不会那么宽泛,而仅指客观方面体

---

① 张明楷:《犯罪构成体系与构成要件要素》,北京大学出版社2010年版,第242页。
② 同上书,第238—239页。
③ 同上书,第241页。
④ 陈兴良:《规范刑法学》(上册),中国政法大学出版社2008年版,第197页。
⑤ 陈兴良:《作为犯罪构成要件的罪量要素——立足于中国刑法的探讨》,《环球法律评论》2003年第3期。

现法益侵害程度的情节,①从刑法条文与司法解释来看,即对客观事实的描述与归纳,"行为主体""行为""结果"等都属于刑法条文与司法解释所指涉的客观事实。犯罪构成要件说以第一种观点为基础,整体评价要素说采纳的是第二种观点。之所以存在上述分歧,主要存在以下几点原因:① 四要件理论中的犯罪情节是附着于四要件之上的非独立的要件要素,既然如此,"情节"自然是主客观相统一的情节;②② 作为罪量要素的"情节"承担着衡量行为法益侵害程度的任务,既然要体现行为的法益侵害程度,自然不能将诸如反映"主观恶性"之类的主观方面的情节撇开不论;③ 整体评价要素说建立于不法与责任的二阶层的犯罪构成体系,强调不法与责任关系上的递进而非并列相加,通过对我国刑法规范的考察,"情节严重"等整体评价要素的立法目的在于为那些具有法益侵害性但程度上不足以科处刑罚的行为增加一个整体性的规定,以使客观构成要件所体现的违法性达到能够科处刑罚的程度。换言之,当行为符合了不法要素后,在判断行为是否值得科处刑罚之前,仍需对行为进行整体性的评价,"情节严重"即这种整体评价要素。③ 不法是行为符合构成要件且违法,违法性当然必须达到值得科处刑罚的程度。所以整体评价要素实则用以衡量行为违法性的要件,自然属于不法的范畴,因此,"情节严重"的情节不存在主观方面的情形。

笔者赞同整体评价要素说对于"情节"性质的界定,无论是以四要件作为犯罪构成体系还是以"罪体-罪责-罪量"作为犯罪构成体系,都存在将主客观要素并列相加以认定行为是否成立犯罪的逻辑,采取不法与责任的递进逻辑能够避免前者在认定犯罪时优先考虑行为人的动机、目的等表征主观方面(责任要素)的因素,从而限制刑罚权的发动。

笔者赞同整体评价要素说。《刑法》第 13 条揭示了犯罪的定义,也归纳出

---

① 张明楷:《犯罪构成体系与构成要件要素》,北京大学出版社 2010 年版,第 241 页。
② 李翔:《刑事政策视野中的情节犯研究》,《中国刑事法杂志》2005 年第 6 期。
③ 张明楷:《刑法学(第五版)(上)》,法律出版社 2016 年版,第 124—125 页。

了犯罪的基本特征,即被刑法类型化的严重的社会危害性(不法)与有责性(责任),①其中,刑事违法性是犯罪的法律特征,有责性是犯罪的本质特征。② 据此,成立犯罪的基本条件即发生了刑事法意义上的违法事实,并且能够就该事实进行非难。违法与责任构成了犯罪的实体。③ 那么,犯罪构成要件说中的罪量要素自然归属于不法的范畴。根据整体评价要素说的观点,对行为符合"情节严重"的肯定是评价行为人对"情节严重"存在故意或过失,进而发挥责任要素的个别化评价功能的必要前提。换言之,如果行为本身的不法尚未达到刑法规范、司法解释所要求的"情节严重"的程度,哪怕行为人的主观意识值得谴责,也依然不存在定罪的可能。值得注意的是,对于"情节严重"的界定,即便采纳整体评价要素说,但由于现阶段尚无司法解释的明确规定,《刑法》第120条之6在司法实践中的可操作性难免降低,例如,陕西省延安市宝塔区人民法院对于李某行为的认定逻辑。④

三、非法持有宣扬恐怖主义、极端主义物品罪"情节严重"的评价要素

在采纳"情节严重"属于整体评价要素的基础上,对于本罪"情节严重"的分析还应回归实践,结合对现有刑事裁判的归纳,总结出适用于评价《刑法》第120条之6"情节严重"的要件要素,即对本罪"情节严重"内涵的界定。通过对已公开的21则以非法持有宣扬恐怖主义、极端主义物品罪定罪量刑的裁判文书的

---

① 张明楷:《刑法学(上)》,法律出版社2016年版,第87页。
② 马克昌:《犯罪通论》,武汉大学出版社2001年版,第15页。
③ [日]前田雅英:《刑法总论讲义(第6版)》,东京大学出版会2015年版,第19页。
④ 在该案中,尽管被告人李某利用虚拟专用网络(VPN)软件从国外网站下载85部非法涉恐视频,并收藏于其电脑内是事实,但法院认为,《刑法》中并未对第120条之6中的"情节严重"情形做出具体规定,因此,并未支持检察院以120条之6对李某提起的指控,而依据120条之3,认定李某构成宣扬恐怖主义、极端主义罪。(在判决书原文中,此处使用的罪名是宣扬恐怖主义、极端主义物品罪,笔者并不认同院方关于该罪名的提法,故在此有所更正。)参见(2017)陕0602刑初519号《刑事判决书》。

分析，笔者认为，在实践中，司法者判定"情节严重"的逻辑通常是：先判断行为人所持物品的属性，在肯定该物品属于宣扬恐怖主义、极端主义的前提下，再综合分析行为人非法持有物品的数额，经相关部门对音视频等文件所表达的具体内容（例如，音视频文件的时间长短、图书类资料字节的多少）审查认定的涉案物品的暴恐等级，以及行为人持有涉案物品之后的行为等情节。

（一）作为评价要素的情节不能逾越"宣扬恐怖主义、极端主义物品"的范畴

"宣扬恐怖主义、极端主义的图书、音频视频资料或者其他物品"是《刑法修正案（九）》在第120条新增设的罪名中引入的概念，以将暴恐犯罪与其他犯罪相区别。据此，如果行为人所持有的物品并非规范所指涉的宣扬恐怖主义、极端主义的物品，后续的整体性评价自然无须开展，也就不存在认定为"情节严重"的可能。然而，除却《反恐怖主义法》第3条关于恐怖主义的规定，我国现行法律、司法解释都没有对"恐怖主义"与"极端主义"做出明确解释。[①] 正确解释法律，是司法者正确适用法律的前提，而作为整体评价要素的"情节严重"又是成立犯罪的不法要素之一，因此，就适用刑法而言，不能把握解释的边界，对本罪所设立的"宣扬恐怖主义、极端主义物品"范畴的逾越，都将破坏罪刑法定的基础内涵。值得注意的是，刑法规范的明确性与解释的正确性并非逻辑上的因果关系，换言之，刑法典中是否存在成文规定不影响解释结论的正确性，这也是对恐怖主义、极端主义的界定活跃于犯罪学研究领域的原因，立法者高度凝练的表述不仅让分则的罪状更为简洁，又保证了立法与司法活动之间的张力，这更有利于刑法在打击犯罪的过程中兼顾对法益的保护与对人权的保障。

那么，如何正确解释本罪所规制的"宣扬恐怖主义、极端主义物品"？立法者在制定刑法时，通常是通过对过往已然发生的案件进行归纳与提炼来表述构成要件，经历的是从已知推未知的反复演绎，这也就意味着立法者在制定刑法

[①] 苏永生：《在刑法规范与社会事实之间——宣扬恐怖主义、极端主义物品之司法判定问题研究》，《河南大学学报（社会科学版）》2018年第1期。

时难以甚至无法预想适用刑法时司法者将会面临的形形色色的案件,①更缺乏洞察案件发生时所处的外围环境的能力。因此,解释法律不仅需要把目光往返于刑法规范与案件事实之间,更要将视角延伸至案件事实以外的社会事实,站在实质性的立场上,从行为客观层面寻找发动刑罚权的依据。据此,正确解释刑法自然需要综合法律规范、案件事实、社会事实三个维度以保证解释结论的合法性、合理性与正当性,不至于突破国民对刑法规范的理解预期。

在刑法典与解释尚未就"恐怖主义""极端主义"及"宣扬恐怖主义、极端主义物品"等概念给出指导适用的明确指引前,《反恐怖主义法》当仁不让地成为司法判定过程中的重要法律依据。② 此外,作为刑法间接渊源的,尤其是我国加入甚至主导签署的国际条约、公约也可以为理解刑法规范的内容或决定刑法适用范围发挥作用。③ 例如,《打击恐怖主义、分裂主义和极端主义上海公约》《上海合作组织反恐怖主义公约》《上海合作组织反极端主义公约》中关于"恐怖主义""极端主义"的界定。然而,上述立法对相关概念的界定仍然存在理解上的模糊、措辞上的重复与矛盾等缺陷。例如,在上述文本中,多用"意识形态"之类的词汇对"恐怖主义"进行界定,并在将"恐怖主义"解释为包括实践或行为的同时,又对"恐怖主义行为"进行重复界定。④ 尽管存在不足之处,但相对于刑法典、解释尚不存在对相关概念予以界定,上述立法就是针对暴恐犯罪的司法判定中可援引或参考的重要法律依据。

尽管各级法院就相关问题做出的通知不属于司法解释的范畴,不足以作为裁判的直接依据,但从内容上看,其通常属于各级法院对犯罪行为发生时类似案件处理过程中的经验汇总,而刑事司法的过程本就是一个"从刑法规范到案

---

① 张明楷:《罪刑法定与刑法解释》,北京大学出版社2009年版,第86页。
② 根据《反恐怖主义法》,"恐怖主义,是指通过暴力、破坏、恐吓等手段,制造社会恐慌、危害公共安全、侵犯人身财产,或者胁迫国家机关、国际组织,以实现其政治、意识形态等目的的主张和行为。"
③ 陈忠林:《刑法总论》,中国人民大学出版社2003年版,第15—19页。
④ 吴何奇:《上合组织反恐法律机制建设研究》,《北京科技大学学报(社会科学版)》2018年第4期。

件事实,从案件事实到刑法规范"的互动过程,因此,对于认定案件事实具有参考意义。例如,2014 年 3 月 31 日,新疆高级人民法院、人民检察院、公安厅、文化厅和工商行政管理局联合发布的《关于严禁传播暴力恐怖音视频的通告》对于"暴力恐怖音视频"的界定。

此外,除上述基于规范与案件事实两个维度的分析,司法者在作出司法判定时还应当把目光放在整个社会事实的范围内寻求处罚的根据,以此作出的处罚结论往往能够获得更广泛的社会认同。① 结合国情与打击恐怖主义犯罪实践经验的学术论文、调研报告等由学者、专家、法律工作者等非官方主体就法律规范所作的阐明与解释,对于解释本罪所规制的"宣扬恐怖主义、极端主义物品"具有非正式的指导价值。

(二) 以涉案物品数额认定"情节严重"

我国刑事立法、解释中的"数额"或是罪与非罪、此罪与彼罪的界限,或是影响量刑、区别数额加重犯与基本犯的关键。②

在司法实践中,作为认定行为是否符合《刑法》120 条之 6 中"情节严重"的数额,其本质是对该行为法益侵害程度的说明,"形式上以区违法与犯罪,实质上划定了可罚违法性的范围"。③ 值得注意的是,在 21 件样本案例中,有 7 例以非法持有 30 部以下"宣扬恐怖主义、极端主义物品"认定情节严重;其中 6 例行为人非法持有的"宣扬恐怖主义、极端主义物品"的数额不超过 10 部。显然,司法实践中对本罪"情节严重"成立的物品数量并不存在一个统一的标准,即便是非法持有少量宣扬恐怖主义、极端主义的物品,同样存在被认定为"情节严重"的可能。

在实践中,如果行为人非法持有内容相同的物品,那么如何认定此时的数额?换言之,内容重复的宣扬恐怖主义、极端主义的物品是以单个认定,还是均单独计

---

① 苏永生:《中国藏区刑事和解问题研究——以青海藏区为中心的调查分析》,《法制与社会发展》2011 年第 6 期。
② 涂龙科:《犯罪论中数额的地位》,《法律科学(西北政法大学学报)》2012 年第 4 期。
③ 吴亚安:《论我国刑法中数额的性质》,《政治与法律》2016 年第 9 期。

入总数？笔者认为,第二种方案更为合理。典型的案例如闻某非法持有宣扬恐怖主义、极端主义物品案(行为人非法持有的68部宣扬恐怖主义、极端主义的视频中,存在4部重复),①赵某非法持有宣扬恐怖主义、极端主义物品案(行为人非法持有的99张宣扬恐怖主义、极端主义图片中,存在31张图片内容重复)。②

从实质上看,刑法以个人生活利益、社会利益、国家利益为保护对象,相对应的,犯罪即对法益的侵害。但刑法并非仅就法益侵害之结果而规定犯罪,同样也会重视行为对法益侵害的危险形态。因此,就刑法规范中的数额而言,凡是体现指向法益侵害的实害与危险都应列入评价法益侵害程度的整体评价要素之中。具体而言,之所以将内容重复的涉案物品单独计入总数,是因为考虑到非法持有宣扬恐怖主义、极端主义物品的行为往往是一个中间环节,在非法持有的基础上,行为人可将宣扬恐怖主义、极端主义物品运用于宣传、培训甚至实施恐怖活动。③ 同时,恐怖主义的核心是传播,④而网络又是恐怖分子接触暴恐信息的重要来源,网络中信息传播的高速化、无限复制性和延展性都会使犯罪的法益侵害程度远远超过不借助网络的传统犯罪。尽管行为人所持的涉案物品内容重复,但涉案数额的不断增多,必然导致行为对法益侵害危险性的持续提升。据此,笔者认为,认定行为人非法持有内容相同物品的数额时,将每件物品以独立的形式共同计入总数是评价行为是否满足"情节严重"的更为合理的思路。

(三) 以涉案物品的暴恐等级认定"情节严重"

根据《反恐怖主义法》第80条的规定,非法持有宣扬恐怖主义、极端主义物品,情节轻微,尚不构成犯罪的,由公安机关处以十日以上十五日以下拘留,可以并处一万元以下罚款。结合《刑法》第120条之6的规定,《反恐怖主义法》与

---

① (2018)浙02刑初12号《刑事判决书》。
② (2017)浙02刑初20号《刑事判决书》。
③ 周洪波:《〈刑法修正案(九)〉新增恐怖犯罪的理解与适用》,《中国检察官》2015年第19期。
④ Simon, J. D. (2013). Ahead of the Pack. Jane's Intelligence review, 25 (8): 19.

《刑法》共同设置了非法持有宣扬恐怖主义、极端主义物品行为的法律后果，即行政处罚与追究刑事责任，其中，对于情节轻微的行为以违法行为对待并予以行政处罚，对于情节严重的行为以犯罪行为进行处理。

《刑法修正案（九）》之前，非法持有宣扬恐怖主义、极端主义物品的行为最多被评价为恐怖主义相关犯罪的预备犯行为，由于预备行为停止于为实施犯罪而准备工具、制造条件的前实行行为阶段，只具备对法益侵害的危险性而尚未形成对法益的实质侵害，[1]故在同等条件下，行为对法益的侵害程度上，预备行为远低于实行行为。尽管立法者基于对重大法益所面临的侵害或紧迫危险的考虑而将恐怖活动犯罪的预备行为实行行为化，[2]但这也恰恰反映出该罪法益侵害的实质程度。

这一背景下，立法也未能就非法持有宣扬恐怖主义、极端主义物品的行为在违法与犯罪之间做出明确的划分。通过对比条文，判断行为是否属于行政处罚的对象不以行为人主观上是否属于"明知"为前提，但仅以此作为区分违法与犯罪的标尺，不仅增加了司法实践中认定行为属于违法或犯罪的难度，更是在严厉打击恐怖主义活动的大背景下，对非法持有宣扬恐怖主义、极端主义物品的行为适用行政处罚的空间的限缩甚至完全剥夺。

在实践中，非法持有宣扬恐怖主义、极端主义物品的行为更多是对两条文之重合规定的触犯，那么，在这种情形下，该如何适用法律？行为人应当承担何种法律后果？换言之，如何区分行为属于"情节严重"还是"情节轻微"？

有一种解决路径是本着对立法的忠诚，在司法层面对行为的处罚进行区别。也就是在确定行为全部入罪的情况下，依据《刑法》第37条的规定对犯罪情节中属于情节轻微的，适用行政处罚。

笔者不认同该思路。首先，这实际上是在评价非法持有宣扬恐怖主义、极端主义物品行为时抛弃了刑法作为规范社会秩序的"最后一道防线"的价值定

---

[1] 郑延谱：《预备犯处罚界限论》，《中国法学》2014年第4期。
[2] 高丽丽：《准备实施恐怖活动罪——以预备行为实行行为化为视角的宏观解构》，《法学论坛》2018年第2期。

位。适用非刑罚处置措施的前提仍然是该行为已经成立犯罪。这显然与我国立法就制裁该行为所设置的"刑事-行政"二元体系相冲突。其次,确定"预防为主"的反恐国家战略不等于将刑法作为应对恐怖主义的唯一工具,"刑法不应以所谓危害社会安全的危险行为为当然的处罚对象,而应该将处罚范围限制在迫不得已的必要限度之内",①从而保证违法与犯罪逻辑发展顺序、行政处罚与刑罚的有序衔接。此外,刑法在对行为的规制上为行政法的介入留下缺口亦是刑法谦抑的应有之义。

因此,为了更好地发挥反恐立法的应用价值,对涉案物品满足"情节严重"的标准,需要做出一个明确的划分。纵然社会形势的不断变化决定了立法对宣扬恐怖主义、极端主义物品的评价存在不断地更新,所持物品内容体现的煽动性、暴力性的程度亦会因此不同,但立法过程中对划分违法与犯罪界限所参考的标准不会变化,换言之,只要能够恪守衡量违法与犯罪的实质指标,就足以保证所制定的规范的明确性和合理性。

何谓衡量违法与犯罪的实质指标？即划分所持物品表达的内容的暴恐等级的立法依据是什么？有学者认为,其作为刑法制度中的一部分同样属于政治上层建筑,由经济基础决定,并服务于经济基础,同时它又与思想上层建筑及其他政治上层建筑有着密切的关系。因此,衡量违法与犯罪的实质指标应包括对经济(民生)、政治(政策)、文化(道德)等多方面的综合考虑。②划分非法持有宣扬恐怖主义、极端主义物品行为的违法与犯罪的界限同样需要结合当下反恐的实践经验,从而为司法者认定涉案物品所表达的内容是否满足"情节严重"的程度给予指引。

(四) 以行为人非法持有的后续行为认定"情节严重"

法律之所以设置持有型犯罪,或是为了"在公诉机关难以证明现状的来源

---

① 刘艳红:《"风险刑法"理论不能动摇刑法谦抑主义》,《法商研究》2011 年第 4 期。
② 李洁:《论犯罪定量因素立法化对法定刑模式的要求——以抢劫罪为实例的研究》,《当代法学》2008 年第 5 期。

或去向的情况下以便不使狡猾的犯罪人逃脱法网,提高刑法威慑力",或是为了通过"惩罚早期预备行为来防止严重犯罪的发生",①储槐植教授对持有型犯罪立法价值的阐述可概括为两个方面:程序法层面上的价值与实体法层面上的价值。其中,后者体现了储槐植对持有型犯罪后续行为的关注,即设立持有型犯罪的意义在于"避免持有行为人进一步实施危害社会的其他关联性犯罪行为"。②

然而,非法持有宣扬恐怖主义、极端主义物品罪与非法持有枪支弹药罪、持有假币罪、非法持有毒品罪等比较典型的持有型犯罪又存在区别。因为,体现典型持有型犯罪法益侵害性在于枪支弹药、假币、毒品等对象本身的物质危险性与结果,而非法持有宣扬恐怖主义、极端主义物品的行为之所以被刑法规制为犯罪,很大程度上取决于该罪中"物品"本身的抽象危险性,即"物品"所具备的恐怖主义与极端主义。③ 我国《刑法》第 120 条关于恐怖主义犯罪的规制实际上是出于打击恐怖主义的现实需求,为了严密防控恐怖主义犯罪的刑事法网而采取的法益保护前期化的立法模式,关注的重点在于抽象危险而非实害。这种"行为+抽象法益"的立法模式更加突出了法益侵害的抽象性,从而为刑法针对"未来的、尚未发生的事件发挥作用"提供法律依据。④ 但是,这种以积极的一般预防为导向的立法模式一旦出现适用上的偏差,就会导致刑法对公民行为的过度干预,所以立法者才在罪状中添加"情节严重"以限定国家刑罚权的发动。

既然在本罪中,持有行为侵害法益的危险性并不是现实的危险或作为结果的危险,结合上文分析,设立持有型犯罪目的是堵截行为人进一步关联性犯罪的实施,因此,本罪中行为人非法持有的后续行为自然可以作为认定"情节严重"的不法要素。司法实践中不乏这一适用逻辑的案例,例如,覃某将所持有的约 2 千兆(2 GB)涉及恐怖主义、极端主义的血腥暴力视频,在网站上发帖出售

---

① 储槐植:《三论第三犯罪行为形式"持有"》,《中外法学》1994 年第 5 期。
② Paul. H. , *Robinson: Criminal Law* (New York: Wolters Kluwer Law & Business), 2012:161.
③ 王耀忠:《恐怖主义犯罪立法中的行为无价值与正当性》,《法律科学》2018 年第 5 期。
④ 蔡圣伟:《刑法问题研究(一)》,元照出版有限公司 2008 年版,第 81 页。

以牟利,并将涉及恐怖主义、极端主义的视频通过邮箱发送给其他网友;①张某将非法持有的1部暴恐视频上传至网盘并分享给他人,在微信群内发布其所持有的暴恐视频5部,②等等。当然,后续行为的出现还会为非法持有宣扬恐怖主义、极端主义物品罪带来一罪与数罪的认定问题,但无论是认定为想象竞合,择一重罪处罚,抑或是数罪并罚,至少都肯定了行为人非法持有的后续行为对于认定"情节严重"进而成立该罪的意义。

根据《刑法》第120条之6、《反恐怖主义法》第80条,非法持有宣扬恐怖主义、极端主义物品的行为在不法的程度上存在刑事不法与行政不法的划分。③结合刑法第13条"但书"的规定,形成了对非法持有宣扬恐怖主义、极端主义物品的行为予以"刑事-行政"二元制裁体制。而作为整体评价要素的"情节严重"是犯罪构成中"不法"的内容之一,当刑法规定"情节严重"作为成立犯罪的前提时,包含了两层含义:其一,当不法要素中不存在"情节严重"之情形,换言之,行为或结果"不法"的内容不满足严重的程度时,不构成犯罪;其二,情节是否严重,应站在实质的立场、以整体性的视角加以分析。因此,评价情节是否严重的问题,实际上就是判断情节的法益侵害性抑或说社会危害性是否满足成立犯罪的程度。"刑法仅以高度有害之行为当中,具有得以刑罚制裁之行为作为对象",④然而,认定程度是否达到成立犯罪的"高度"本身就是一个充满价值衡量且难以言明的问题。也正因此,不同学者对于《刑法》第120条之6等反恐刑法的设置的评价才会褒贬不一,理论的分歧通常围绕刑法谦抑、犯罪圈的扩张与限缩、预备行为实行行为化等问题展开,探至实质层面,上述讨论反映出不同学者对于法秩序下安全与自由价值的不同侧重。否定论者通常认为反恐刑法在立法价值的选择上过多地强调对安全价值的保障而不断挤压公民的权利自

---

① (2017)桂0203刑初372号《刑事判决书》。
② (2017)京03刑初13号《刑事判决书》。
③ 非法持有宣扬恐怖主义、极端主义物品但情节轻微、尚不构成犯罪的,由公安机关予以行政处罚;对于情节严重,则成立犯罪,处三年以下有期徒刑、拘役或者管制,并处罚金。
④ 陈子平:《刑法总论》,元照出版有限公司2017年版,第87页。

由,①肯定论者则坚持在追求相对安全价值的基础上限制一定程度的自由价值的合理性。② 其实,无论是赞成还是反对,不同学者在法秩序旨在创设社会正义这一观点上达成了共识,矛盾之处在于认定实行行为法益侵害性程度标准上的不一。

不可否认的是,不同的时空、外界环境因素(政治、社会形态、经济结构等)都会影响法益侵害性程度的判断,③任何企图通过成文法规固定评价法益侵害程度标准的想法都是不现实的,任何立法都不存在尽善尽美的可能,坚守罪刑法定的同时,就必然存在一些因立法者原先所未设想而令国家无法追诉"社会损害性"的行为,这也是追求国家权力界限的明确性所必须承担的代价。④ 因此,针对纷繁复杂的暴恐犯罪,奢望就《刑法》第120条之6中的"情节严重"给出一个清晰的界限来划分行政不法与刑事不法自然是不现实的。因此,笔者仅仅是在肯定《刑法》第120条之6中"情节严重"在犯罪论体系中属于整体评价要素的前提下,基于实质性的立场,提出评价"情节严重"时至少应当考虑的因素。

---

① 姜敏:《刑法反恐立法的边界研究》,《政法论坛》2017年第5期。
② 高铭暄、李彦峰:《〈刑法修正案(九)〉立法理念探寻与评析》,《法治研究》2016年第2期。
③ 林山田:《刑法通论》,三民书局1983年版,第64页。
④ 林钰雄:《新刑法总则》,元照出版有限公司2018年版,第39页。

恐怖主义犯罪数据治理的价值平衡与现实路径

进入大数据时代,在社会治理中运用数据信息已成为国家应对重大风险、重大安全事件时不可或缺的手段,在预防和惩罚犯罪方面,以全景敞视为核心的数据治理越来越成为世界各国保障国家安全的重要手段。反恐旨在维护人权,但为了追求反恐的有效性,公权力主体容易忽视治理手段对人权的倾轧。为了应对日趋严峻的恐怖主义风险,世界各国倾向于采取日益收紧的法网笼罩各种已发生和未发生的恐怖主义行为,但这难免对公民的权利与自由产生抑制的效果。[①] 面对不断发展和异化的恐怖主义犯罪风险,一方面,反恐不仅要强调对冲突的控制与惩戒,还应着眼于犯罪的预防,仅强调特定事件、时间点上的有效性,"那么就没有达到对法律可能性视域之延伸的理解"。[②] 但另一方面,刑法的谦抑品格要求社会在治理犯罪的同时不可过多地干涉公民的权利与自由,避免犯罪治理手段成为恣意侵害人权的工具。在反恐中如何实现社会保障与人权保护的价值统一,在保证社会安全秩序稳定的同时尽可能地减少公权力对个人权利与自由的干预,已成为探索恐怖主义犯罪治理路径必须思考的问题。

[①] 孙璐:《国际反恐与人权的协调发展》,《当代法学》2020 年第 2 期。
[②] [德]尼克拉斯·卢曼著,宾凯、赵春燕译:《法社会学》,上海人民出版社 2013 年版,第 266 页。

一、反恐领域数据治理的缘由

对恐怖主义犯罪的制裁体现了"报应"思想,但随着犯罪风险的增加,特别是面对恐怖分子的自杀式袭击,一般意义上的静态防御难以保障公民的安全。对此,国家的任务被认为是在风险初露端倪之际就要发现并通过预防措施对风险加以遏制,事后制裁反而成为预防无效时才会动用的补充手段。[①]

当前,生产力的指数式增长导致危险以及潜在威胁释放到未知的水平,恐怖主义风险作为社会风险之一,具有难以察觉、难以计算、风险与危害后果之间的因果关系难以把握的基本特征。[②] 事后惩罚的依据是立法,但通过明确且严密的立法覆盖与恐怖主义犯罪有关的所有问题并不是最理想的治理方式,犯罪复杂的外部性要求犯罪治理具备及时与灵活的特性。其中,"及时"的犯罪治理对应的是犯罪风险的早期干预,例如,我国在反恐领域坚持的"反恐维稳、打早打小"的法治思维,体现了刑事立法的积极主动,将可惩罚的范围从实行行为调整到过往被认为是预备行为的那部分。人们往往忌惮刑法之恶而将刑法作为社会防卫的最后手段,但刑罚之善的有效性又不断鼓励立法者坚持更为积极的立法观念,即不能认为制裁的范围越小越好。[③] 实证研究也表明,罪犯很难因为即将面临的刑事制裁而放弃犯罪,[④]这说明预防犯罪不能局限于通过对已然犯罪的制裁来威慑潜在的犯罪人,而应从如何防止未然犯罪行为发生的角度去思考与设计,[⑤]犯罪治理不是为了过去,而应立足于未来。事后惩罚在当前犯罪治理方面的被动让立法者不断地将犯罪预防的关口前移,法益保护的前置化、抽象化、膨胀化逐渐成为刑法的轴心。"灵活"的犯罪治理,则要求恐怖主义犯罪

---

① 劳东燕:《风险社会中的刑法:社会转型与刑法理论的变迁》,北京大学出版社 2015 年版,第 63 页。
② [德]乌尔里希·贝克著,何博闻译:《风险社会》,译林出版社 2004 版,第 18—22 页。
③ 周光权:《转型时期刑法立法的思路与方法》,《中国社会科学》2016 年第 3 期。
④ 李淑兰:《报应抑或预防:国际刑罚目的反思》,《甘肃社会科学》2017 年第 1 期。
⑤ 林山田:《刑法通论:下册》,北京大学出版社 2012 年版,第 277 页。

的治理模式突破传统刑事法制的封闭体系,对此,刑事法网将不断扩张进而实现对公民生活领域的全面覆盖,从而将其塑造成一个开放且富有弹性的法律体系。德国学者尤利乌斯·冯基尔希曼(Julius Von Kirchman)将对新事物的无能为力视为"法学的悲哀",①社会的转型必会对法律的变更提出新的要求,反之,法律的变化也必然反映出社会转型过程中的烙印。现实中,面对瞬息万变的社会现象,法律规范不可能涵盖所有社会问题的解决路径。为了避免各国在应对层出不穷的犯罪问题的过程中遇到无法可依的尴尬局面,以致"结构失衡、社会失范、政府权威遭到削弱",激化社会转型过程中的社会风险,进而加剧公众的不安全感,为了消除公众的这份不安全感,控制未来的风险成为现代社会首当其冲的政治需求。②

此外,犯罪预防亟待数据信息的助力,在信息匮乏的环境下,政府难以判断犯罪将在何时、何地发生,也不知道犯罪的目标是什么,包括"9·11"事件在内的大部分恐怖袭击都暴露出政府对反恐领域风险预警的忽视。恐怖主义风险的严重性以及国家对犯罪预防的强调,强化了反恐对数据信息的需求,而恐怖主义在全球的扩张又导致需要处理和共享的数据信息呈指数级增加,且涉及各个领域,相对于传统的事后惩治,越来越多的国家更重视数据赋能的技术治理,以实现对社会的大规模监控;较之于对实行行为的事后惩罚,更积极地对过往社会活动领域中的失范行为进行犯罪化,使公权力制裁的触须伸入社会活动的诸多领域。例如,马德里火车爆炸案让欧盟意识到,恐怖组织往往是由一群具有共同信仰的个体组成的网络,③而伦敦地铁爆炸案则表明,在身份上,恐怖分子这些"远离"的人,既可能是欧盟成员国的公民,也可能是外籍恐怖分子,极度模糊的犯罪行为人特征意味着预防恐怖主义犯罪需要官方进行无差别的信息

---

① [德]尤利乌斯·冯·基尔希曼著,赵阳译:《作为科学的法学的无价值性——在柏林法学会的演讲》,商务印书馆 2016 年版,第 58 页。
② 吴何奇:《社会转型背景下恢复性刑罚执行模式的建构》,《犯罪研究》2019 年第 4 期。
③ Janice Gross Stein, "Network Wars", in Ronald J. Daniels, Patrick Macklem and Kent Roach, eds., *The Security of Freedom: Essays on Canada's Counter-Terrorism Bill* (University of Toronto Press), 2001, p. 73.

收集与分析。① "9·11"事件这一前车之鉴,促使欧盟要求所有飞往欧盟的航班都必须向目的地国的移民局提供有关乘客的详细信息。为了防止外籍恐怖主义战斗人员混入难民潮,通过政治避难投机取巧,欧盟建立了欧洲指纹数据库,并签署《普吕姆条约》,以支持成员国通过个人敏感型数据的交换、DNA、指纹以及车辆登记信息的分享预防恐怖主义犯罪的发生。而此后法国巴黎、布鲁塞尔等恐怖袭击的发生,则让欧盟在反恐中更加突出反恐的预先性,2016 年通过的《乘客姓名记录指令》为欧盟进行大规模监控、进行情报分析识别可疑分子的举措提供了依据。

近年来,随着"伊斯兰国"的覆灭,恐怖主义已由传统的国内政治问题转型为宗教极端主义与外国战斗人员渗入问题相互交织的全球性安全议题,恐怖主义带来的安全隐患将反恐领域的重点从事后制裁转向预防恐怖主义犯罪的发生,"先发制人"的理念得到世界各国的相继接受。在我国,"金盾工程""天网工程""雪亮工程"是涉及公民个人数据信息的社会治理基础设施建设的典型工程,充分体现了我国在风险社会中的治理逻辑,即通过数据基础设施的建设提高治安管理水平和打击刑事犯罪的效能。② 总的来说,以数据信息为核心的犯罪治理模式在反恐领域运用的内在逻辑便是基于防止未然犯罪行为发生的角度,并服务于反恐的重心由特殊预防迈向一般预防。

二、数据治理与个人信息保护的冲突

"坚持尊重人权和法治是有效打击恐怖主义的关键,而不应成为阻碍我们的障碍,人权不应该成为反恐的受害者。"③然而,对个人权利与自由的侵蚀逐渐成为反恐的"副产品"。预防和惩治恐怖主义犯罪是各国的国际义务,该义务滥

---

① Wayne N. Renke, "Who Controls the Past Now Controls the Future: Counter-Terrorism: Data Mining and Privacy", *Alberta Law Review*, 3 (2006), p. 783.

② 胡铭、张传玺:《大数据时代侦查权的扩张与规制》,《法学论坛》2021 年第 3 期。

③ Mark D. Kielsgard, "A Human Rights Approach to Counter-Terrorism", *California Western International Law Journal*, 2 (2006), p. 250.

囿于《公民权利和政治权利国际公约》所载的人权一般义务条款,即"尊重并确保所有境内受其管辖之人",①"尊重并确保"既体现了国家不侵犯其管辖范围内个人权利的消极义务,也体现了确保个人权利不被侵犯的积极义务。对于后者,欧洲人权法院曾在判例中表示,"可能意味着当局有积极义务采取预防性行动措施,以保护处于生命危险中的个人免受另一人的犯罪之害。"②为了应对日趋严峻的恐怖主义风险,国际社会的反恐措施日趋严密,不少国家选择克减公民的合法权利以使其能够履行基于保护国家安全的义务,③克减公民权利的法理逻辑是将人民的安全视为最高的法律,国家基于安全的考虑,可以在紧急状态下牺牲个体利益及其价值诉求。④但在这一过程中,一些国家对社会防卫的强调几乎凌驾于法治国的人权保障,⑤通过公权力的延伸与膨胀挤压公民个人权利的法定空间。由于恐怖主义犯罪带来了巨大威胁,一些国家在治理恐怖主义犯罪时与民主自由精神的不协调之处逐渐从普遍原则之例外扩张至更广泛的适用范围。⑥

大数据技术的发展既是机遇也是挑战,较强的无边界获取信息的能力已成为社会、经济迈向更高台阶的关键。然而,随着数据技术的重要性日益增加,公民更加关注如何有效地在信息社会保护自身的基本权利。数据及其蕴含的信息是情报的重要来源,在此基础上建立的反恐预警机制与决策体系是预防和惩治恐怖主义的有效手段。随着大数据和人工智能技术的发展,旧有的情报获取与分析方式发生了深刻改变;以数据为核心的信号情报具有传统人力资源情报难以企及的广度和深度,逐渐成为当前各国战略机构所追求的首要目标。⑦尽

---

① Art 2(1) International Covenant on Civil and Political Rights.
② Law Teacher. November 2013. Osman v UK. [online]. https://www.lawteacher.net/cases/osman-v-uk.php?vref=1, last visited on July 15 2020.
③ Nigel D White, "Preventive Counter-Terrorism and International Law", *Journal of Conflict and Security Law*, 2 (2013), p. 188.
④ 张屹:《国际反恐合作法律机制研究》,武汉大学出版社 2019 年版,第 133 页。
⑤ 闻志强:《中国刑法理念的前沿审视》,《中国刑事法杂志》2015 年第 2 期。
⑥ 莫洪宪、刘夏:《反恐斗争中的人权保障——以恐怖分子为视角》,载刘仁文:《刑事法治视野下的社会稳定与反恐》,社会科学文献出版社 2013 年版,第 458 页。
⑦ 杨楠:《大国"数据战"与全球数据治理的前景》,《社会科学》2021 年第 7 期。

管随着全球数字化转型加速以及数据体量的持续扩大,围绕"数据安全"概念的讨论已由最初的"个人隐私"上升至"国家安全"语境,但数据中的公民个人信息是关涉人权保护的重点,因此,在数据成为当下驱动恐怖主义犯罪治理的同时,以隐私为核心的个人数据保护日益受到关切。欧美国家素来以数据的分享与交流驱动彼此间的安全合作,但在共享数据信息的同时,公民的隐私也会暴露于境外黑客攻击、政府监控等数据安全风险问题中。

欧美国家历来有强调民主与自由的传统,因此,政府通常只有在公民被充分怀疑的前提下才有权对公民的个人信息进行自由访问。但在反恐领域,解决安全问题和恐怖袭击威胁的迫切需求削弱了隐私和数据保护标准,政府可以不加限制地搜集个人信息,且不必为获取个人信息进行任何辩护,例如,法国为了扩大安全检查的范围,要求网络供应商必须保留其用户使用和浏览国际互联网的记录,并给予警方监视电子邮件的权力。① 而为了应对北爱尔兰冲突背景下的恐怖主义问题,英国政府也通过多部法案授权情报和警务部门监控一切可能涉嫌恐怖主义犯罪的通信数据。显然,这与其传统法律体系中形成的保护公民个人自由而限制公权的观念有所冲突。基于社会防卫的需求,情报共享与大规模监控已成为欧盟反恐的常规手段,但这种做法在加强社会防卫能力时,也会导致对个体权利保护能力的减弱。②

2013 年的爱德华·斯诺登(Edward Snowden)事件显示,美国国家安全局(NSA)在反恐中涉嫌非法收集公民信息的行为,不仅如此,还涉及对其他国家公民个人数据的大规模监控,这些行为被认为是侵犯了由美国宪法和人权法律文书所保障的公民个人隐私权益。③根据斯诺登披露的信息,美国国家安全局曾直接侵入脸谱网、谷歌、微软以及雅虎等互联网公司的服务器,以追踪"棱镜"监控项目中的在线通信。国际社会和联合国对大规模监视和截获通信以及收集

---

① 刘作翔:《反恐与个人权利保护——以"9·11"后美国反恐法案和措施为例》,《法学》2004 年第 3 期。
② 魏怡然:《后巴黎—布鲁塞尔时期欧盟反恐法的新发展》,《欧洲研究》2016 年第 5 期。
③ Mark D. Kielsgard, "Counter-Terrorism and Human Rights: Uneasy Marriage, Uncertain Future", *Journal Jurisprudence* 2013, p. 163.

个人数据对人权产生的负面影响表示严重关切,①联合国强调非法或任意监视、拦截通信以及非法或任意收集个人数据高度侵犯了公民的隐私权和言论自由权。然而,斯诺登事件仅是反恐与人权复杂关系的缩影。"9·11"事件以后,保留通信数据以预防和惩治恐怖主义已在美国得到广泛的运用,美国通过利用其强大的经济实力以及数字通信技术的弱点在本国和全球各国对通信数据进行电子监视和拦截。此外,美国《爱国者法案》对恐怖主义犯罪的过于宽泛的界定,赋予了美国联邦调查局更广泛的搜查权和更简化的监视权。据此,政府机构只需证明某项资料对于恐怖主义的调查存在需求,就具备了合法调取任何在互联网等公共场所的记录的权力。② 为了预防恐怖主义犯罪,美国政府一度以牺牲公民自由为代价来维护国家安全,让政府的监视几乎延伸到了生活的各个方面。③ 在"9·11"事件后的一年内,美国国家安全出入登记系统通过大范围登记来自伊斯兰国家的外国人信息,秘密监测数百座清真寺与大量网站。④

在回应恐怖主义风险的过程中,政府的立场逐渐倾向于通过对公民权利自由的干涉来捍卫社会秩序的平稳。因为在权力主体看来,恐怖主义犯罪的数据治理旨在通过社会防卫保护人权,而对社会中潜藏风险的预防与遏制能够提升社会防卫的有效性,降低风险管控的成本。因此,当人员的跨境流动、数据流通存在成为实害的可能,就符合触发公权力机关予以限制甚至定罪处罚的条件。然而,行为是否具有侵害法益的危险性,往往经过了事前的风险预测判断,但这里的风险预测并非统计学意义上的风险评估,⑤而是国家站在风险管控的立场

---

① UN General Assembly, The Right to Privacy in the Digital Age, Resolution 68/167. UN Doc A/RES/68/167, 18 December 2013; Report of the Office of the United Nations High Commissioner for Human Rights The right to privacy in the digital age, UN Doc A/HRC/27/37, 30 June 2014.

② [美]布丽奇特·L.娜克丝著,陈庆、郭刚毅译:《反恐原理:恐怖主义、反恐与国家安全战略》,金城出版社、社会科学文献出版社2016年版,第303—304页。

③ Sahar F. Aziz, "Caught in a Preventive Dragnet: Selective Counterterrorism in a Post 9/11 America", 47 Gonzaga Law Review 2 (2011), pp. 431-432.

④ 郭理蓉、陈晋蕾:《纠结的反恐刑事政策——反恐需要与人权保护:艰难的平衡》,《刑法论丛》2018年第3期。

⑤ 追求数值上的精准只会让条文在复杂的社会事实面前丧失适用的灵活性。

确认对于社会中的特殊风险需要相关的限制或惩罚加以应对。预防风险实害化的逻辑正支配着当前恐怖主义犯罪治理的走向，为了实现一般预防的目的，权力主体根据对行为引发实害的事前的、经验性的判断，①将判断行为可罚性的时间点不断前移。然而，这种事前且经验性的判断导致权力主体对反恐所保护的人权的内涵予以重新解读，对人权的理解不再局限于个人权益、自由的展开，而是升格至对于社会群体的生存、运作的保护以及对社会的威胁与损害等层面。

借助个人数据信息驱动的恐怖主义犯罪数据治理的逻辑滥觞于与日俱增的恐怖主义风险所导致的社会安全感的逐渐丧失，在此过程中，基于控制"危险源"的目的，政府需要对社会规范不忠诚并存在制造实害行为风险的行为主体予以充分的关注。数据治理的预先性能够回应犯罪治理的前瞻性与及时性的需求，因此，为了更好地针对在传统社会治理中无法完全预知、面向未来的恐怖主义行为，需要赋予政府更宽泛的权力自由，问题在于，预先性机制在防范自由所遭遇的个别危险的过程中，也在整体上削弱了社会秩序的自由品质，一定程度上侵蚀了民主与法治的保障机制。② 对政府搜集公民数据信息用于反恐的疑虑是，既然数据搜集能够成为预防恐怖主义的常态机制，自然存在将这一手段运用于所有基于防卫社会目的的公权力行为中的可能，③即在预防和惩治恐怖主义的问题上，数据技术的不当使用存在制造人权风险的可能。

三、数据治理与个人信息保护相协调的逻辑

"支撑性的底层结构若不发生改变，预防行为也就不会消失"，④因此，只要

---

① 古承宗：《刑法的象征化与规制理性》，元照出版有限公司 2017 年版，第 36—37 页。
② [德]迪特儿·格林著，刘刚译：《宪法视野下的预防问题》，载刘刚：《风险规制：德国的理论与实践》，法律出版社 2012 年版，第 113—114 页。
③ 在美国，就曾发生这样的案例，有数据库权限的工作人员私自使用数据跟踪异性、威胁他人。美国联邦调查局也曾因为使用窃听装置对公民进行大规模的窥探而遭受社会的抵制。
④ [德]迪特儿·格林著，刘刚译：《宪法视野下的预防问题》，载刘刚：《风险规制：德国的理论与实践》，法律出版社 2012 年版，第 122 页。

恐怖主义的威胁迫使民众对于安全保障的需求不断提升,数据驱动犯罪治理特别是犯罪预防的现实意义就不会消减,因为对权力主体而言,"为了取悦选民就必须满足其对安全保障之期许"。① 然而,恪守谦抑是犯罪治理的前提,纵然面对风险社会的来临,谦抑性的图像正在发生结构性的转向,②但犯罪治理的严厉性要求我们拒绝使用过度干预公民权利自由的方式实现社会安全的保障。

当前,预防恐怖主义仰仗数据治理赋能,公权力乃至刑事法对日常生活的广泛介入被大家期待。同时,程序正义与人权保障要求对个人权利的干涉以高证明标准为基础。在这两种冲突的诉求之间寻求平衡几乎不可能。③ 政府的责任是保卫国家、维系社会秩序以及保障人民的生命、财产安全。权力主体在反恐这一特殊语境下以提供安全保障为由采取特别的措施无可厚非。但灾难之后,政府若沉溺于特别措施的成效,将例外变为常态,就似乎符合了恐怖组织的期待。因为恐怖分子实施犯罪的目的便是希望通过对恐怖氛围的营造而让民主国家削弱甚至放弃对民权和人权的尊重。④ "以暴制暴"所致的"越反越恐"的现实局面表明,片面强调手段的有效性,忽视人权的反恐实践不足为训,但刻意强调人权保护而不顾犯罪治理有效性的逻辑同样不可取。笔者认为,对谦抑理念的坚持与数据治理对预先性的追求并非无法兼容,现实中,借助数据赋能恐怖主义犯罪的预防和惩治在拘束自由的同时,也在创造自由,我们需要反思的是在肯定数据治理必要性的同时如何避免其对人权与自由的干预甚至侵犯,换言之,犯罪的数据治理与个人信息保护不是一个"二选一"的问题,而是将社会安全与公民个人权利自由的协调发展视为目标。人是自由的个人,但人也是社

---

① [德]乌尔里希·齐白著,周遵友等译:《全球风险社会与信息生活社会中的刑法:二十一世纪刑法模式的转换》,中国法制出版社 2012 年版,第 198 页。
② [德]汉斯·约格·阿尔布莱希特著,赵书鸿译:《安全、犯罪预防与刑法》,《人民检察》2014 年第 16 期。
③ 陈泽宪、周维明:《反恐、法治、人权:国际公约视角的考察》,载赵秉志:《中韩恐怖主义犯罪的惩治与防范:"第十三届中韩刑法学术研讨会"学术文集》,法律出版社 2016 年版,第 84 页。
④ [美]布丽奇特·L.娜克丝著,陈庆、郭刚毅译:《反恐原理:恐怖主义、反恐与国家安全战略》,金城出版社、社会科学文献出版社 2016 年版,第 298 页。

会中的个人,①西方诸多经典作家在倡导个人自由观念的同时亦反对没有约束的自然状态,提倡一种建立在公民意志自由基础上的政治制度。而国家诉诸暴力以确保安全与法治的独有权力更是在霍布斯的《利维坦》中得到维护。个体性与社会性的统一,决定了数据治理与个人信息保护相协调的逻辑围绕两个方面展开,即对个人权利自由的约束、克减以实现对国家利益、社会利益的整体性保护,以及对权力的限制以保障公民的基本人权不被干涉。

具体而言,一方面,权利或自由都不是绝对的,基于国际人权法的立场,为了应对特殊风险、保全公共利益,对公民个人权利的限制或克减是被允许的。②无论是依据《公民权利和政治权利国际公约》还是《欧洲人权公约》,为了应对紧迫的危机并恢复正常的社会秩序,公共当局有权干预公民的个人权利,并将包括隐私权在内的个人权利置于公共利益之后。善亦进化,恶亦进化;双方并进,如影之随形,如魍魉之逐影。③ 社会转型与技术的更新迭代使恐怖主义领域滋生了诸多新问题,对此,我们需要思考如何利用新的治理手段应对亟待解决的犯罪新问题。而在此过程中,人权的范畴逐渐从以保障自由权为核心的近代人权转型为自由权与社会权共存的架构。在以自由权为核心的阶段,人民大众往往期待政府较少地干预,追求的是消极的、防御性的自由权,但随着社会风险的不断异化,社会防卫逐渐被侧重,公众也开始接受甚至鼓励国家对受益性的社会权的积极保障。基本权利的实现进路不再是仅仅通过对国家权力的限制,而是在"结构耦合"中实现对国家权力的塑造,从而实现一种双重加强,既强化对个体自由的保护,又扩大了国家在保护个体自由方面的权力,进而实现对个体和国家的双重保护功能。④ 恐怖主义犯罪的蔓延、发展一定程度上改变了国际社会对人权内涵的固有认知。我们不能教条式地诠释人权保护的内涵,而应基

---

① [法]迪尔凯姆著,狄玉明译:《社会学研究方法论》,商务印书馆1995年版,第26页。
② 吴何奇:《医疗大数据的价值、风险与法律规制——基于新型冠状病毒肺炎疫情治理的思考》,《科技导报》2020年第23期。
③ 单世联:《进步论与多元论:章太炎的文化思想》,《上海交通大学学报(哲学社会科学版)》2011年第2期。
④ 刘志强:《论人权的合作权》,《四川大学学报(哲学社会科学版)》2020年第5期。

于特定的场景、特殊的时代背景,通过利益的衡量,动态地去解释人权保护的意蕴所指。人权理应被尊崇,但过度地以人权义务审视甚至苛责恐怖主义犯罪数据治理的"功利性",容易造成对恐怖分子的纵容,进而为其侵害公民的基本权利提供可能。在犯罪的数据治理方面,无论是欧盟的《欧洲数据保护指令》(95/46/EC)和《电子隐私指令》(2002/58/EC)以及《通用数据保护条例》,都涉及将成员国的国家安全行为排除在规范范围之外。例如,欧盟的《电子隐私指令》第1条第3款指明,"本指令不适用于……涉及公共安全、自卫、国家安全和国家刑法领域的行为"。① 当恐怖主义风险复杂且充满不确定性时,将社会防卫的位阶优先于人权往往可以有效应对迫在眉睫的威胁。对此,国外学者认为,自由和人权是公民在和平时期享受的"政治便利",但在国家面临严重风险的紧急状况下,它们不应成为制约政府的尺度。② 在预防和惩治恐怖主义犯罪的场合,为了确保国家的长治久安,与集体利益相对的个人权利可以做出适当的让步,以支持政府对公共安全的捍卫。例如,在相继发生"马德里火车爆炸案"与"伦敦地铁爆炸案"以后,欧盟基于预防恐怖主义的需求通过了《数据储存指令》。作为紧急反恐措施设置的数据保留制度一度引发了公民对其是否符合人权保护的基本要求的质疑,且在2014年的"爱尔兰数字权利公司"案中被欧盟法院以对基本权利的干涉超出了保护国家安全的严格必要范围为由撤销,但在当时的危机中,该指令很快得到各成员国的采纳,并于2006年生效,③以责成电信和互联网服务提供商将固定电话、移动电话、互联网接入和电子邮件通信的流量和位置数据保留至少六个月但不超过两年,并根据要求提供给执法机关,以便调查、监测和起诉恐怖主义犯罪。

以数据赋能为核心的犯罪治理无论是为了实现对恐怖分子的报复,还是为

---

① 廖丽、师亚楠:《欧盟大规模数据监控的赋权、制衡与挑战》,《欧洲研究》2020年第6期。
② Christopher Michaelsen, "Balancing Civil Liberties against National Security? A Critique of Counterterrorism Rhetoric", *University of New South Wales Law Journal*, 2 (2006), p. 2.
③ Niklas Vainio and Samuli Miettinen, "Telecommunications Data Retention after Digital Rights Ireland: Legislative and Judicial Reactions in the Member States", *International Journal of Law and Information Technology*, 2015, pp. 291-292.

了预防犯罪,其本质都是公民不得已的配合。出于公共利益的考量对个人权利的限制与克减,是国际人权法保留的国家相对权利与自由的可操作性,[1]但同时,这意味着为了避免这项权力被滥用,政府需要基于对个人基本权利的保护划定预防行为的边界。恐怖主义犯罪的数据治理是对包括国家利益、社会利益、个人利益在内的诸多法益的保护,它既为了使行为人能重新融入法制共同体,更是通过对行为人的惩罚与威慑,将共同体的尺度告知全体公众,让所有人产生对社会负责的意识,从而稳定国家、社会的秩序。鉴于恐怖主义犯罪的威胁,政府更倾向于强调国家、社会以及个人法益的安全状态是实现公民自由的前提,而忽视个人自由是证明国家行为合法化的核心基础。据此,数据治理的底层逻辑便是公民充分享受权利与自由的前提是一个能实现人权和基本自由的"安全环境",而对"安全环境"的诉求将通过扩大政府的权力范围和不断前置的风险预警机制来实现。但公权力的使用绝不能超出公民的可控范围,毫无疑问,在紧急状态下保护公民不受人身伤害及其威胁是民主政府的责任之一,但保护义务只是政府的若干义务之一,其落脚点仍不能偏离对人权与自由的尊重。若要协调安全与人权及公民自由之间的冲突以追求两者间的平衡,就需要将安全理解为一种个人权利,否则就会陷入个人权利能够且必须与整体利益相平衡的功利主义逻辑。[2]对克减公民权利自由的限制在 1984 年锡拉库扎举行的专家大会上得到了解释,当公民个人权利受到限制或克减时,判断其合法性的标准便是"锡拉库扎原则"所要求的对法定程序的符合、目的的合法性、手段的必要性以及与试图保护的公共利益相称。在个案的裁判中,欧洲人权法院与欧盟法院在个人信息保护和国家安全之间寻求平衡的裁判依据通常是《欧洲人权公约》第 8 条第 2 款与《欧洲基本权利宪章》第 52 条第 1 款,对国家数据监控干涉公民权利自由合法性的判断围绕"依法"与"必要且相称"两个部分展开。其中,"依法"不仅要求有法可依,还要求可依据的法具有明确性。为了防止

---

[1] Alex Conte, *Human Rights in the Prevention and Punishment of Terrorism* (Springer), 2010, p. 283.

[2] Ronald Dworkin, *A Matter of Principle* (Harvard University Press), 1985, p. 73.

权力被滥用,后者要求相关的国内法具备足够的透明度,能够让公民知道在何种情形或条件下将会被监控。《欧洲基本权利宪章》第 52 条第 1 款要求对公民权利自由的干涉应接受严格必要性和相称性检验,即在数据治理中,对公民的监视应真正符合欧盟承认的普遍利益目标或保护他人权利和自由的需要。

数据技术的革新改变了社会生活的既有范式,人们的社会行为和日常交往都在不断地数字化,人们每时每刻留下的一串串数据信息精确地反映着每个人的一举一动,这使得包括数据监控在内的数据治理已成为执法领域独特而有价值的工具,"大数据"的出现和日益增长的安全需求需要新的解决方案,而制定关于数据治理的新规范有助于在国家安全和个人信息保护之间建立起不同诉求共同认可的平衡。

四、价值平衡的现实路径:对数据治理的治理

近年来,我国不断强化对个人数据信息保护的法律制度建设,刑法中,经过《刑法修正案(九)》对侵犯公民个人信息罪的修改以及最高人民法院、最高人民检察院出台的司法解释,该罪行几乎成为当前刑法保护个人隐私的金科玉律。[①]《中华人民共和国网络安全法》(以下简称《网络安全法》)《中华人民共和国民法典》(以下简称《民法典》)的相继出台,对个人信息的权益保障进行了细化规定,《中华人民共和国数据安全法》(以下简称《数据安全法》)的施行,旨在规范数据使用与数据保护,既面向个人合法权益的保护,也侧重国家主权、安全利益的维护。恐怖主义犯罪往往涉及危害国家安全,反恐视角下的数据治理也因此成为社会治理中的特殊领域而构成个人信息保护的例外,参考国外刑事司法实践,恐怖主义犯罪的数据治理更可能与个人信息的相关权利产生冲突。然而,围绕个人数据信息保护的立法并未给予犯罪治理中的数据信息制度足够的关注,特

---

① 吴何奇:《大数据时代个人隐私保护的刑法路径——从医疗人工智能的隐私风险谈起》,《科学与社会》2020 年第 2 期。

别是对其中可能与公民个人信息保护存在冲突的问题。例如,虽然《数据安全法》的第 35 条要求,公安机关、国家安全机关因依法维护国家安全或者侦查犯罪的需要调取数据,应当按照国家有关规定,经过严格的批准手续,依法进行。但此类概括性的规定难以细化数据信息收集过程中所应遵循的程序、适用对象及范围等,具体"何种程序"属于"严格的批准手续",尚无法从其他立法以及司法解释中得到明确的规定。① 技术的发展让数据信息成为包括犯罪治理在内的政府管理中的重要资源,协调犯罪的数据治理与个人信息保护既需要制度构建来赋权数据治理,也要维护公民的权利自由,对政府机关的权力行使有所约束。

(一) 对数据治理的赋权

知情同意是个人信息保护的基本原则,据此,信息主体的同意可以阻却对个人信息收集、利用、提供甚至出售的违法性。但个人信息保护的知情同意原则因犯罪治理的特殊性而难以直接套用,出于预防和惩治犯罪的需要,告知信息主体存在妨碍犯罪治理的风险。正因此,在国外的立法与司法实践中,知情同意的要求通常不适用于刑事司法等犯罪治理活动中。例如,为了识别和避免针对德国的严重威胁,德国联邦政府通过《德国监控法案》赋权政府对数据信息采取批量的收集与存储。② 进入大数据时代,数据权利并不只有私权的内涵,数据所具有的共享性以及数据在大数据时代所具有的战略性地位意味着数据保护并不必然产生私权和公共利益、私权与公权的冲突。数据技术、智能设备在给民众带来福祉的同时,也为侦查机关办案提供了便利。犯罪嫌疑人的数据信息赋能侦查机关找到侦破案件的有效线索。例如,侦查机关借助移动通信运营商的支持,通过云计算等方式获取犯罪嫌疑人通信记录、聊天信息、资金流转情

---

① 裴炜:《个人信息保护法与刑事司法的分离与融合》,《中国政法大学学报》2020 年第 5 期。
② 廖丽、师亚楠:《欧盟大规模数据监控的赋权、制衡与挑战》,《欧洲研究》2020 年第 6 期。

况,等等,进而从中获取有利于案件侦破的线索与证据。① 我国 2016 年颁布的《关于办理刑事案件收集提取和审查判断电子数据若干问题的规定》指出:"侦查机关应当遵守法定程序,遵循有关技术标准,全面、客观、及时地收集、提取电子数据。……电子数据涉及国家秘密、商业秘密、个人隐私的,应当保密。"但保密与收集、提取以用于犯罪治理之间并不矛盾。将其作为知情同意的例外情形并不意味着犯罪治理中的数据收集、使用和处理更加随意,打击恐怖主义进行数据治理的行为能够提升政府在未经信息主体知情同意的前提下收集和处理个人信息的正当性,但符合实现公共利益目标的干预行为应建立在政府提供的充分必要的保障之上,数据风险源于在具体场景中数据被如何使用以及是否符合数据主体的合理期待,只有做到对个人数据的有效保护以免遭滥用和非法获取及使用,才有理由不经个人同意采取相应处理,弱化数据使用合法性对知情同意的依赖。实践中,相关政府机关的工作人员会在履行职务的过程中广泛接触公民的个人信息,传统刑事司法领域的"人类识别"所储存、使用的数据信息仅源于违法者或嫌疑人,公权力机关通过讯问、询问、搜查、扣押等侦查手段获取特定个人的案件信息。② 但数据驱动的犯罪治理与传统犯罪治理最大的不同之处在于权力主体处理的数据信息既包括违法的人,也包括守法的人。对于守法的公民而言,他们可能既不知道自己的数据被存入数据库,也没有任何选择让个人数据退出数据库的能力。于公民个人而言,让渡数据信息固有的私权,并将之交由政府为的是赋能犯罪治理,进而获得更为安全、稳定的社会秩序。但权利让渡的前提是推定政府能够合理、正当且必要地处理数据信息。因此,对于国家机关及其工作人员,以及承担行政职能的法定机构及其工作人员在履行职务过程中接触的个人信息,特别是个人隐私信息,必须予以严格地保密,严禁泄露或者向他人非法提供相关信息。此外,数据存储以及数据安全的技术的保障不可或缺,例如,借助基于区块链技术的星际文件系统(IPFS)与巨链数据

---

① 曹奕阳:《手机取证与隐私权保护的平衡——以现代公法比例原则为视点》,《科技与法律》2019 年第 6 期。
② 程雷:《刑事司法中的公民个人信息保护》,《中国人民大学学报》2019 年第 1 期。

库(Bigchain DB),实现对反恐情报信息安全高效的共享、发布、验证、存储与恢复,并通过 PoS 共识机制记录反恐情报上传、共享、修改、检索的全过程,实现对情报工作中失职渎职、滥用职权行为的监督。[1]

现阶段,我国围绕个人信息保护的立法尚未在个人信息保护的知情同意原则中为犯罪治理设置豁免条款,这一立法惯性在《民法典》第 1035 条第 1 款有所松动,虽然该款要求对个人信息的处理应"征得该自然人或者其监护人同意",但立法者对同意原则设置了"法律、行政法规另有规定"的但书。由于现有的刑事立法对此尚未明确规定,接下来的立法活动有必要将刑事司法设置为例外情形,从而避免犯罪的数据治理与个人信息保护的冲突。

(二) 对数据治理的限权

为了避免数据赋权在犯罪治理中被滥用,应对权力机关的数据处理行为提出更高的要求。在欧盟的司法实践中,欧洲法院要求所针对的犯罪必须是严重犯罪,虽然国家能够基于平衡国家安全与个人权利自由而拥有对严重犯罪的裁量权,但欧洲人权法院指出,允许自由裁量的前提是不以社会防卫为名损害民主自由的品质。对此,根据《通用数据保护条例》第 6 条第 4 款的内容,在不需要数据主体同意的数据处理中,数据处理应当是基于第 23 条第 1 款的目的而采取的必要且相称的措施。其中,该条例第 23 条第 1 款要求该"必要且相称的措施"在于保障"国家安全""防御""公安""预防、调查、侦查或起诉刑事犯罪或执行刑事处罚,包括防范和预防对公共安全的威胁"等。[2]

欧洲数据保护委员会(EDPB)的前身第 29 条工作组(WP29)分析了欧盟法院与欧洲人权法院在相关判例中围绕数据处理对基本权利的干涉是否合理作出的裁判,认为包括大规模监控在内的数据处理除了应当基于清晰、明确和可

---

[1] 张冬冬:《区块链技术在反恐情报协同共享中的应用研究》,《情报杂志》2020 年第 9 期。
[2] General Data Protection Regulation, https://gdpr-info.eu/.

获得性的规则,还需证明追求合法目标手段的必要性和相称性。① 而对于"必要且相称"的解释,欧盟法院与欧洲人权法院在其司法实践中确立了四项基本标准,即对监控时长的限制;对监控数据的审查、使用和保留;与第三方分享数据时应采取的预防措施,以及对数据的删除。② 参考国外的司法实践,结合我国围绕个人信息的立法,基于个人信息保护而对数据治理的限制至少应涵盖以下几点内容:

第一,个人数据信息的分级处理。欧洲人权法院通过关键词筛选关联性强的数据信息从而避免对个人权利自由的过度干涉,但词汇类别在实践中难以精确使得这样的筛选机制存在滥用风险。③ 更广泛的做法是通过对信息进行去识别化来实现数据治理中公共利益和私人利益的平衡,但已有的研究证明通过遗传数据和一些公共记录能够重新识别参与者。④ 其他的隐私保护方式,诸如"全动态加密"与"姚氏乱码电路",对于海量规模的基因数据集,上述方式始终存在效率难以提升的瓶颈,⑤因而不具有推广适用的可行性,伴随数据信息技术而来的社会秩序、科学伦理问题既需要数据安全算法的提升予以攻克,还需要相关立法的完善保证制度的供给,规避监管的疏漏,特别在当前的技术水平尚不足以应对时下的问题时,对性取向、基因数据等个人敏感数据信息进行分级处理是社会秩序管理的需要,亦是保护公民基本权利不可回避的问题。个人数据信息的分级处理有助于实现个人、信息业者和国家三方利益主体在使用个人数据信息上的"三方平衡"。⑥ 个人信息不仅包含个人隐私信息,还可能存在不涉及

---

① George Ulrich and Ineta Ziemele, *How International Law Works in Times of Crisis* (Oxford University Press), 2019, pp. 109 - 125.
② Roman Zakharov v. Russia, paras. 227 - 238; Joined Cases C—293/12 and C—594/12 Digital Rights Ireland Ltd, paras. 46 - 55.
③ Big Brother Watch and Others v. the United Kingdom, paras. 328 - 347.
④ Melissa Gymrek, Amy L. McGuire, David Golan, et al. "Identifying Personal Genomes by Surname Inference", *Science*, 2013, pp. 321 - 324.
⑤ 田美金等:《一种改进 PSI 协议的基因数据隐私保护方案》,《西安电子科技大学学报》2020 年第 4 期。
⑥ 张新宝:《从隐私到个人信息:利益再衡量的理论与制度安排》,《中国法学》2015 年第 3 期。

个人隐私的信息,隐私信息与非隐私的个人信息都需要法律保护,但保护的程度应有所不同。公民个人敏感信息的常态化收集,并不符合社会治理目标下数据收集的必要性原则。根据德国联邦宪法法院对《德国基本法》第 13 条的解释,收集私人信息和公共场所的大规模监控必须基于"已然犯罪"才可进行。①区分个人数据信息与个人隐私的敏感层级,侧重个人隐私的保护和非隐私个人信息的利用,更能确保犯罪治理的谦抑性和层次性。在数据保护颇有建树的欧盟,20 世纪 80 年代便确立了特殊类型的数据保护制度,此外,我国澳门、台湾地区的相关规定中也存在禁止或限制处理特定类型信息的规定。信息敏感层级的不同,信息使用对个人隐私的风险也各异。层级的划分能够在突出法律对特殊类型的个人信息保护的同时,不妨碍对非隐私类个人信息的合理使用。②

第二,限制第三方数据的共享。尽管在"爱尔兰数字权利有限公司"案中,欧盟法院认为对大规模元数据(Metadata)的监控不同于对传统通信内容的监控,不违反《欧盟基本权利宪章》第 7 条和第 8 条所要求的对隐私权和资料的保护。但考虑到信息技术的迅猛发展,元数据监控在犯罪治理中的价值显著提升,通过对元数据提供的个人通信和移动的精确信息的深度挖掘,能够还原出更为全面的数字画像。因此,在随后的"施雷姆斯"案中,欧盟法院推翻了传统的区分,指出普遍地和不加区分地保留交通和位置数据的非法性。对元数据的保护延伸出的是关于是否需要在刑事司法中限制第三方数据共享的问题。这里挑战的是在美国早期司法实践中形成的"第三方原则",即个人对自愿与第三方分享的信息无法主张隐私权。③ 根据该原则,政府在后续利用公民向第三方交付的数据信息的行为则不被评价为对公民隐私权的干涉。显然,基于原有的物理时空形成的法律制度规范必将面临数字时代发展逻辑带来的挑战和重塑,在大数据时代恪守"第三方原则"将难以保障公民的权利自由。我国的《反恐怖

---

① 赵宏:《实质理性下的形式理性:〈德国基本法〉中基本权的规范模式》,《比较法研究》2007年第 2 期。
② 吴何奇:《大数据时代个人隐私保护的刑法路径:从医疗人工智能的隐私风险谈起》,《科学与社会》2020 年第 2 期。
③ Carpenter v. United States, 138 S. Ct. 2206, 2216 (2018).

主义法》与《网络安全法》要求电信业务经营者、互联网服务提供商为权力机关的技术侦查等其他信息监控工作提供支持与协助,但对权力机关如何使用、以何种程度使用公民交付第三方的数据信息缺乏明确的规定。基于犯罪治理的需要,政府对数据信息的访问已然超过了公民授权第三方持有数据信息的最初目的,但由于对恐怖主义犯罪等重大社会风险的预防和惩治亟待政府最大化地收集和使用个人数据信息,将第三方持有的数据信息仅限于授权用途无疑是暴殄天物,但犯罪的数据治理面向的是一切自然人,为了保障公民的权利自由,政府对第三方数据的访问与处理应在超出授权目的的同时遵循比例原则的限度。权力主体对第三方数据的处理应基于合理的怀疑作为干涉的前提,只能基于个案侦查的需要,要求第三方提供特定范围内的数据信息,即政府机关应在特定目的范围内收集为实现该目的所需的必要信息,杜绝漫无目的的大规模数据监控。例如,德国联邦法院强调,只有出于客观确定和有效的理由,在应对危险行为时,类似"预测警务"系统的使用才存在被允许的可能。[1] 我国的《数据安全法》赋权公安机关因侦查犯罪需要调取数据,但也要求数据的调取应经过严格的批准手续。相应的批准手续为何?现行的《电子数据证据规定》和《市场监督管理行政执法电子数据取证暂行规定》并未予以明确,但在数据时代的特殊背景下,数据的调取与在特定物理空间内采取搜查措施相比,对权利的干涉几乎没有本质区别。因此,与搜查、扣押等强制侦查措施相同的审批标准不可缺位。[2]

第三,被遗忘权在犯罪领域数据治理中的适用。欧盟法院在"爱尔兰数字权利有限公司"案中对《数据储存指令》是否符合《欧盟基本权利宪章》第52条第1款所要求的相称性提出疑问,为了证明法院作出的《数据储存指令》对基本权利的干涉超出了严格必要范围的判断,欧盟法院指出《数据储存指令》没有为数据保留设定足够严格的时限,没有根据数据的用途而仅以笼统的方式规定了

---

[1] 胡铭、严敏姬:《大数据视野下犯罪预测的机遇、风险与规制——以英美德"预测警务"为例》,《西南民族大学学报(人文社会科学版)》2021年第12期。
[2] 赵航:《电子数据合法性审查规则的反思与完善》,《大连理工大学学报(社会科学版)》2022年第1期。

至少6个月的保留期限。① 我国的《反恐怖主义》第18条要求"电信业务经营者、互联网服务提供者应当为公安机关、国家安全机关依法进行防范、调查恐怖活动提供技术接口和解密等技术支持和协助。"结合《网络安全法》第21条与第28条的规定,对于采取监测、记录网络运行状态、网络安全事件的技术措施,需留存相关的网络日志不少于六个月。然而,对公民个人数据信息过长时间的保留体现了公共利益与集体利益的不平衡,对无关数据的删除可以最大限度地降低未经授权访问或披露的风险。② 信息失控的风险催生了民事领域的被遗忘权,例如,我国《民法典》第1037条第2款便规定了与被遗忘权功能相近的删除权。③ 同样,大数据为犯罪治理中的人权保护带来了挑战,为了赋予信息主体应对个人信息失控的纠察能力,避免公民的权利自由在犯罪的数据治理中受到侵犯,在刑事司法领域适用被遗忘权存在可能。有学者指出,刑事司法领域既有的犯罪记录封存制度为被遗忘权在刑事司法领域的适用奠定了基石。④ 但被遗忘权作为应对数据风险的调适器,过度的适用也会阻碍数据在犯罪治理领域的运用。因此,可以参照欧盟有关行使被遗忘权的规定,以"申请+审查"的模式平衡被遗忘权与犯罪治理的冲突。一方面,由于恐怖主义犯罪的数据治理以面向所有公民为前提,其中很大一部分群体属于与犯罪毫无瓜葛的平民百姓,为了避免类似大规模监控的数据治理约束公民的权利自由,应当赋予信息主体申请删除相关个人数据信息,特别是涉及个人隐私的敏感信息的权利;但另一方面,对于恐怖主义犯罪等危害国家安全的严重犯罪,国家安全和公共安全的法益优越于个人的数据权益与人格权利,因此,权力主体有权决定与此类犯罪相关的数据信息的处理。有鉴于此,"申请+审查"的模式有利于在限权数据治理的同时,也防止被遗忘权在刑事司法中的滥用,使数据在犯罪治理中发挥良好效能。

---

① Joined Cases C—293/12 and C—594/12 Digital Rights Ireland Ltd, para. 63.
② Roman Zakharov v. Russia, paras. 254-256.
③ 自然人发现信息处理者违反法律、行政法规的规定或者双方的约定处理其个人信息的,有权请求信息处理者及时删除。
④ 郑曦:《大数据时代的刑事领域被遗忘权》,《求是学刊》2017年第6期。

建构篇

反恐国际合作法律机制的建构逻辑

一、问题的提出：建构反恐国际合作法律机制的现实需求

  国际社会安全局势的实然面貌昭示着在后"9·11"时代,任何国家都无法在国际恐怖主义的威胁下独善其身,"9·11"事件让国际社会意识到,恐怖主义不只是局限于地域纷争和民族纷争的层面,而是对人类社会的重大威胁。后"9·11"时代,恐怖主义全球网络的形成所带来的威胁日益增长,恐怖组织对全球各地展开思想宣传、人员招募以及渗透,[①]使得全球恐怖主义的地理图景不断嬗变。诸如东南亚等过往恐怖主义犯罪活跃程度相对较低的地区,逐渐成为全球恐怖分子扩散的目的地之一,东南亚的恐怖组织甚至沦为"基地"组织、"伊斯兰国"等恐怖组织的支持者。上述现象伴随着地区问题的交织与恶化,让国际恐怖主义犯罪的复杂性不断加深,导致每当恐怖主义在一个国家或区域掀起一波新的高潮,其他地区都会出现"次高潮"的现象。[②] 例如,当"伊斯兰国"在国际社会的联合打击下"节节败退"之后,[③]其残余势力又于2019年在斯里兰卡制造

---

  ① 卢光盛、周洪旭:《东南亚恐怖主义新态势及其影响与中国的应对》,《国际安全研究》2018年第5期。

  ② 靳晓哲:《"后伊斯兰国"时代东南亚的恐怖主义与反恐合作》,《东南亚研究》2020年第2期。

  ③ Rohan Gunaratna, "Global Threat Forecast", *A Journal of the International Centre for Polical Violence and Terrorism Research*, Vol.10, Iss.1, 2018, p.1.

了自"9·11"以来最震撼和血腥的国际恐怖主义事件。这不仅体现了当前恐怖主义全球蔓延的趋势,更揭示了当前国际恐怖主义组织样态与犯罪行为模式的转型,即由过往的对等级制或系统化领导的强调切换为当前的对组织结构的扁平化,从而将犯罪行为的实施交予散布于世界各地的分支并以此保持发展的动力的强调。恐怖主义犯罪不再是一个或几个策源地的社会问题,而已逐渐成为扰乱整个国际社会安全秩序的不稳定因素,继续奉行单边主义的反恐路径只会为恐怖主义的发展与扩散提供土壤和空间,主权国家仅凭一己之力难以应对此类非传统安全领域的威胁,唯有各国全面加强紧密合作,才能有效打击恐怖主义犯罪。

"合作需要法律,国际法与国际合作有着天然的联系,法治是合作的本质属性"。① 把人类价值法律化,并以此为准绳对恐怖主义犯罪进行法律上的鉴别与制裁,旨在向民众表明,任何行为都不能因其信仰而合法化。国际法律机制追求的是平等原则,在一个日益相互依赖的世界政治经济中,国际合作机制对那些希望解决共同问题和追求互补的目标,而又不愿使自己从属于一个等级控制体系的各国政府来说,变得越来越有用。② 据此,反恐领域的国际合作法律机制不仅可以使反恐合作制度化与规范化,更能吸引更多的国家特别是在国际关系中身处弱势的小国参与国际合作。"9·11"事件后,反恐合作法律机制取得了很大的进展,在国际社会的推动下,逐渐形成了较为成熟的、以联合国、区域性国际组织以及双边反恐合作并存的法律机制架构,为各国开展反恐合作以预防、惩治国际恐怖主义犯罪提供了可供援引的制度供给。但在国际法领域,全球层面的共识仍未形成,不同体系的法律机制都存在不同程度的缺陷。由于综合机制的长期缺位,国际社会对待反恐合作的态度更倾向于对特定事件的镇压,"最终导致选择性和随机干预的结果",因此,应对国际恐怖主义犯罪,更需

---

① 刘志伟等:《反恐怖主义的中国视角和域外借鉴》,中国人民公安大学出版社、群众出版社2019年版,第300页。
② [美]罗伯特·基欧汉:《霸权之后:世界政治经济中的合作与纷争》,上海人民出版社2006年版,第63页。

要一个全面性、全方位的策略。① 鉴于这一需求的现实性与紧迫性,在反恐国际合作法律机制建构逻辑中,更应关注后"9·11"时代反恐国际合作法律机制发展进路的设计。笔者认为,为了进一步建构反恐国际合作法律机制以期有效实现对恐怖主义犯罪的预防和惩治,在建构逻辑方面,须厘清以下三个方面的问题:第一个问题是面对后"9·11"时代反恐怖主义合作的复杂性,如何实现对国际社会的分歧的协调从而保证法律机制的统一性;第二个问题是为了扭转过往反恐法律机制的滞后性,在强调反恐的重点由事后惩罚向事前预防的转型过程中,如何坚持反恐法律机制的谦抑性;第三个问题是基于提升法律机制效力的需求,如何依托反恐国际合作法律机制实现对恐怖主义犯罪的标本兼治。

二、反恐合作的复杂性与国际合作法律机制的统一性

(一) 反恐合作复杂性症结之体现

第一,观念分歧的挑战。善亦进化,恶亦进化;双方并进,如影之随形,如魍魉之逐影。② 这本是全球化进程中制度转型的正常样态。但反恐领域的安全观长期滞后于安全形势的变化,国际社会始终缺乏良策以遏制恐怖主义导致的安全困境。③ 出现这一症结的原因在于各国反恐理念的分歧和冲突。法律机制的不同进路取决于各国在安全问题上对成本与收益的权衡,权衡利弊无可厚非,但在机制建构中嵌入功利主义的色彩不等于鼓励各国在反恐中奉行零和思维与单边主义。对零和思维模式的贯彻与单边主义的奉行让一些国家在安全问题中以本国的绝对安全为优先选项,不愿承担全球公共产品的供给义务。但现

---

① 张晏瑲:《恐怖主义犯罪与国际协作机制之建立》,《法学杂志》2016 年第 9 期。
② 单世联:《进步论与多元论:章太炎的文化思想》,《上海交通大学学报(哲学社会科学版)》2011 年第 2 期。
③ 黄昭宇、王卓宇:《新安全观的建构及其要义》,《和平与发展》2015 年第 6 期。

实表明,任何国家都无法独立应对当前国际恐怖主义犯罪带来的"泛安全化"问题。"富裕国家更早地通过设立有效屏障把自己隔离起来,然而不能仅仅依靠竖立围栏隔绝当前对世界秩序越来越多的挑战"。① 固态的、防范式的、封闭化的安全观与当下开放化、联动化、复杂化的安全环境不相适应,虽然国际法律机制是表达国际社会的建构性规则,是规范性地反思政治实践的语言,但如果无法调和法律机制及权力政治秩序的关系,对权力中心地位的强调将导致法律在维持国际秩序方面仅能发挥有限的作用。②

第二,威斯特伐利亚体系与国际犯罪治理的复杂关系。威斯特伐利亚体系使犯罪控制和治理的边界被国家主权牢牢构筑,③国家必须对一些本身具有违法性和应受惩罚性的事物抱以宽容的态度,以免本国的干涉限制,甚至侵犯了他国的主权。然而,以国际合作的方式治理恐怖主义犯罪强调的是治理主体的多层次性和治理方法的多样性,这对建立在主权国家的国内法基础上的法治理论提出了挑战。④ 反恐国际合作法律机制的统一性取决于国家、国际组织为最大限度地增加共同利益而进行的协商与合作,但恐怖主义犯罪对边界的超越,特别是全球化的纵深演进与信息化的迅速发展在客观上对恐怖主义犯罪的滋生与助力,⑤对恐怖主义犯罪的治理也不得不突破传统刑事司法的主权架构,迫使全球犯罪治理冲击着由威斯特伐利亚体系确定的主权基础以及以此为架构所形成的国内-国际二元刑事司法秩序,现有的刑事司法秩序需要从以国家为中心的结构转向广泛的非国家行为体及其建构的法律机制。

第三,反恐合作法律机制的设计存在缺陷。针对跨国性与综合性日益明显的恐怖主义犯罪问题。国际社会需依托"共商共建"原则,凝聚各国意志并致力

---

① [美]托马斯·G.韦斯、[英]罗登·威尔金森著,贺羡译:《全球治理再思考:复杂性、权威、权力与变迁》,载陈家刚:《全球治理:概念与理论》,中央编译出版社2017年版,第159页。
② [英]安德鲁·赫里尔著,林曦译:《全球秩序与全球治理》,中国人民大学出版社2018年版,第56—57页。
③ 张文龙:《挑战与应对:全球化背景下的犯罪治理》,《学术交流》2016年第9期。
④ 朱景文:《全球化是去国家化吗?——兼论全球治理中的国际组织、非政府组织和国家》,《法制与社会发展》2010年第6期。
⑤ 赵瑞琦:《建构网络恐怖主义治理的国际规范——一种新自由制度主义的分析框架》,《吉首大学学报(社会科学版)》2020年第4期。

于全球发展和治理改革,共同应对当下的及潜在的安全威胁与挑战,①概言之,国际社会对恐怖主义犯罪的全球治理存在刚性需求。因此,如何激发国家参与全球治理恐怖主义的积极性是将反恐国际合作法律机制推向更高水平的必然要求。反恐国际合作法律机制是联合国、区域组织向国际社会提供的一项针对恐怖主义犯罪治理的全球公共产品,而保证这一公共产品有效运行的动力源自两个方面。一方面,是强制性的干预力量,即对成员的反恐合作实践加以规范和约束;另一方面,还要不断对法律机制进行创新,特别是选择性激励的设计,进而鼓励成员采取维护或者至少不损害公共利益的行动。在全球治理的语境下,国际机制的选择性激励措施是克服集体行动困境的一个重要方面。② 在当前的反恐国际合作法律机制中,激励措施限于单一的负向激励机制,即当某一成员国违约时,其他履行公约的国家可以通过利益制裁的方式约束这一违约成员国履行公约义务。虽然对于成员没有遵约或者消极遵约的情形,已有的法律机制存在相应的负激励措施敦促其履行相应的约定,但在成员积极遵约时,机制中却并未设置任何的利益嘉奖提升其积极性。在反恐国际合作事务中,中国充分展现了大国担当,通过上海合作组织反恐法律机制的建构,为地区稳定做出了巨大贡献。

(二) 反恐合作的复杂性对机制建构统一性的要求

第一,国际恐怖主义犯罪的治理依赖于国际组织的"制度性反恐合作",③反恐合作法律机制建构统一性首先对国际组织提出要求。国际组织的权力来源是主权国家权力的授予或转移,但在治理恐怖主义犯罪的过程中,国际组织的建设与发展在全球治理的转型中面临诸多问题的掣肘。社会系统正逐渐迈向全球化,"全包围的社会系统实际上已经发展成为一个统一性的全球社会",但

---

① 郭锐、廖仁郎:《国家安全观的时代嬗变与可持续安全》,《湖南师范大学社会科学学报》2019年第6期。
② [美]曼瑟尔·奥尔森著,陈郁等译:《集体行动的逻辑》,上海人民出版社1995年版,第41—42页。
③ 蔡拓、杨雪冬、吴志成:《全球治理概论》,北京大学出版社2016年版,第272页。

同时,法律机制的有效性依然主要发挥于领土性的裁判权范围中。世界性的政治联合体尚未能与这一发展相适应,①法律机制的生成仍由地区性的政治系统来主导与实现。在此过程中,国际组织为了实现信息流动的改善、合作风险的分担,往往试图在国际事务治理中发挥自主性的建构作用,即运用某种决断力为国际社会制定规则,但行政权威的来源是各国对国际组织在相关领域地位的尊崇。面对反恐合作这一复杂性问题,法律机制的建构基础是国际组织对全球利益与国家利益的调适。

第二,国际恐怖主义犯罪的治理需要全球秩序的先行在场。为了避免规范相互冲突,法律机制至少应满足"集合论意义上的一致性"。② 法律机制的一致性可分为内部的一致性与外部的一致性,前者即某一法律机制内部规则的统一,后者则是不同层级的法律机制间的一致性。通常而言,内部的不一致性一般属于立法者的失误,同一法律机制中存在逻辑不一的情形并不多见。当前,制约反恐国际合作法律机制有效性的症结在于反恐法律机制的外部一致性存在欠缺,由于国际社会对恐怖主义犯罪的内涵存在不小的分歧,恐怖主义犯罪普适性定义的缺位不仅扩张了主权国家在认定标准上的裁量空间,为一些国家惯用双重标准界定恐怖主义犯罪埋下隐患,还造成了反恐公约适用范围的模糊,打压了民族国家、宗教国家参与合作的热情。羸弱的共识基础难以维系有效的全球治理,为了促进国际社会的反恐合作,反恐合作法律机制的设计又必须尽可能地保证其中的规范趋向于一致和完备。

第三,国际社会是由主权国家在法权状态下基于共同利益而联合起来的共同体,如同卢曼将全球化视为"功能关联作用的结果",功能的关联突破了主权国家划定的空间界线。③ 总体而言,全球治理仍须在以民族国家为核心的世界秩序中进行。④ 但鉴于全球化进程中的治理议题所呈现出的整体性特点,为了

---

① [德]尼克拉斯·卢曼著,宾凯、赵春燕译:《法社会学》,上海人民出版社2013年版,第390页。
② 熊明辉、杜文静:《科学立法的逻辑》,《法学论坛》2017年第1期。
③ 秦明瑞:《系统的逻辑——卢曼思想研究》,商务印书馆2019年版,第315页。
④ 赵骏:《全球治理视野下的国际法治与国内法治》,《中国社会科学》2014年第10期。

实现全体人类的永久和平,无论是国家层面的法权,还是国际层面的法权都是不可或缺的组成部分,全球治理秩序依赖于两者的同时在场。反恐合作的制度供给既包括国内法治也涵盖国际法治,全球治理的旨趣应是两者的相互贯通与相互影响。据此,反恐国际合作法律机制的统一性离不开主权国家在公共法权领域的相互配合。面对反恐合作这一全球性公共议题,若要避免国家权力的相互倾轧,最有效的出路仍是通过国际法律机制建立可预期的国际合作制度,进而塑造公正且具有可行性的治理秩序,保证国内、国际两个层级反恐法律机制的有序互动与交流,而实现有序互动与交流的前提则是法律机制内容本身应符合国际社会与主权国家利益诉求,且两者的衔接带来的是各方既有或预期利益的增加而非减损。

(三) 反恐国际合作法律机制统一性的实现路径

第一,维护联合国在反恐合作法律机制中的权威性。联合国是最具普遍性、代表性和权威性的政府间国际组织,也是多边主义和全球治理的核心机制。其中,国际法委员会及相关机构在反恐立法方面的工作体现了联合国在反恐国际合作机制中的主导作用。[1] 联合国在建构反恐合作法律机制中发挥重要作用的前提是其所具有的权威性。它在全球性事务中权威性的来源首先滥觞于其所追求的使命通常是国际社会的共同旨趣所在,同时,联合国追求使命的方式因受国家权力的约束而更倾向于选择理性、技术、公正和非暴力的实践进路。[2] 由于联合国的本质仍是主权国家通过特定的章程组建而成的联合体,按照国家中心主义的解释,联合国在国际事务中的权威性来源还包括主权国家所授予的权力。[3] 换言之,联合国在反恐法律机制的建构中所能发挥的作用有赖于主权国家的合力推动。若要博得主权国家在反恐领域对其决定的尊重和服从,一方

---

[1] 李淑华、侯凯中:《反恐国际合作立法研究》,《和平与发展》2009 年第 2 期。
[2] Michael Barnett and Martha Finnemore, *Rules for the World: International Organizations in Global Politics* (Ithaca: Cornell University Press), 2004, p. 7.
[3] 薄燕:《环境治理中的国际组织:权威性及其来源——以联合国环境规划署为例》,《欧洲研究》2007 年第 1 期。

面,联合国所建构的反恐法律机制必须被国际社会视为服务于某种有价值的和合法的目的,即构建并维护"广泛而永久的普遍安全"。① 恐怖主义犯罪是国家、非国家行为体在国际关系中以武力相威胁或使用武力的非法形态,因此,打击一切形式的恐怖主义以维持国际和平与安全的主要责任,以及促请成员国接受并履行反恐决议的义务是联合国反恐法律机制的基础。另一方面,主权国家对联合国反恐实践的配合是保证反恐国际合作法律机制统一性的前提。值得注意的是,承认联合国在全球反恐事务中的主导与核心地位不等于轻视区域组织以及相关国家在反恐合作中的推动和协调作用。有鉴于恐怖主义犯罪所具有的地缘特殊性,基于地缘政治合作而建构的区域反恐合作法律机制与双边反恐合作法律机制对于局部区域安全的维护正发挥着日益重要的作用。② 维护联合国在建构反恐国际合作法律机制中的权威性进而建构具有统一性的反恐国际合作法律机制的内在逻辑,是反对一些国家对以暴制暴的片面强调、通过单边主义的推行以权力治理恐怖主义的重要举措,现实证明,对逆全球化权威的妥协只会导致反恐国际合作的涣散,并使多边主义全球治理模式下的反恐合作法律机制边缘化。

第二,提升法律机制的一致性与完备性。任何法律机制若要成为天下之公器,很大程度取决于它的普遍适用性,一个能够普遍适用于国际反恐实践的定义,并不是鼓励将各种应受惩罚与谴责的对象都归于同一概念下,迄今为止,各种部门性反恐公约都赋予了恐怖主义犯罪多种有价值且值得被遵循的界定,以适用于不同情况下的反恐实践,③换言之,能够为国际社会普遍接受的恐怖主义犯罪的概念已存在于反恐实践中,而接下来需要做的是对这些概念所具有的共同内容进行提炼,以类型化的共同要素为框架界定恐怖主义犯罪,并在国际反

---

① Christine Gray, *International Law and the Use of Force*, 2nd edn. (Oxford: Oxford University Press), 2004, p. 195.
② 马长生、贺志军:《国际恐怖主义及其防治研究:以国际反恐公约为主要视点》,中国政法大学出版社 2011 年版,第 108 页。
③ Christian Tomuschat, "Comments on the Presentation by Christian Walter", in Christian Walter et al. (eds.), *Terrorism as a Challenger for National and International Law: Security versus Liberty?* (Berlin: Springer), 2004, p. 45.

恐法律机制中确立下来。为了避免普适性概念与特殊类型下的概念的冲突，反恐法律机制的起草者更应将前者视为对现有部门性反恐公约中已有概念的补充，以填补现有反恐法律机制中的空白，从而适应时下的反恐新形势。这种以共同要素界定犯罪概念的范式在犯罪认定的理论与实务中都有着广泛的体现。[①] 国际上较为公认的犯罪数据库通过计数或索引的方式将时事资讯中的描述性内容转为数据进而对恐怖主义犯罪进行收录，参考这些内容能够窥见在国际社会中相对典型的界定恐怖主义犯罪的思路——或是体现恐怖主义犯罪的伦理色彩，或是强调恐怖主义犯罪的法理特质。不同于国际法理论中关于恐怖主义犯罪定义的诸多分歧，两者间的主要区别实际上仅集中于一点，即前者覆盖了国家恐怖主义犯罪这一类型，而后者因立足于时下国际社会的主流反恐立法而将政府与国家机器排除在了恐怖主义犯罪的主体之外。但于反恐合作而言，概念界定的范式是选择规范学的界定思路还是犯罪学的界定思路？按照法国学者斯特法尼的论述，刑法学的犯罪概念为犯罪学的犯罪概念奠定基础，犯罪学不可能存在刑法之外的犯罪概念。[②] 尽管犯罪学从刑法学中分离出来是刑事法学发展史上不争的事实，这也导致一些学者将犯罪学视为刑法的辅助科学。[③] 但犯罪学的辅助性地位并不与犯罪学的独立性相矛盾。如果说反恐法中对恐怖主义犯罪的界定是将犯罪视为由法规范禁止的行为，那犯罪学中的定义就是将其视为一种规范性事实进而考察。前者侧重的是犯罪的事后处置，强调的是个罪的定罪量刑，但后者"注重犯罪前的罪因机制，强调犯罪是什么、为什么、怎么办"。[④] 国际社会的反恐合作旨在打击一切形式的恐怖主义，申言之，既要打击现行反恐法律机制业已确立的犯罪行为，还要处理那些虽未在法律机制中被明确规定，但社会危害性极其严重的恐怖主义行为。为了保证反恐国际合

[①] 姜涛：《恐怖主义犯罪：理论界定与应对策略》，《中国人民公安大学学报（社会科学版）》2013年第1期。

[②] 陈兴良：《刑事一体化视野中的犯罪学研究》，《中国法学》1999年第6期。

[③] ［德］汉斯·约阿希姆·施奈德著，吴鑫涛、马君玉译：《犯罪学》，中国人民公安大学出版社1990年版，第76页。

[④] 兰迪：《恐怖主义犯罪的事实定义与基本类型研究——以犯罪学为视角》，《净月学刊》2016年第1期。

作法律机制的基础概念兼具普适性与稳定性,就恐怖主义犯罪的界定思路而言,不妨在汲取规范学进路的合理内容的基础上,以犯罪学的范式延伸概念的边界与内涵,即基于反恐法厘清恐怖主义与恐怖主义犯罪的混同,结合对恐怖主义犯罪特征与趋势的充分认识,进而在行为范畴中讨论恐怖主义犯罪的国际法内涵。

第三,应考虑如何统一不同国家的反恐合作意愿。有学者认为,各国反恐怖能力和意愿的差异,为应对国际恐怖主义带来严峻挑战。① 反恐法律机制有效性的最大障碍仍是各国当局对反恐合作主观意愿的匮乏。恐怖主义风险在全球版图上的分布并不平衡,这种差异性让不同国家对在反恐法律机制中承担相同的法律义务的意愿必然不同。对于风险系数较低的国家而言,参与合作的意愿就不那么强烈,往往不愿为反恐法律机制的实现提供支持,对国际合作中其他国家的积极作为缺乏足够的信任基础,不仅顾忌本国主动参与反恐合作将为其招致恐怖主义的侵犯,还会忧虑在与其他国家合作的过程中潜藏的主权被侵犯的风险。"对大量无关紧要的行为加以禁止,防止不了可能由此产生的犯罪。相反,是在制造新的犯罪。"②尽管恐怖主义犯罪绝不是经典作家口中的"无关紧要的行为"。遗憾的是,现有的反恐法律机制通常不会就成员国的责任划分进行差异性的设计,③"权利的不对称虽然便利了制裁机制的建立,但弱小无权者往往成为不合理机制的受害者"。④ 有效反恐法律机制的障碍在于权利义务分配的不对称所导致的相关国家不配合,现行的反恐法律机制奉行的是"一刀切"思维,即在默认利益位序的基础上,对所有参与合作机制的国家赋予相同的法律义务。这种利益位序的解决路径本身预设了一个假定前提,即个案中法律不能同时充分保护相冲突的利益。因此,通过利益位序来解决问题时必须负

---

① 潘光、王震:《国际反恐怖合作:新态势、新发展和绩效评估》,《社会科学》2011 年第 11 期。
② [意]菲利著,郭建安译:《犯罪社会学》,中国人民公安大学出版社 1990 年版,第 104 页。
③ Oran Young, "The Effectiveness of International Institutions: Hard Cases And Critical Variables", in James N. Rosenau and Ernst Otto Czempiel, *Governance without Government: Order and Change in World Politics* (Cambridge: Cambridge University Press), 1992, p. 185.
④ 李金祥:《联合国制裁恐怖主义机制的功能和不足》,《欧洲研究》2011 年第 5 期。

担一个论证前提：法律没有可能同时保护这些冲突的利益，并且，出于保护其他更值得保护之价值的目的，才考虑限制某特定的利益。① 但于不同国家而言，参与反恐合作所追求的利益是否一定处于优先的价值地位？这种价值必须与其他价值一起在每个案例中排出一个传递性的序列，但这种排序缺乏合理标准。② 显然，这种偏好价值的过程是无法基于客观逻辑上的分析来把握的。

尽管各国在反恐领域的利益诉求各不相同，但在追逐利益的过程中对成本与收益的衡量是所有国家参与建构法律机制时的统一逻辑。在秩序的建构中，摩擦、冲突不可避免，但即便所处的自然条件不同，也会发展出适合本身的游戏规则。③ 在国际社会中，国家遵从法律的原因类似于在主权国家中促使公民遵守国内法的动机，"国际服从的习惯"能够通过各国的内部动机以及外部激励得以建立。④ 因此，不同国家的利益诉求并非不可调和，保证各国反恐意愿的统一不是对利益的相互排除，而是实现"利益保障的最大化"目标。⑤ 因此，一方面，根据普遍安全原则，反恐是人类命运共同体各成员的共同义务。这需要国际社会统筹应对传统和非传统安全威胁，反对一切形式的恐怖主义；另一方面，在国际法律机制的建构中仍应秉持开放包容的理念，坚持求同存异、谋求共赢的建构立场，允许各国基于各自的国情、历史和文化传承，对国际法的解释、适用和发展有不同主张。要坚持通过对话化解分歧，形成最大公约数，而不是党同伐异。⑥ 据此，反恐法律机制的建构需要提升小国的话语权并听取其合理的主张，相对于给出一种此消彼长的国际合作法律机制，"中庸"的建构逻辑更能实现国际反恐合作的平和状态。

---

① ［意］布萨尼、［美］帕尔默著，张小义、钟洪明译：《欧洲法中的纯粹经济损失》，法律出版社 2005 年版，第 17 页。
② ［德］哈贝马斯著，童世骏译：《在事实与规范之间——关于法律和民主法治国的商谈理论》，生活·读书·新知三联书店 2003 年版，第 320 页。
③ 熊秉元：《法的经济解释：法律人的倚天屠龙》，东方出版社 2017 年版，第 35 页。
④ ［美］路易斯·亨金著，张乃根、马忠法、罗国强、叶玉、徐珊珊译：《国际法：政治与价值》，中国政法大学出版社 2005 年版，第 67 页。
⑤ ［德］齐佩利乌斯著，金振豹译：《法学方法论》，法律出版社 2009 年版，第 102 页。
⑥ "人类命运共同体与国际法"课题组：《人类命运共同体的国际法构建》，《武大国际法评论》2019 年第 1 期。

三、反恐的预先性与反恐国际合作法律机制的谦抑性

在全球化与信息化的背景下,不断发展和异化的恐怖主义犯罪蕴含了诸多风险,反恐合作法律机制的建构逻辑不仅要强调反恐国际合作法律机制的惩罚功能,以惩罚违反机制的行为,还应着眼于预防功能的建设,如果将法律机制的价值纯粹定位于对既定互动方式的维持和对冲突的控制,仅强调特定事件、时间点上的有效性,"那么就没有达到对法律可能性视域之延伸的理解","没有认识到法律的特性正是在它遇到其他可能性时才获得,并随其而发生变化"。[①] 反恐国际合作的实质主要是各国在刑事法领域的合作,属于国际刑法的范畴。[②] 于法治国而言,社会保障机能与人权保障机能的价值统一是刑法谦抑性的理论之源,刑法的谦抑性旨在维护个人自由的同时,防止刑法异化成为恣意侵害人权的工具。[③] 同样,建构反恐国际合作法律机制的宗旨在于保护国际社会秩序稳定的同时,实现对人权的保障,谦抑性品格意味着国际反恐法对秩序的维护不宜过多地进行前瞻性的制度供给,进而尽可能地减少对国家主权的干预。

(一)反恐国际合作法律机制预先性逻辑之体现

后"9·11"时代,对安全目标的追求让反恐合作法律机制的建构逻辑发生了转变——相对于传统的刑事司法合作而更重视警务合作以实现对社会的大规模监控;较之于对实行行为的事后惩罚,更积极地对过往社会活动领域中的失范行为进行犯罪化,使公权力制裁的触须伸入社会活动的诸多领域;而为了便于军事干预的实施,一些国家试图对相关法律条文进行扩大解释,进而为先发制人、预先性自卫等行为提供合法性依据;在安理会针对外国恐怖主义战斗

---

① [德]尼克拉斯·卢曼著,宾凯、赵春燕译:《法社会学》,上海人民出版社 2013 年版,第 266 页。
② 黄瑶:《论国际反恐法的范畴》,《吉林大学社会科学学报》2010 年第 5 期。
③ 张颖杰、李茂华:《刑法谦抑性之价值蕴含》,《海南大学学报(人文社会科学版)》2006 年第 4 期。

人员的《联合国安理会第 2178(2014)号决议》《制止向恐怖主义提供资助的国际公约》、欧盟委员会《预防恐怖主义公约》附加议定书和《金融行动工作队建议》等国际法律文书的影响下,在"紧急状态下所确立的司法框架之外"持续地强化行政机构及司法机构可使用的手段与方式以实现对恐怖主义犯罪的预防,①逐渐成为当前国际社会反恐立法的主流导向。

西方经典作家常提及刑法之恶,②刑罚之恶告诫社会将刑事制裁视作最后的社会自卫手段,但同时,刑罚之善的有效性又不断诱导立法者坚持更为积极的立法观念,不能认为制裁的范围越小越好。③"历史和统计学都非常清楚地证明,从该隐以来,利用刑罚来感化或恫吓世界就从来没有成功过。"④而实证研究也表明,即使在国内法背景下,罪犯也很难因为即将面临的刑事制裁而放弃犯罪,⑤更何况在恐怖主义犯罪的情境下,犯罪主体对极端信仰的狂热更让其难以因此而放弃犯罪。所以,反恐法律机制的预防性思维不能局限于通过对已然犯罪的制裁来威慑潜在的犯罪人,而应从如何防止未然犯罪行为发生的角度去思考与设计,刑事制裁不是为了过去,而是立足于未来。⑥惩罚机制在遏制恐怖主义犯罪方面的诟病让立法者不断地将犯罪预防的关口前移,法益保护的前置化、抽象化、膨胀化逐渐成为反恐法律机制的轴心。

侧重社会保护机能的理论基础是功能主义的立法观,坚持法律功能主义的学者认为,功能主义观下的立法能够适应风险社会的规范性需求。⑦根据乌尔里希·贝克(Ulrich Beck)的观点,生产力的指数式增长导致危险以及潜在威胁

---

① 施鹏鹏:《综合的反恐体系及检讨——以法国"新反恐法"为中心》,《中国刑事法杂志》2017 年第 1 期。
② 古希腊的亚里士多德将刑事制裁看作"一件可以采取的坏事"。参见亚里士多德著,吴寿彭译:《政治学》,商务印书馆 1965 年版,第 383 页。英国的吉米·边沁则认为刑法之恶就是刑罚之恶,这是一种不得已的恶,一种"来自另一种类型的恶"。参见[英]吉米·边沁著,李贵方等译:《立法理论》,中国人民公安大学出版社 2004 年版,第 63 页。
③ 周光权:《转型时期刑法立法的思路与方法》,《中国社会科学》2016 年第 3 期。
④ 《马克思恩格斯全集(第 8 卷)》,人民出版社 1961 年版,第 578 页。
⑤ 李淑兰:《报应抑或预防:国际刑罚目的反思》,《甘肃社会科学》2017 年第 1 期。
⑥ 林山田:《刑法通论:下册》,北京大学出版社 2012 年版,第 277 页。
⑦ 劳东燕:《风险社会与功能主义的刑法立法观》,《法学评论》2017 年第 6 期。

释放到未知的水平。恐怖主义风险是贝克理论中的风险之一,具有难以察觉、难以计算、风险与危害后果之间的因果关系难以把握的基本特征。① 因此,古典主义立法观所强调的以明确性与严密性的建构思路覆盖与犯罪相关的所有问题的设想很难符合当前应对恐怖主义风险的需求。固化的立法结构在复杂的恐怖主义风险面前难免捉襟见肘。恐怖主义犯罪复杂的外部性要求法律机制针对具体情况的回应兼具及时性与灵活性。其中,及时性需要反恐法律机制通过积极规制在具体风险现实化之前介入,以实现对恐怖主义风险的管控,这与我国坚持反恐维稳、打早打小的政策思维有异曲同工之妙。反恐法律机制干预的早期化体现了可惩罚的范围从实行行为到预备行为的扩张,而干预的细微化则表现为刑事法网对公民生活领域的覆盖。灵活性则要求突破传统反恐法的封闭性,将其塑造成一个开放且富有弹性的法律体系。法律机制的建构终归是政治系统的活动,对于社会风险的变化,政治系统必然要及时地作出反应。因此,应当将后"9·11"时代反恐法律机制的预防性转型与国际社会日益剧增的恐怖主义风险结合起来理解,否则,法律机制的保守性与调整对象的变动性之间的紧张关系只会愈演愈烈。

(二) 预先性与谦抑性的冲突风险

在人权保护和社会防卫的冲突中,国际反恐法的立场逐渐倾向于对公民权利自由的干涉来捍卫社会秩序的平稳。但这并不意味着对每一种妨碍社会秩序平稳实现的行为或隐藏的风险都可以进行制裁甚至施加刑事责任。意大利学者贝卡利亚(Beccaria)提出了违法阶梯性概念,② 而对于这些阶梯性越轨行为,西方经典作家们设计了相对应的、阶梯性的社会自卫手段,即对于非严重的越轨行为采用轻微的或者比较轻微的社会自卫手段,对于严重的越轨行为则采用较严厉的也是最后的社会自卫手段——刑事制裁手段。西方经典作家之所以将公权力的制裁视作最后的社会自卫手段,是因为在他们看来,这是一种不

---

① [德] 乌尔里希·贝克著,何博闻译:《风险社会》,译林出版社 2004 年版,第 18—22 页。
② [意] 贝卡利亚著,黄风译:《论犯罪与刑罚》,中国大百科全书出版社 1993 年版,第 66 页。

得已的社会自卫手段。① 特别是刑事领域的制裁,作为最严格的国家干预措施,本身便具有报应的效力以及标签式的烙印效果。刑事制裁的负面性决定了在法律机制建构方面,应尽可能避免将社会问题纳入刑事程序进行处理。② 因此,只有当干预效果较为缓和的法律规范或社会机制对于抑制不法的利益侵害不具成效,无法对市民的自由权利提供确实有效的保障时,刑事手段的干预才有介入的空间。这些原则性的观点是宪法中比例原则的体现,这要求立法者在制定反恐法时,有必要注意规范目的与手段之间是否能合乎比例。刑事制裁的正当性并非只为了实现社会的绝对正义而存在,其实质上是基于维持社会秩序稳定这样的公益,作为不得已使用的最后手段而已。恐怖主义犯罪是社会成员之间争夺利益从而产生的利害冲突侵犯乃至剥夺公民人权地位。作为应对,国家通过制定各种有强制力的法律规范,划定出人类社会最基础的客观秩序标准。那什么情形才是所谓的"最后"? 换言之,什么样的时间点才是国家对特定行为动用刑事惩罚或权利限制的正确时机? 如果要确立制裁机制介入的合适节点,就必须考虑到以下两项先决问题:其一,制裁究竟是为了什么? 即国家针对这样的行为特别动用制裁机制是基于什么目标,对该问题的论证的目的是确认行为是否具备应受惩罚性;其二,针对什么样的行为我们需要进行制裁,或是根本无须公权力制裁? 此为论证该行为是否具备应受惩罚性。

涉嫌恐怖主义犯罪的预备行为与技术中立行为是否应当纳入反恐法律机制的制裁范围,首先应接受行为是否具备应受惩罚性的考验,反恐法律机制动用制裁在于保护人权。因此,把握人权在当前的存在样态至关重要。法国学者卡雷尔·瓦萨克(Karol Vasak)曾提出人权的三代理论,③虽然人权的权利内容

---

① 胡启忠等:《经济刑法立法与经济犯罪处罚》,法律出版社2010年版,第2—3页。
② 何荣功:《预防刑法的扩张及其限度》,《法学研究》2017年第4期。
③ 根据瓦萨克的划分,第一代人权是"个人反对新出现的领土国家的政府权力的权利",即所谓的"消极人权";第二代人权是社会保障为典型的"经济、社会和文化的权利",作为对第一代人权的扬弃,第二代人权要求"政府做有利于个人的积极参与";第三代人权则是以和平权与发展权等更高层级的权利形态为主要内容。参见陈兴良:《刑法的价值构造》,中国人民大学出版社2017年版,第94页。

伴随着历史的发展而不断演变,但在任何社会,生命权、自由权与平等权都是最基本的人权。因此,对基本人权的保护应是反恐法律机制制裁相关行为的动机。然而,对行为应受惩罚性的检验止于明晰其是对人权的保护是不够的,还需剖析被保护的人权的实质内容。自然法学派将人权视为一种道德权利或自然权利,自然权利不仅是法律权利的渊源,还是政治权力的来源。在此语境下,平等的状态意味着一切权力和管辖都是相互的,没有一个人享有多于别人的权力。① 但人并不是抽象的理性存在物,人的本质在现实性方面体现为社会关系的总和,因此,即便人权是道德权利或自然权利,对人权内容的解读也不应囿于抽象道德范畴中的逻辑演绎。换言之,对应受惩罚性的评估必须牢牢立足于人类社会的客观性利益层面,自然法视角下的道德理念与自然状态只能作为价值衡量的选择要素之一。如果纯粹地依据道德理念来评估法义务的正当性,或者从抽象的、内容不确定的道德理念中直接形成法律义务的内容,不仅无法保证法律规范的理性,反而更容易引起公权力不当扩张的风险。

对社会中抽象危险的管控是预先性反恐法律机制的主要体现,为了实现法律机制的有效性,降低风险管控的成本,国家将一些对人权存在潜在风险的行为纳入刑事制裁的范围,例如,人员的跨境流动、对恐怖主义物品的持有等行为只要具有发展为实害的可能,就符合触发公权力机关予以限制甚至定罪处罚的条件。然而,行为是否具有侵害法益的危险性,往往要经过事前的风险预测判断,但这里的风险预测并非统计学意义上的风险评估,②法律机制中的风险预测仅是国家站在风险管控的立场确认为应对社会中的特殊风险是否需要对其进行相关的限制或惩罚,换言之,这是一道法律政策方面的论述题而不是一道数学题。预防风险实害化的逻辑正支配着当前反恐法律机制的建构走向,为了实现一般预防的目的,立法者将判断行为可罚性的时间点不断前移。对抽象危险法律责任的判断并不完全取决于行为人可以控制风险的客观事实,而更多地基

---

① [英]洛克著,叶启芳、瞿菊农译:《政府论(下篇)》,商务印书馆1964年版,第5页。
② 追求数值上的精准只会让条文在复杂的社会事实面前丧失适用的灵活性。

于当局对行为引发实害的事前的、经验性的判断。[①] 这种事前且经验性的判断导致立法者对反恐中人权内容进行扩张性的解读。对人权的理解不再局限于个人权益、自由的展开，而是升格至对于社会群体的生存、运作的保护以及对社会的威胁与损害的层面。即便肯定其初衷在于有效应对恐怖主义犯罪，但若要夯实制裁相关行为的正当性与合理性，就必须警惕反恐法律机制沦为一些国家披着人权保护的外衣来实现那些虚伪、抽象的道德。

"惩罚绝对不能仅仅作为促进另一种善的手段，不论是对犯罪者本人或者对公民社会"。[②] 换言之，不能仅因为对相关行为的制裁有利于打击恐怖主义犯罪就肯定预先性制裁的正当性，即只有当一个行为应当受到惩罚时，才能考虑预先性制裁的需要。如果一个行为只是单纯违反自然法层面的道德义务，那么这个行为并不一定会触碰国家维护社会秩序的容忍底线。因此，对"涉恐行为"应受惩罚性的判断还需考虑规范设计的有效性问题。由于人的行为选择一般取决于一定程度的理性思考，那么反恐法律机制的设计者在创设相关法律义务时就必须预测这样的制度设计能否对公民的行为产生外部效果。据此，为了能够确实掌握这些行为效果在实际中的影响范围，在对相关行为予以类型化的过程中，就必须基于社会成员的共同生活中那些于知识经验而言可以确定且把握的客观性利益，而不能只是依据那些经验上无法具体描述的先验性道德规则，甚至是依据个人纯粹主观上的利益感受。一定程度上，预先性反恐法律机制的建构源自与日俱增的恐怖主义风险导致的国际社会安全感的逐渐丧失，这样的建构逻辑在德国学者雅科布斯(Jakobs)教授针对恐怖主义犯罪提出的"敌人刑法"理论中亦被揭示——预防性反恐法律机制基于控制"危险源"、防卫社会的目的，[③] 对社会规范不忠诚并存在制造实害行为风险的行为主体予以充分的关注。其中，在实体法层面，将"敌人"触犯的尚不具备刑事可罚性或仅仅触犯保

---

① 古承宗：《刑法的象征化与规制理性》，元照出版有限公司2017年版，第36—37页。
② ［德］康德著，沈叔平译：《法的形而上学原理——权利的科学》，商务印书馆1991年版，第164页。
③ 王莹：《法治国的洁癖对话Jakobs"敌人刑法"理论》，《中外法学》2011年第1期。

安法的行为认定为具有可对其采取刑事制裁的资质。同时,在程序法层面,通过对相应程序权利的削减甚至预防性羁押的使用切断风险转化为实害的可能。①

然而,为了避免反恐陷入以暴制暴的恶性循环,旨在预防恐怖主义风险现实化的机制本身不能成为新的风险源。在预防恐怖主义风险的过程中,"打早打小"的内在逻辑极易冲突谦抑性原则对国家制裁机制的限制,预先性往往带来的是无限制性与不确定性。② 相对于传统反恐法律机制,预先性反恐法律机制为了追求前瞻性的效果,需要针对的是那些无法完全预知、面向未来的复杂行为。为了赋予司法机关更宽泛的权力自由,对公权力的限制只能逐渐地缩减。因此,有国外学者指出,预先性机制在防范自由所遭遇的个别危险的过程中,也在整体上削弱了社会秩序的自由品质,部分程度上侵蚀了民主与法治的保障机制。③ 概言之,被建构用以预防恐怖主义犯罪的法律机制之本身就存在制造风险的可能,这种体现为预先性价值与谦抑性理念的冲突风险同样值得警惕与防范。

(三) 预先性反恐合作法律机制整合谦抑性价值的路径

现实表明,预防性国家行为扩张的本质是国家对社会转型的政治反应,"支撑性的底层结构若不发生改变,预防行为也就不会消失",④这意味着,只要恐怖主义犯罪的社会基础没有变化,盲目反对反恐法律机制的预先性转型就显得有些不合时宜。因为在恐怖主义犯罪的威胁下,民众对于安全保障的需求随之提升,"为了取悦选民就必须满足其对安全保障之期许"。⑤ 尽管"谦抑性与犯罪化

---

① 韩晋、刘继烨:《"敌人刑法"的国际刑法法规范诠释——基于防御国际恐怖主义犯罪的思考》,《武大国际法评论》2018年第5期。
② 何荣功:《预防刑法的扩张及其限度》,《法学研究》2017年第4期。
③ [德]迪特儿·格林著,刘刚译:《宪法视野下的预防问题》,载刘刚:《风险规制:德国的理论与实践》,法律出版社2012年版,第113—114页。
④ 同上书,第122页。
⑤ [德]乌尔里希·齐白著,周遵友等译:《全球风险社会与信息生活社会中的刑法:二十一世纪刑法模式的转换》,中国法制出版社2012年版,第198页。

并不矛盾",①特别是面对风险社会的来临,谦抑性的图像正在发生结构性转向。② 对谦抑性价值的恪守与反恐法对预先性的强调并不必然背道而驰,但过度的、高成本的以及无效的制裁机制必然与谦抑性冲突,谦抑性反对的是制裁机制过度工具化以实现人权保障的建构逻辑。鉴于制裁的严厉性,滥用制裁机制必然有碍于人权的实现,如果国际社会倾向于借助反恐法的象征性来强化行为控制,将让公权力面临过度干预民众自由的诘问。简单地认为只要是基于维护国家安全的需要,任何限制乃至剥夺公民个人权利与自由的举措都是必需的,这便是将国家、政府置于与恐怖组织相似的道德层面。为了避免反恐合作法律机制的建构逻辑局限于对制造风险的行为人个体法益的牺牲来保全集体法益的不受侵犯,应通过谦抑性的理念对其进行必要的限制,即在肯定预先性建构逻辑的基础上反思如何避免法律机制对人权与自由的过度干预甚至侵犯。

人的个体性与社会性的统一,决定了反恐法律机制的效用主要体现在两个方面,一方面是通过对公权力的限制以期实现保护公民人权的保障效用。另一方面则是借助对个人行为的约束或制裁以维护国家利益、社会利益、个人利益,进而追求对社会整体的保护效用。前者以个体主义或自由主义为理论根据,后者立足于整体主义。因此,人权保障与社会保护的对立,本质上是个体与整体、个人与社会的对立、③个人本位与社会本位的对立。反恐法在拘束自由的同时也在创造自由,反恐合作法律机制的预先性与谦抑性的统一实则追求的是国家安全和公民自由与人权的平衡,后"9·11"时代的反恐法律机制是增加了安全还是仅削弱了自由,这一点尚待检验。国际社会只有协调好人权保障与社会保护之间的关系,才能更大程度地实现反恐法律机制的效用。

路径之一:形式谦抑与实质谦抑的统一。后"9·11"时代的恐怖主义犯罪问题复杂且充满不确定性,面对社会防卫的强烈需求,理论界与实务界对松弛

---

① 姜涛:《抽象危险犯中刑、行交叉难题的破解——路径转换与立法创新》,《法商研究》2019年第3期。
② [德]汉斯·约格·阿尔布莱希特著,赵书鸿译:《安全、犯罪预防与刑法》,《人民检察》2014年第16期。
③ 陈兴良:《本体刑法学(第3版)》,中国人民大学出版社2017年版,第38页。

谦抑性的要求，将刑事制裁作为应对恐怖主义的优先手段考虑的态度愈发主动。例如，有国外学者称，自由和人权是公民在和平时期享受的"政治便利"，但在国家面临严重风险的紧急状况下，它们不应成为制约政府的尺度。[①] 我国学者认为，应将谦抑性原则侧重点从限制相关立法的扩张转向制约司法活动。实务中对谦抑原则的贯彻能够有效缓解立法功能化扩张带来的制度风险。[②] 然而，国际反恐法的设计是国际社会反恐合作的原点，立法谦抑与司法谦抑的并重对于限制国家对公民权利的干预具有更为基础的意义。反恐法律机制形式谦抑与实质谦抑的统一意味着不仅要追求反恐制裁的有限性，还要兼顾反恐制裁的妥当性，并最终实现建构机制的谦抑与实践机制的谦抑间的动态均衡。如果对立法放松要求，犯罪圈的扩大将给刑事司法合作带来巨大的压力。不同国家法治进程的步调并不一致，以司法限制处罚范围的制度并未在所有国家业已形成或日臻成熟。在缺乏人权保障观念、奉行积极入罪思维的司法生态中，一旦在立法体例中偏重于对社会秩序的预先性防卫，就难免导致刑事制裁规模的扩大。[③] 贸然松动立法上的谦抑性立场而不断降低入罪门槛，将导致公民遭受不合比例的来自公权力的限制。

路径之二：基于对个人法益的保护划定预防行为的边界。刑法的基本原则滥觞于宪法中的比例原则，作为比例原则三个子原则之一的"必要性原则"便对应着谦抑性原则。[④] 个人自由是判断法律机制合法性的先决条件，但宪法对自由的保护不仅是为了保护个人，也是对民主宪政秩序的引导。判断反恐法律机制的建构逻辑是否妥当，需评估国际反恐法中的具体措施能否实现机制建构的目的或者至少有助于目的的达成。预先性反恐法律机制的目的是什么？单就国际反恐法的目的而言，显然是对包括国家法益、社会法益、个人法益在内的诸

---

① Christopher Michaelsen, "Balancing Civil Liberties against National Security? A Critique of Counterterrorism Rhetoric", *University of New South Wales Law Journal*, vol. 29, no. 2, 2006, p. 2.
② 周光权：《积极刑法立法观在中国的确立》，《法学研究》2016年第4期。
③ 何荣功：《预防刑法的扩张及其限度》，《法学研究》2017年第4期。
④ 一般认为，比例原则由适当性原则、必要性原则和狭义的比例原则三个原则构成。参见田宏杰：《比例原则在刑法中的功能、定位与适用范围》，《中国人民大学学报》2019年第4期。

多法益的保护。具体而言，反恐法律机制下的预先性制裁既是为了使行为人能重新融入法制共同体，更是想要通过对行为人的惩罚与威慑，将共同体的尺度告知全体公众，让所有人产生对社会负责的意识，从而保持国家、社会秩序的稳定。但伴随着反恐法律机制对处罚早期化的广泛认可，通过刑事制裁抑止法益侵害尚不明显的行为的举措似乎动摇了反恐法律机制对法益保护目的的强调。如果将反恐法律机制的目的定位于方便国际社会动用制裁规范，那么在限制公权力过分干预公民权利与自由的意义上，较之于法益保护的目的设定，将导致反恐法律机制对公权力的限制作用被极大地削弱，由此引发的制度风险是预防性措施将不再受制于宪法原则的约束。

　　诚然，反恐法律机制的建构有助于稳固规范的适用，但"稳固规范的作用实际在于防止个人或者社会在将来遭受现实的损害，因此稳固规范最终服务于法益保护，如果没有这个目的，它将变得毫无意义"。① 鉴于恐怖主义犯罪的威胁，国际社会中的主权国家更倾向于强调国家、社会以及个人法益的安全状态是实现公民自由的前提，而忽视了个人自由是证明国家行为合法化的核心基础。在这一背景下，预先性反恐法律机制的逻辑便是，公民充分享受权利与自由的前提是一个能实现人权和基本自由的安全环境。对"安全环境"的诉求将通过扩大政府的权力范围和不断前置的反恐立法来实现。但国家暴力的实施绝不能超出公民的可控范围，换言之，除非是为了防止恐怖主义犯罪对国际社会安全秩序的威胁以及对公民权利的侵犯，任何国家干涉他人自由与发展的行为都理应被禁止。如果出于应对恐怖主义犯罪的需要，有必要设置预先性的条款防患于未然，为了保证预先性反恐合作法律机制与谦抑性价值的统一，需要基于法益保护的目的，特别是对个人法益的保护来划定预防措施的边界。因此，在对反恐法保护前置化予以限定时，须考虑国家法益、社会法益工具性扩张的问题，较为妥当的做法是在国家法益与社会法益中嵌入个人法益的因素，②以作为反

---

　　① ［德］克劳斯·罗克辛著，陈璇译：《对批判立法之法益概念的检视》，《法学评论》2015 年第 1 期。
　　② 孙国祥：《集体法益的刑法保护及其边界》，《法学研究》2018 年第 6 期。

恐法保护法益的门槛。

毫无疑问,在紧急状态下保护公民不受人身伤害及其威胁是民主政府的责任之一,但保护义务只是政府的若干义务之一,其落脚点仍不能偏离对人权与自由的尊重。若要协调安全与人权及公民自由之间的冲突以追求两者间的平衡,就需要将安全理解为一种个人权利,否则就会陷入功利主义主张的将安全凌驾于个人权利之上的逻辑陷阱,即个人权利能够且必须与整体利益相平衡,①在反恐的背景下,为了获得更大限度的安全,必须牺牲个人的公民自由和人权。此外,由于国际法律条文难以在紧急状态的解释上实现明确性与一致性,更无法以文字确定这种例外状况在何时发生,因此,如果肯定国家安全、社会秩序等集体法益存在优先性并足以作为克减公民个人权利的正当化依据,这无疑为公权力恣意侵害人权提供了辩护。

四、刚性反恐治标与柔性反恐治本的并重

(一) 为什么应该并重: 标本兼治的现实需求

传统的反恐合作法律机制或是以对恐怖主义组织的镇压与摧毁,对恐怖主义犯罪行为人的刑事制裁为主的遏制性措施,或是针对相关人员与基础设施的保护性措施。② 但侧重于国家暴力或军事干预的刚性反恐模式在关注惩治恐怖主义犯罪的范围、剿灭恐怖组织力度与直接效果的同时,往往会忽视滋生恐怖主义犯罪的社会环境。

在反思威胁当今社会的公共安全问题时,除了去谴责当事人的行为与心理,还应拷问治理机制与社会结构中潜藏的诱因。③ 应针对滋生恐怖主义的条

---

① Ronald Dworkin, *A Matter of Principle* (Cambridge: Harvard University Press), 1985, p. 73.
② Rohan Gunaratna, Jolene Jerard and Lawrence Rubin, *Terrorist Rehabilitation and Conuter Radicalisation* (New York: Routledge), 2011, p. 1.
③ 颜烨:《公共安全治理的理论范式评述与实践整合》,《北京社会科学》2020 年第 1 期。

件打击恐怖主义犯罪,作为一种复杂多元的社会现象,恐怖主义的根源包括世界经济发展不平衡、国际政治格局的不平等以及不同文明之间难以调和的冲突。① 以刚性反恐的方式对恐怖组织予以打击,对恐怖分子展开剿灭,能够削弱恐怖主义的活动能力,是打击恐怖主义的治标之举。但这解决不了地区、宗教、民族间的矛盾,无法促进恐怖主义策源地的经济发展,无益于当地教育水平的提升,不能从根源上破坏滋生恐怖主义的经济问题、政治问题与文化问题,无法截断恐怖主义极端信仰对人民的荼毒。例如,根据美国"9·11"事件调查委员会的报告,尽管美国政府及其盟友在海外采取了大规模军事行动,但仍未能阻止暴力极端主义的蔓延,阿富汗共有 4 180 名平民于 2018 年因恐怖主义犯罪死亡,这一数字相比 2017 年增长了 80%。近年来,纵然"伊斯兰国"覆灭,但 2019 年全球恐怖主义指数显示,塔利班已经取代"伊斯兰国",成为全球恐怖活动致死人数最多的恐怖组织,致死人数上升 71%。相对于此,中国坚持标本兼治、综合治理的反恐策略,在打击一切形式的恐怖主义的同时坚持发展为第一要务,促进地区之间、各民族之间的共同繁荣,加强法治教育,避免因为贫困而滋生恐怖主义。根据我国国务院新闻办 2019 年发表的《新疆的反恐、去极端化斗争与人权保障》白皮书,中国通过着力保障和改善民生的方式预防恐怖主义,截至 2019 年,新疆地区已有两年未发生暴力恐怖案件。

此外,后"9·11"时代的恐怖主义犯罪呈现了与以往截然不同的特点和发展趋势,简单依赖刚性反恐的模式难以应对恐怖主义犯罪的新发展。例如,"独狼"式恐怖主义犯罪的兴起让武力反恐的精准打击失去了目标,在人民的汪洋中甄别恐怖分子无异于大海捞针。军事干预可以摧毁一个基地,但犯罪是基于个人意思活动实施的危害社会的行为,对犯罪的抑制只有在该手段对这种意思活动产生作用时才有实际价值。② "重打击、轻治理"往往难以祛除"阶级仇恨的宣传与反抗所有社会秩序和道德秩序原则的说教"中的暴力色彩,这可能会延

---

① 敬敏:《国际恐怖主义的根源溯因——近年来中国学界的研究状况综述》,《湖北警官学院学报》2018 年第 4 期。

② [日]大谷实著,黎宏译:《刑事政策学》,中国人民大学出版社 2009 年版,第 88 页。

缓甚至阻滞道德、文明对犯罪的抑制作用。①

反恐安全措施总是具有一定负面效应的,②有鉴于此,对于危害社会的恐怖主义犯罪,在选取制裁方法的同时,还要研究最为合理有效的抑制对策。无论是刚性反恐法律机制,还是柔性反恐法律机制,都可能产生无法规避的机制缺陷。仅凭借严厉的镇压与制裁可能会强化恐怖分子的招募,刺激更多人投身极端暴力的活动中,加强恐怖主义的社会基础。③ 现实中,无论是 19 世纪 90 年代西班牙、葡萄牙等国对无政府主义者的大规模镇压,还是"9·11"事件以后美国、俄罗斯等国对待恐怖主义的"铁腕"政策,刚性反恐法律机制都只能在短期效果上实现国家对恐怖分子的绝对优势,但不能保证国家的长治久安,"挫折-攻击"的心理学模式表明"以暴制暴"具有提升暴力发生的可能性,④"只严不宽"容易陷入"越反越恐"的风险。⑤ 一些欧美国家治理恐怖主义犯罪的经验告诉我们,纵然制裁机制的介入极大程度地增强了公权力的威慑性与强制性,但恐怖主义犯罪的趋势并未因此得以持续地改善。例如,美国布什政府的反恐策略单单强调武力、压制与控制,导致预防工作长期弱化,轻视了社会中导致恐怖主义发生并使其得以维持的因素,以及个人和群体变得激进而且愿意参加恐怖主义活动的原因。⑥ 然而,过分强调反恐的柔性思维,至少在逻辑上看,潜在犯罪人对公权力制裁机制的畏惧将因此而弱化,给犯罪行为人造成犯罪成本极低的印象,不利于实现对恐怖主义犯罪的防治,⑦有碍于反恐法律机制权威性的塑造。此外,"正义的情感,就它的一种要素是惩罚的欲望而言,就是一种报仇或复仇

---

① [意]加罗法洛著,耿伟、王新译,储槐植校:《犯罪学》,中国大百科全书出版社 1995 年版,第 130 页。
② [美]布里安·詹金斯著,张家栋译:《对美国反恐战略的反思》,《国际观察》2006 年第 5 期。
③ Tore Bjro, "Counter-terrorism as Crime Prevention: A Holistic Approach", *Behavioral Science of Terrorism and Political Aggression*, vol. 8, no. 1, pp. 25-44.
④ 吴宗宪:《西方犯罪学史(第三卷)》,中国人民公安大学出版社 2010 年版,第 898 页。
⑤ Jonthan Powell, *Talking to Terrorists: How to End Armed Conflicts* (London: The Bodley Head), 2014, p. 16.
⑥ [挪威]托尔·布约格著,夏菲、李休休译:《恐怖主义犯罪预防》,中国人民公安大学出版社 2016 年版,第 2 页。
⑦ 舒洪水:《我国反恐应坚持"重重轻轻"的刑事政策》,《理论探索》2018 年第 2 期。

的自然感情。"①在这一方面,结合恐怖主义犯罪的暴力性、严重破坏性、反人类性,以及民众对暴力冲突的愤恨,柔性思维显然不如刚性思维更符合社会公众本能的报应情感。概言之,治理策略过于严苛,民众难保不会因伤而反,但太过宽和的治理策略又会导致政令不畅而削弱国力。

因此,即便是倡导柔性反恐的国家的反恐法律机制也会保留相对严厉的一面,②例如,为了遏制恐怖主义极端思想的传播对人民大众的荼毒,对在互联网中传播暴恐音视频、宣传煽动恐怖主义犯罪的行为人施以刑事制裁的早期干预。在致力于民族、宗教与恐怖主义脱钩的同时,也明确表示犯罪行为人的民族、宗教信仰、身份和地位等因素都不是对其予以宽宥的理由。同样,即使被认为是典型的刚性反恐模式,其依据的反恐法律机制中也必然包括柔性的一面。例如,法国在通过新的反恐法案对司法、安全和情报架构进行大刀阔斧的改革并将更多的民众纳入政府监测对象的同时,又积极在教育、司法、科研、网络等领域开展去极端计划遏制恐怖主义的发展。③ 国际社会的诸多有益经验表明,只有标本兼治,采取综合治理的思维,兼顾刚性与柔性的配合,才能取得建构反恐合作法律机制的预期效果。

(二) 为什么能够并重: 标本兼治、刚柔并济的可行性

除了论证反恐合作法律机制的建构逻辑应趋向于标本兼治、刚柔并济的必要性,还必须考虑这样的建构逻辑是否具有被实践检验的可能,即机制建构的可行性问题。

如果将犯罪视为一种社会病态,那么反恐之于犯罪的使命何在? 它是致力于病因的根除,还是病症的消除? 如果是前者,那么反恐合作法律机制的设计将着眼于未然犯罪的控制与减少,强调的是处理恐怖主义策源地具有的政权摇

---

① [英]约翰·穆勒著,徐大建译:《功利主义》,商务印书馆2014年版,第64页。
② 靳晓哲:《马来西亚"柔性"反恐政策评析——以去激进化为视角》,《东南亚纵横》2018年第3期。
③ 范娟荣、李伟:《反恐背景下的去极端化研究与思考》,《新疆师范大学学报(哲学社会科学版)》2020年第4期。

摇欲坠、社会动荡不安、经济发展滞后等社会问题。如果是后者,那么反恐合作法律机制将致力于处理对已然犯罪的惩罚,剥夺犯罪行为人再犯的物质条件,尤其体现的是刑罚的特殊预防的功能。反恐法律机制的理想模式在于标本兼治,既包括严厉制裁已然恐怖主义犯罪的内容,也涵盖预防未然恐怖主义犯罪的内容。但实际上,在不同国家的反恐策略中,反恐法律机制必然在两者之中选择一个方面作为其根本性目标,而将另一方面作为本体性目标的补充。治标与治本之间、反恐措施的刚性与柔性之间存在着对立统一意义上的矛盾与冲突。

采用何种反恐法律机制的建构逻辑取决于不同国家的制度设计者对恐怖主义犯罪的态度与对法律机制本身的功能与目的的看法,即围绕何种刑事政策来实现对恐怖主义犯罪的治理。持严打思维的国家往往更依赖于公权力的制裁对罪犯的威慑力,注重以武力手段化解危局,实践中也更倾向于严刑峻法,进行惩罚、威吓与警戒。因此,仍有不少国家继续坚持"刚性反恐"在反恐法律机制中的核心地位,"积极推动军事、情报及警务等部门的相互协调,对恐怖与激进主义者及其所属团体进行纯粹的武力打击"。[①] 但同时,越来越多的政治精英在认识到仅凭军事方面的干预与公权力的压制无法根除恐怖主义犯罪后,正逐步从预防而非被动的事后反应的角度去寻求打击恐怖主义的多元路径,这一路径下的理想模式是不仅要使犯罪行为人或潜在的犯罪人放弃激进、极端的意识形态信仰,还要改变他们为实现自身寻求而诉诸暴力的倾向。

显然,无论是全球反恐中的武装力量的合作,还是试图从意识形态层面阻断极端主义传播,国际合作都是国际社会反恐的必由之路。然而,尽管各国对在反恐法律机制中谋求标本兼治的观念达成了较为一致的共识,但鉴于各国反恐理念的不同,各国对反恐法律机制中的标与本、刚与柔也存在着不同的理解与偏重,因此,普遍适用的、刚柔并济的合作法律机制尚且不存在。但这一现实问题并不意味着标本兼治的逻辑在反恐国际合作法律机制的建构中不具有落

---

① 杨楠:《去激进化反恐策略的"印尼模式"评析》,《东南亚研究》2018年第3期。

实的可行性。因为相对于将恐怖主义视为异质性问题的国家,面临更多内生性恐怖主义威胁的伊斯兰国家往往在建构反恐法律机制的过程中对解决滋生恐怖主义的社会根源存在着更为迫切的需求,相应的建构逻辑必然凸显了其本国的特点。恐怖主义犯罪在不断国际化的同时,地区化、国别化的特性也存在且并行不悖。由于现代恐怖组织在结构上呈现扁平化与网络化的发展模式,即便恐怖主义犯罪本身及其意识形态的传播业已形成国际化乃至全球范围的犯罪网络,但每起个案中的犯罪行为人、被害人以及袭击目标的主体组成往往都是相关组织所在国的民众。[①] 追寻标本兼治、刚柔并济的建构逻辑并不要求在全球形成唯一的操作流程,差异化的合作路径同样是针对恐怖主义犯罪的全球治理中应允重视的内容。一个全面、理性、合理且正当反恐合作法律机制必然会包含刚性反恐法律机制与柔性反恐法律机制的内容,但标本兼治的逻辑要求并不需要治标与治本的内容固化地奉行相同的权重,凡是立足于各国的实际情况和现实需求对刚柔的适用进行合理的调节,就都没有超越标本兼治、刚柔并济的逻辑范畴。

(三) 如何实现并重: 标本兼治建构逻辑的路径选择

恐怖主义犯罪的问题也是社会的问题,它是各种社会消极因素的综合体现。依赖强权争夺市场、瓜分资源以及贫富两极分化等社会失范的生活原则,是恐怖主义赖以生存的沃土。因此,在系统地应对恐怖主义犯罪的问题时,一方面需要加大力度惩治恐怖主义犯罪,另一方面还需要剖析和消除恐怖主义滋生与蔓延的因素,着眼于应对加剧国际社会不平等和贫困的结构性因素。[②] 诚然,恐怖主义暴行属于违法犯罪,但对于反恐怖主义工作而言,仅靠武装力量的干预、刑事追诉以及行政处罚是远远不够的。鉴于以往国际犯罪集团的组织结构中上下级命令模式被平等实体间的交流模式替代,类似于"爱尔兰共和军"这

[①] 张家栋:《全球化时代的恐怖主义及其治理》,上海三联书店2007年版,第220—221页。
[②] 刘志伟等:《反恐怖主义的中国视角和域外借鉴》,中国人民大学公安出版社、群众出版社2019年版,第15页。

种因为领导人逝世而让整个组织被迫平息纷争的现象将不复存在,若要令一个恐怖组织陷入瘫痪,仅仅消灭或逮捕一些组织领导的做法是不可行的,并不能彻底削弱恐怖组织的行动能力。后"9·11"时代的国际恐怖主义犯罪常常打着民族、宗教的幌子,以极端主义为思想基础,蓄意制造伤及无辜的暴力事件,并借助各方渠道大肆宣扬恐怖主义、极端主义的意识形态思想。[①] 因此,反恐若要取得实效,法律机制的建构就必须坚持标本兼治。实践证明,我国的《反恐怖主义法》在明确宣示国家反对一切形式恐怖主义的政治立场基础上,在总体国家安全观的指导下贯彻"综合施策、标本兼治"的反恐策略在后"9·11"时代预防和打击恐怖主义犯罪的问题上卓有成效,具有可借鉴性。在遵循标本兼治的建构逻辑的基础上,设计反恐合作法律机制现实路径时,应把握恐怖主义风险的本源,进而区分犯罪治理的"标"与"本"。我国将地区贫苦、不平衡的经济发展,民族、宗教、文化方面的冲突视为滋生恐怖主义的根源,在不断强化对恐怖主义犯罪制裁效力的同时,在国际上倡导开放型世界经济秩序,推动经济全球化朝着均衡、普惠、共赢的方向发展。通过主张各民族平等、共同繁荣并加强对信教群众的法治教育、国家认同教育和职业技能培训,增强人民对极端意识形态思想的免疫力。同时,强调各种文明、文化之间的互鉴互荣以遏制宗教极端思想的传播。[②]

  一个强调标本兼治、刚柔并济的犯罪治理机制不仅要着眼于犯罪带来的安全问题的本质,还要遵循罪刑均衡、宽严相济的犯罪治理思维。在恐怖主义犯罪问题已步入多元化、复杂化和全球化的当前,安全关注的对象应该是现实中的人而非其他,[③]在社会安全问题治理上,这蕴含了两方面含义:

  一方面,揭示并明确对人的安全存在直接威胁的要素,这些要素是建构反恐合作法律机制的基本出发点,也是反恐合作法律机制治理的直接对象。正如保罗·R. 皮拉尔(Paul R. Pillar)指出的,一项有效的反恐怖主义政策必须是各

---

  ① 李寿伟、王思丝:《论反恐怖主义法的立法精神》,《北京师范大学学报(社会科学版)》2016年第3期。
  ② 郭关玉、李学保:《恐怖主义全球治理的中国理念与中国方案——学习习近平有关恐怖主义治理的重要论述》,《中南民族大学学报(人文社会科学版)》2019年第3期。
  ③ 林国治:《人类安全观的演变及其伦理建构》,中国社会科学出版社2015年版,第126页。

种策略的共同参与。① 保罗的论述阐明了综合施策或者说综合治理之于反恐国际合作的重要意义,体现了对已然犯罪的打击与惩治。同时,为了预防未然犯罪的发生,还需从源头治理,抑制犯罪问题的恶化。何谓治本? 在马克思的经典论述中,实践是全部社会生活的本质。② 在李斯特看来,任何一个具体犯罪的产生均由两个方面的因素共同使然,一个是犯罪人的个人因素,另一个是犯罪人身处的外界的、社会的,尤其是经济的因素。其中,外界因素是主要诱因且对于犯罪的产生而言"显得相当重要"。③ 因此,作为应对犯罪的策略,"最好的社会政策就是最好的刑事政策"。④ 恐怖主义犯罪是社会生活中的风险样态之一,对应于反恐法律机制的建构目的,则是通过人类的各种理性实践来排除社会中无处不在的恐怖主义风险与隐患,将社会从恐怖主义风险的束缚中解脱并通过安全秩序的建设让社会中的大众获得心理上的安全感与行动上的客观安全性。纵观反恐斗争的历史维度,国际社会的反恐合作多采取军事联盟的武装干预、刑事司法合作等模式,能够取得短期的效果但皆为对恐怖主义犯罪的事后处置。现实表明,反恐的治本之举绝不是这种"头痛医头、脚痛医脚"式的对犯罪的被动制裁,这并不是否定上述举措在短期内缓解恐怖主义危机的积极作用,而是鼓励国际社会将治理的重点主动放置于改善与人紧密相连的社会环境,在重视安全问题的同时,还要重视发展的问题。"经验表明,无论是民族主义还是极端主义,往往能够在贫穷人口中间找到市场"。⑤ "一切历史冲突根源于生产力和交往形式之间的矛盾",这里所谓的交往方式是指生产关系或生产关系在法律用语上的"财产关系"。实证分析表明,伴随着社会贫富差距的拉大,犯罪

---

① [美]保罗·R.皮拉尔著,王淮海译:《恐怖主义与美国外交政策》,中国友谊出版公司2003年版,第31页。
② 《马克思恩格斯选集(第一卷)》,人民出版社1995年版,第56页。
③ [德]冯·李斯特著,徐久生译:《德国刑法教科书》,法律出版社2006年版,第11—12页。
④ 这句被我国刑法学界广为引用的经典论述实则并非李斯特的原话,而是徐久生对李斯特相关文献领悟后的总结。引自徐久生:《刑罚目的及其实现》,中国方正出版社2011年版,第4页。类似的论述参见姜瀛、李娜:《"最好的社会政策就是最好的刑事政策"出处及原语考略——兼及李斯特刑法思想研究的反思》,《法治社会》2020年第4期。
⑤ 郑永年、杨丽君:《中国崛起不可承受之错》,中信出版社2016年版,第240页。

的数量也随之大幅上升。① 据此,治理恐怖主义犯罪所需改善的社会环境中首当其冲的便是逐步缩小社会的贫富差距与分配不均的经济大环境的问题。国际社会应致力于"造化民众的经济资本基础,增强行动者个人的可行能力和社会适应能力",这对于社会安全秩序的建设具有基础性意义。② 此外,后"9·11"时代的恐怖主义犯罪问题主要是宗教激进主义与世俗文明之间的矛盾与冲突,③恐怖主义对民众的侵犯不仅是物质层面的伤害,还有在精神文明领域对社会群体心理的实质性破坏。据此,法治反恐不仅需要国际社会在立法中进行一定的妥协,还需立足文化层面提升国际社会开展反恐合作的意愿,而认同能力的建设对于厘清国际反恐标准的乱象,为世界各国的合作反恐清理意识形态领域的障碍尤为重要。④

另一方面,以人作为安全关注的中心在于强调法律机制的建构应围绕人的权利展开,不仅要体现对被害人合法权益的保障,还要根据社会危害性、主观恶性的大小对犯罪行为人予以区别对待,既要秉持严惩犯罪的思维,也不能放弃对犯罪行为人进行改造的可能。宽严相济刑事政策的思维在建构反恐合作法律机制中的提倡是对罪刑均衡的契合,国际社会不能因为恐怖主义犯罪的危害性而对任何类型的涉恐不法行为一律予以严刑科处,这显然是对刑法基本原则的背离。"惩罚应有程度之分,按罪大小,定惩罚轻重",⑤为了实现罪刑均衡,就有必要在反恐合作法律机制中引入罪刑阶梯,进而确定轻罪轻刑、重罪重刑的罪刑清单,⑥并根据行为的社会危害性与行为人的主观恶性对犯罪行为人予以"敌人"与"市民"的区分,进而在此基础上通过刑罚重新唤起"市民"对规范的尊重、对顽劣不化的"敌人"予以严刑峻法,⑦甚至进行无害化的处理。在任何反恐

---

① 胡联合、胡鞍钢、徐绍刚:《贫富差距对违法犯罪活动影响的实证分析》,《管理世界》2005年第6期。
② 吴忠民:《改善民生对转型期社会安全至关重要》,《中国特色社会主义研究》2015年第5期。
③ 杨恕:《国际恐怖主义新特征》,《人民论坛》2017年第1期。
④ 张红涛:《文化反恐的自治逻辑与建设机制研究》,《理论月刊》2020年第7期。
⑤ [法]孟德斯鸠著,罗大冈译:《波斯人的信札》,商务印书馆1958年版,第148页。
⑥ 陈兴良:《刑法哲学(第六版)》,中国人民大学出版社2017年版,第654—655页。
⑦ 罗钢:《敌人刑法抗制恐怖活动犯罪的本土化运用》,《中国人民公安大学学报(社会科学版)》2015年第1期。

常态化机制中,展现当局刚性的"高压打击"都是惩治恐怖主义犯罪所必需的手段,[1]但这一方法的长期适用形成了国际社会"严打"恐怖主义犯罪的思维惯性,导致不少国家欣然接受"敌人刑法"的范式而将一切涉恐犯罪行为人贴上"敌人"的身份标签。尚且不论"敌人刑法"的理论在当下仍面临诸多争议,甚至被学者称为一种"充满歧义和危险的理论"。[2] 若坚持在反恐合作中只奉行从严从重的立场,则泯灭了反恐法律机制应对不同类型的恐怖主义犯罪的灵活性与针对性。"没有人是天生的恐怖分子",[3]宗教极端主义更是对正统伊斯兰教教义的逆流与不当解读。据此,在近年来的反恐斗争中,对那些受到蛊惑、煽动或胁迫而盲从地从事恐怖主义犯罪的行为人的去极端化逐渐得到了国际社会的重视,力求让更多的极端分子重新融入主流社会。[4] 例如,在面临严重的宗教极端恐怖主义威胁的印度尼西亚,作为其打击恐怖主义犯罪的行动指南,不仅为缉捕恐怖分子等极端主义分子提供了制度依据,更通过具体条款设置"康复项目"并配套相应的组织架构以顺应伊斯兰国家中试行的去极端化的趋势。[5] 在沙特阿拉伯,政府在强力制裁恐怖主义犯罪的同时,实行"软反恐策略",从行动和思想两个维度对极端主义者开展"去极端化"的工作。[6] 极端化不是一蹴而就的,极端化的过程是由不同的社会和心理因素发起和影响的,对极端政治和宗教意识形态承诺的增加,导致态度和行为的改变。[7] 而随着这个过程的不断推进,恐怖主义将是其终点。[8] 若要弥补涉恐违法犯罪人员在社会化进程中的人格缺陷,则需引导他们忘却陈旧的价值观与行为模式,接受新的价值观,重塑新的行

---

[1] 赵国军:《"东突"恐怖活动常态化及其治理》,《国际展望》2015年第1期。
[2] 刘仁文:《敌人刑法:一个初步的清理》,《法律科学(西北政法学院学报)》2007年第6期。
[3] 冯卫国:《论文化反恐与去极端化》,《法治研究》2016年第1期。
[4] Ian Tan, "An Overview and Consideration of De-Radicalisation in Malaysia", *Perth International Law Journal*, vol. 4, 2019, p. 119.
[5] 杨楠:《去激进化反恐策略的"印尼模式"评析》,《东南亚研究》2018年第3期。
[6] 李欢乐:《去宗教极端主义的国际合作方法研究》,《武汉公安干部学院学报》2018年第2期。
[7] John G Horgan, *Walking away from terrorism: Accounts of disengagement from radical and extremist movements* (London: Routledge), 2009, p. 152.
[8] Fathali M. Moghaddam, "The Staircase to Terrorism: A Psychological Exploration", vol. 60, no. 2, 2005, p. 162.

为范式。① 即要通过特定机关与相关专业人员以及社会各界力量的参与,帮扶涉恐违法犯罪人员,使其改正业已习得的与社会主流文化相背离的价值标准和行为规范。② 最后,应当注意的是,宗教极端主义不是宗教,依法严惩恐怖主义犯罪是去宗教极端化的重要保障,但在对其予以严惩的同时,需正确处理宗教与恐怖主义的关系、信教群众的宗教信仰自由,这是在法律层面去极端化的基本立场。此外,在国际合作层面,鉴于各自国家国情、历史发展阶段、文化传统以及宗教情况的差异性,在极端化领域开展国际合作的前提是相互尊重彼此的独立性。

---

① [美] 戴维·波普诺著,李强译:《社会学(第十一版)》,中国人民大学出版社 2007 年版,第 185 页。
② 师维等:《中国反恐怖主义法研究》,中国人民公安大学出版社 2016 年版,第 141 页。

法治反恐理论与中国实践

一、问题的提出：我国反恐理论提出的背景

2014年的"3·1云南昆明火车站暴力恐怖案"，同年发生的"5·22新疆乌鲁木齐恐怖袭击案"，2015年11月，一名中国公民被"伊斯兰国"极端恐怖组织处决，一系列恐怖主义活动反映出中国在全球扩大影响力的同时正遭受愈发严重的恐怖主义威胁。尤其是在推动"一带一路"倡议纵深发展的进程中，"一带一路"共建国家和地区的恐怖主义成为首要风险。[1] 中亚相关国家与我国毗邻，一方面，该地区是恐怖主义犯罪泛滥的"不稳定的弧形地带"，[2]活跃着大大小小20多个恐怖主义组织，[3]其中就包括我国当前面临的恐怖主义"三股势力"。另一方面，该地区又是欧洲、西亚、南亚和东亚各国人民、商贸和文化交流的十字路口。可以说，中亚地区安全局势的稳定与我国"一带一路"倡议的推进息息相关。"一带一路"共建国家或地区的恐怖主义不仅对我国的经济投资与合作项目具有较大威胁，恐怖主义思想的蔓延也对"一带一路"共建国家的政治安全与社会稳定产生影响。同时，为制衡中国的迅速崛起，美国在中东的战略收缩，让

---

[1] 徐军华：《"一带一路"背景下中国开展反恐国际合作的国际法战略》，《法学评论》2019年第1期。

[2] 刘青建、方锦程：《恐怖主义的新发展及对中国的影响》，《国际问题研究》2015年第4期。

[3] 李琪：《中亚地区安全化矩阵中的极端主义与恐怖主义问题》，《新疆师范大学学报(哲学社会科学版)》2013年第2期。

恐怖主义组织得以东山再起,例如,"乌兹别克斯坦伊斯兰运动(IMU)"就以阿富汗北部为跳板,在塔吉克斯坦、乌兹别克斯坦和吉尔吉斯斯坦等国频繁活动。① 此外,沿线国家在反恐合作方面的分歧与冲突是任何反恐合作都无法回避的问题。趋于复杂的"国际和周边环境",让"维护国家安全面临一些值得高度关注和认真对待的新情况新问题。"②在国内,当前发生于我国的恐怖主义犯罪出现了威胁加剧、组织形态异化、隐蔽性提升、手段翻新和对象转向的新趋势,③民族分裂势力、宗教极端势力在境外反华势力的扶持下依然猖獗,网络安全问题在恐怖主义犯罪方面向非传统安全转向。在此背景下,影响当前我国国家安全的内外因素"比历史上任何时候都要复杂"。④ 尽管相对于恐怖主义犯罪猖獗的国家和地区而言,我国的社会大局总体稳定,恐怖主义危机处理机制相继建立并不断完善,但"必须清醒地看到,新形势下我国国家安全和社会安定面临的威胁和挑战增多,特别是各种威胁和挑战联动效应明显"。⑤ 结合近年来,参与叙利亚"圣战"活动的战斗人员中,中国公民的数量不断递增的情形可知,恐怖主义正不断触犯中国政府的容忍底线,促使我国的反恐法律政策、立法相比过去变得更加积极,以应对国内外恐怖主义的威胁。

一方面,以《反恐怖主义法》对国家反恐事项的整体布局为框架,以《刑法》《刑事诉讼法》《反洗钱法》《人民警察法》《人民武装警察法》《国际刑事司法协助法》为各项反恐事项提供法律依据,国内反恐法律体系初步形成;另一方面,以与上海合作组织成员国、周边国家的反恐合作为主,以上海合作组织为平台形成的国际反恐机制在打击、防控中亚恐怖主义犯罪的方面成效显著。⑥ 中东地区可以说是中国反恐的前线。但这样的反恐体系在面对"一带一路"共建国家、

---

① 刘青建、方锦程:《恐怖主义的新发展及对中国的影响》,《国际问题研究》2015年第4期。
② 《习近平在中央军委扩大会议上的讲话》,《人民日报》2012年11月16日。
③ 田刚:《我国恐怖主义犯罪的实证分析和未来刑法之应对》,《法商研究》2015年第5期。
④ 《习近平在中央国家安全委员会第一次会议上的讲话》,《人民日报》2014年4月16日。
⑤ 《习近平在十八届中共中央政治局第十四次集体学习时的讲话》,《人民日报》2014年4月27日。
⑥ 吴何奇:《上合组织反恐法律机制建设研究》,《北京科技大学学报(社会科学版)》2018年第4期。

地区恐怖主义制造的挑战和威胁时,仍有加强和完善的急迫性。正因如此,在未来的反恐斗争中,中国政府必然会把更多的目光放置于全球,进行更加广泛的反恐合作,搭建更具影响力的反恐平台。

在此背景下,中国共产党第十八次全国代表大会以来,以习近平同志为核心的党中央从坚持和发展中国特色社会主义全局出发,系统阐述了中国特色社会主义建设在反恐领域所面临的理论和实践问题,逐渐形成了适应新时代发展的一系列反恐理论,为我国打击国内恐怖主义、开展国际反恐合作提供了坚实、科学的理论支撑。[1] 2015 年通过的《反恐怖主义法》的第七章"国际合作"成为我国开展反恐国际合作相关程序的法律依据,2017 年党的十九大报告中提出的"坚持总体国家安全观""坚持推动构建人类命运共同体"与"秉持正确义利观和真实亲诚理念,加强同发展中国家团结合作"成为我国反恐国际合作的政策指引。《刑法修正案》对于恐怖主义犯罪及其相关罪名的增设、修改不仅体现了我国政府惩治恐怖主义犯罪的决心,更反映了我国政府坚持开放的姿态,促进国内反恐刑法与国际反恐条约、联合国决议的接轨,以应对国际恐怖主义的威胁,从而缩小恐怖组织活动的空间,促进地区乃至全球的稳定与安全。

二、我国法治反恐理论的具体内容

习近平总书记将恐怖主义评价为"事关国家安全,事关人民群众切身利益,事关改革发展稳定全局"的重要问题,将打击恐怖主义犯罪的具体实践上升到"维护祖国统一、社会安定、人民幸福"的新高度。[2] 党的十八大以来,我国反恐理论形成于我国的反恐实践,是以习近平同志为核心的党中央基于对当今世界仍面临严峻的恐怖主义威胁、站在整体性的战略高度作出的理性判断。系统阐述了在打击恐怖主义的过程中"打击什么样的恐怖主义""如何打击""由谁来打

---

[1] 康均心:《习近平新时代反恐理论的形成与发展》,《法商研究》2018 年第 5 期。
[2] 《习近平在十八届中央政治局第十四次集体学习时的讲话》,《人民日报》2014 年 4 月 27 日。

击"等问题。具体而言,我国的反恐理论具有以下几个方面的深刻内涵。

(一) 打击什么样的恐怖主义

我国坚持"反对一切形式的恐怖主义""不搞双重标准"。[1] "反对一切形式的恐怖主义",体现了我国一直以来在对抗恐怖主义方面所奉行政策的明确性。自党的十六大起,江泽民就已经"主张反对一切形式的恐怖主义"。党的十八大报告中,胡锦涛在阐述我国外交政策的内涵时,再次强调"反对一切形式的恐怖主义"。2015 年,"反对一切形式的恐怖主义"更是通过立法的形式成为我国打击恐怖主义的基本原则。至党的十九大,习近平总书记将"坚决打击一切形式的恐怖主义"上升到国家安全战略的层面。无论是哪种形式的恐怖主义,都属于人类社会的公害,都意图制造社会、公众的恐慌,都是对世界和平与稳定的威胁;"不搞双重标准",针对的是西方大国在国家安全的保障方面信奉"零和博弈"的现实主义安全观。[2] 由于各国之间的反恐理念难以形成统一,尽管国际社会一直努力通过国际公约就恐怖主义制定出能够适用于一切情况、涵盖所有恐怖主义表现形式的定义,但成效颇微。现实中,不同国家之间因利益、立场的不同,在就一些武装冲突是否应当被评价为恐怖主义的方面无法达成共识,最为经典的论述便是"一个人眼中的恐怖分子是另一个人眼中的自由战士"。[3] 我国的反恐理论坚持奉行总体国家安全观,不仅重视国家的自身安全,亦关心国际社会的共同安全,遵循联合国决议中"构建人类命运共同体"的呼吁,把恐怖主义视为人类面临的共同挑战,从而推动国际社会各方朝着互利互惠、共同安全的目标前进,[4]反对将反恐与地缘政治利益的实现挂钩,避免受政治因素影响,使得国际反恐联盟中的国家渐行渐远,分化成不同的阵营。

---

[1] 习近平:《开拓机遇应对挑战》,《人民日报》,2015 年 11 月 16 日。
[2] 郭关玉、李学保:《恐怖主义全球治理的中国理念与中国方案——学习习近平有关恐怖主义治理的重要论述》,《中南民族大学学报(人文社会科学版)》2019 年第 3 期。
[3] Van Schaack B. "Finding the Tort of Terrorism in International Law." *Review of Litigation*, 2008, Vol. 28(2): p. 407.
[4] 《习近平在中央国家安全委员会第一次会议上的讲话》,《人民日报》2014 年 4 月 16 日。

(二) 如何打击恐怖主义

第一，坚持"综合施策，标本兼治"，[①]这是当代中国治理恐怖主义的方法论，是党和国家领导人在预防和打击恐怖主义的过程中为凝聚国际共识、促进世界和平与稳定提出的"中国方案"，是对党的十六大报告中提出的"标本兼治，重在治本，努力消除产生恐怖主义的根源"这一反恐怖刑事政策的延续与发展。[②] 在以建立核反恐安全体系为目标的第四届核安全峰会上，针对如何妥善应对核恐怖主义，如何深化打击核恐怖主义的国际合作等问题，国家主席习近平首次以"四个并重"全面系统阐述了中国的核安全观，这其中就包括"治标和治本并重"主张。[③] 2015年11月15日，在土耳其安塔利亚举办的二十国集团领导人第十次峰会上，针对之前发生的巴黎恐怖袭击，国家主席习近平再次强调国际社会要加强合作，综合施策，标本兼治，共同打击恐怖主义。2018年5月22日，在会见上海合作组织成员国安全会议秘书第十三次会议的外方代表团团长时，国家主席习近平提出"推行综合施策、标本兼治的安全治理模式"是提升上合组织安全合作，"推动上海合作组织安全合作迈上新台阶"的重要方式。

一方面，在统筹维护传统领域和非传统领域安全的基础上强调综合施策，在治理恐怖主义的方式上从军事反恐、简单反恐向多措并举转变。在国际上，既有多轮、双边、多边的联合军事演习，亦有情报信息交流网络和网络安全合作平台的搭建，同时，还会在政治互信不断积累的前提下，签署反恐公约，为反恐合作的深化提供法律保障；在国内，在坚持发展为第一要务的基础上，促进地区之间、各民族之间的共同繁荣，避免因为贫困滋生恐怖主义。在加强法治教育的同时，通过立法对部分行为入罪化的方式阻断恐怖主义思想的传播，而不单纯地依赖武力反恐。

[①] 《习近平谈治国理政》，外文出版社2017年版，第542页。

[②] 王秀梅、赵远：《当代中国反恐刑事政策研究》，《北京师范大学学报(社会科学版)》2016年第3期。

[③] 《习近平在荷兰海牙核安全峰会上的讲话》，http://www.xinhuanet.com/politics/2014-03/25/c_126310117.htm。

另一方面,通过对"9·11"事件以来国际反恐的反思,结合当前恐怖主义的特征提出"标本兼治"的判断。对任何事物而言,"标"与"本"都是相互依存的一组关系,"标"是"本"的外在,"本"是"标"的实质。治恐怖主义之"标",体现在以零容忍的态度对恐怖主义犯罪进行惩治、对恐怖组织展开剿灭、对恐怖分子予以打击。治恐怖主义之"本",则需要我们对恐怖主义追根溯源,从恐怖主义的发展史中找寻恐怖主义的温床,从根源层面破坏恐怖主义犯罪的经济基础,截断恐怖主义极端信仰对人民的荼毒。标本兼治,实际上是"宽严相济"刑事政策在反恐领域的运用,既体现出对那些已经上升为恐怖主义,威胁到人民群众的行为进行严厉的打击,又包含了在如何遏止恐怖主义形成的问题上,以理性的态度"化解仇恨、弥合分歧,关注每一种合理合情合法的呼声"。[1]

第二,以构建人类命运共同体为主旨,重视反恐国际合作,通过国际社会的共同努力来应对国际恐怖主义这个全人类的共同威胁。在我国反恐国际合作"由被动到积极主动融入的过程"中,[2]我国对反恐国际合作的重视程度越来越高,中国政府不断向国际社会传达在互相尊重、平等互利的基础上与其他国家开展反恐国际合作的意愿。党的十八大以来,习近平总书记多次强调"要并行推进国内国际两条战线,强化国际反恐合作",并在二十国集团领导人第十二次峰会上"主张建立全球反恐统一战线",表明中方愿"向其他国家加强反恐能力建设提供支持"。[3] 根据习近平总书记在国际峰会等外事活动中多次重申的内容,我国的反恐国际合作的框架主要包括下列几个方面:

一是在国际反恐合作中强调"底线思维"。无论是何种形式的恐怖主义,伤害无辜群众就触碰了底线。中国政府坚决反对一切形式的恐怖主义,坚决打击任何挑战人类文明底线的暴恐犯罪活动。二是将集体安全作为国际反恐合作的出发点,坚持联合国在反恐国际合作中的中心地位和主导作用。对于当今世

---

[1] 曹鹏程:《打击恐怖主义须标本兼治》,《人民日报》2015 年 11 月 16 日。
[2] 康均心:《习近平新时代反恐理论的形成与发展》,《法商研究》2018 年第 5 期。
[3] 《习近平出席二十国集团领导人第十二次峰会并发表重要讲话》,《人民日报》2017 年 07 月 08 日。

界范围内层出不穷的挑战与日益复杂的风险,没有国家能够独自面对,也没有国家能够独善其身,恐怖主义这一全球性问题需要各国共同治理,集体安全需要共同维系,联合国是国际集体安全机制的核心,在坚定维护《联合国宪章》的宗旨和原则,尊重国际法和国际关系基本准则的前提下,推动区域反恐合作机制不断完善。其中,上海合作组织反恐机制的构建充分体现了党和国家领导人在反恐国际合作中的智慧与大局观。三是反对用"双重标准"反恐,反对将恐怖主义与宗教、特定国家挂钩。一些西方国家在应对恐怖主义的问题上,惯于采用双重标准,对有些恶性事件不但不予以谴责,反而颠倒黑白,借此攻击别国宗教政策。针对宗教极端主义在全球范围内的猖獗,习近平总书记强调必须"旗帜鲜明反对宗教极端思想",[①]应将宗教与恐怖主义进行严格区分,"暴力恐怖活动漠视基本人权、践踏人道正义,挑战的是人类文明共同的底线,既不是民族问题,也不是宗教问题,而是各族人民的共同敌人"。[②]此外,有的国家则非要将恐怖主义与特定国家联系起来,打着反恐的旗号践踏他国主权和领土完整,反倒使这些国家成为滋生恐怖主义的温床。这些做法不但无助于维护安全,反而会助长暴恐活动,最终将养虎自伤。四是在反恐国际合作中坚持综合施策、标本兼治。运用政治、经济、社会、文化、外交、军事等手段,加强源头治理,防患于未然。[③]贫穷落后是恐怖主义滋生的温床,要从根源入手来解决问题。各国应支持联合国发挥主导作用,落实发展目标,消除贫困,向发展中国家提供支持和援助。在联合国框架下促进南南合作和南北合作,推动实现普遍繁荣和共同发展,而不仅仅诉诸反恐"战争"的发动,执着于对恐怖组织的肃清,忽视从源头铲除恐怖主义的问题。

(三) 由谁来打击

一方面,设立统筹外部安全与国内安全的反恐机构以贯彻落实"总体国家

[①] 《旗帜鲜明反对宗教极端思想——四论学习贯彻习近平同志新疆考察重要讲话精神》,《人民日报》2014年5月8日。

[②] 《习近平在十八届中共中央政治局第十四次集体学习时的讲话》,《人民日报》2014年4月27日。

[③] 钟声:《致力于标本兼治的反恐国际合作》,《人民日报》2017年6月12日。

安全观"。"总体国家安全观"是习近平总书记立足中国国情和新的历史方位，结合当今时代的特点和世界发展的趋势，对中国国家安全形势发展的重大需求的积极回应，是新形势下发展中国反恐理论和实践的强大思想武器。面对内外安全挑战的日益复杂和多样化以及非传统安全问题与传统安全问题的交织与融合，党的十八届三中全会正式提出设立国家安全委员会，以完善国家安全体制和践行国家安全战略，从而确保国家安全。[1] 当前，恐怖主义借助现代新型技术的发展而不同以往，恐怖组织背后所隐藏的一些大国之间的博弈让国家安全面临着前所未有的复杂局面，"各种可以预见和难以预见的风险因素明显增多，而我们的安全工作体制机制还不能适应维护国家安全的需要。"[2] 出于搭建一个平台统筹国家安全工作、协调内外安全事务的需要，以负责制定国家安全战略、协调反恐行动为主要职责的国家安全委员会的设立符合习近平总书记在解读国家安全观时所提出的既要建设平安中国、又要构建和谐世界的要求。我国的行政体制讲究集中决策，应对恐怖主义的威胁自然也要强调权责归属的明确，避免政出多门。而将"集中统一、科学谋划、统分结合、协调行动、精干高效"作为指引基本行动的理念的国家安全委员会能够最大限度地整合国家资源，规避过去国家安全部门在反恐方面出现的条块分割、资源重合浪费的劣势。[3]

另一方面，坚持全民反恐。近年来，"新疆乌鲁木齐 5·22 恐怖袭击案""新疆乌鲁木齐火车站 4·30 恐怖袭击案""3·1 云南昆明火车站暴力恐怖袭击案"，一系列恐怖主义活动让我们意识到恐怖主义距离公民的日常生活并不遥远，除了在中央设立专门的反恐机构，增强全民的反恐意识，鼓励全民参与也是反恐的重要环节。[4]《反恐怖主义法》作为我国反恐工作的基本法，不仅对政府

---

[1] 李因才:《国家安全委员会的国际比较：地位、职能与运作》,《当代世界与社会主义》2014年第6期。

[2] 习近平:《关于〈中共中央关于全面深化改革若干重大问题的决定〉的说明》,《求是》2013年第22期。

[3] 徐辉:揭秘国家安全委员会：多个机构曾"各自为战", http://news.youth.cn/jsxw/201311/t20131114_4200981.htm。

[4] 魏华、张兰兰:《论正当反恐法律机制的创建》,《山东大学学报（哲学社会科学版）》2015年第5期。

的反恐权限进行了配置,也对人民参与反恐提出了新的要求。既包含了反恐坚持群众路线的基本原则,也设定了人民配合相关部门开展反恐工作的义务。从立法精神层面看,体现了国家试图在反恐中嵌入公众之构成性角色的意涵。①

为什么要进行全民反恐？首先,以不特定的社会公众为袭击对象,通过制造社会恐慌从而向政府宣告政治诉求成为近年来极端势力惯用的手段,无辜群众已成为恐怖袭击中首当其冲的直接受害者。剥离群众的力量在反恐中的作用而仅仅依靠政府的力量反恐,对于那些随机性、碎片化的恐怖主义活动,难免产生科层组织应接不暇的问题,进而折损政府打击和防控恐怖主义的威信与效率。其次,在现代社会中,经济、技术的不断发展,生产力的指数式增长导致诸如恐怖活动之类的社会风险变得复杂和不确定。形式上,恐怖主义从单一的、"循规蹈矩"的有组织犯罪衍生出"独狼式"恐怖主义犯罪。范围上,恐怖主义袭击的空间不断延伸,当前,恐怖主义的极端思想能够借助网络空间,通过信息数据渗透千家万户,网络恐怖主义逐渐成为恐怖主义犯罪的重要手段之一。此外,尽管人民群众对恐怖主义犯罪这一表述并不陌生,但现实中的恐怖主义犯罪于我国大多数公民而言并非常见,这使得恐怖主义导致的社会风险呈现出隐蔽性的特征,公众不仅难以察觉,政府也难以掌握。有关恐怖主义的信息一旦鱼目混珠地在网络上疯狂传播,极易引发人民群众对政府所发布信息的怀疑,使人民群众的安全感下降,让政府的反恐斗争陷入孤岛。

实际上,"全民反恐"作为一种反恐战略已在其他国家得以重视与实践。例如,美国国土安全部(DHS)在 2009 年推出了"全民反恐战略",从以往的"不设防"转变为呼吁普通美国公民站在反恐战线的前沿阵地。又如 2011 年,英国内政部发布的反恐"预防战略"就鼓励民众、社区和非政府组织积极参与反恐。以及俄罗斯基于多年的反恐实践,制定了反恐《公民行为准则》,并以物质回报鼓励群众举报涉恐涉暴线索。2010 年,澳大利亚发表了题为《让澳大利亚更安全——保护我们的社区》的反恐白皮书,通过对澳大利亚反恐政策的全面介绍,

---

① 郭永良:《论我国反恐模式的转型——从精英模式到参与模式》,《法学家》2016 年第 2 期。

强调让那些有可能参与暴力恐怖活动的人更多参与澳大利亚经济、社会、民主进程等方面活动。① 同时,开通 24 小时安全热线,供民众随时拨打电话报告可疑情况。②

我国是人民当家作主的社会主义国家,特别高度重视"全民反恐",习近平同志在中共中央政治局第十四次集体学习时发表重要讲话,特别强调全民反恐的重要价值,③这使我国的"全民反恐"进入了一个新时代。④ 也可以说我国的"全民反恐"是在习近平总书记有关反恐的理论指引下和借鉴域外反恐经验的基础上推进到了一个新阶段。⑤ 全民反恐战略实际上是习近平总书记有关反恐的理论中对于"由谁来打击"恐怖主义问题的补充,要开展一场反恐维稳的人民战争,不仅需要政府、专门机关集中优势资源形成强有力的打击,也需要信赖群众,即"坚持专群结合、依靠群众,深入开展各种形式的群防群治活动,筑起铜墙铁壁,使暴力恐怖分子成为过街老鼠、人人喊打"。⑥

三、我国法治反恐的具体实践

(一) 恐怖主义的定义

对恐怖主义进行正确的界定,不仅是反恐理论研究的逻辑起点,还是惩治和预防恐怖主义的现实需要,亦是推进反恐国际合作的前提。

在缺乏一个国际社会普遍接受的"恐怖主义"法律概念的背景下,以联合国为主导的、根据恐怖主义所针对领域、目的、手段特征的不同,以分类的形式逐一制定出 19 个用以惩治恐怖主义犯罪的国际公约,是国际法层面反恐的第一

---

① 张建华等:《国外如何开展"全民反恐"》,《文摘报》2014 年 7 月 15 日。
② 黄石、刘猛:《"全民反恐"的价值定位与实践难题基于〈反恐怖主义法〉的解读》,《河南大学学报(社会科学版)》2017 年第 11 期。
③ 《习近平在中共中央政治局第十四次集体学习时的讲话》,《人民日报》2014 年 4 月 27 日。
④ 王林:《关于"全民反恐"战略提法的几点思考》,《北京警察学院学报》2017 年第 3 期。
⑤ 康均心:《习近平新时代反恐理论的形成与发展》,《法商研究》2018 年第 5 期。
⑥ 《习近平在中共中央政治局第十四次集体学习时的讲话》,《人民日报》2014 年 4 月 27 日。

步;但若期望国际法在反恐方面发挥更大的作用,则不能满足于仅对几种类型的恐怖主义的列举,这必然使将恐怖分子的其他行为解释为恐怖主义的裁量空间有所局限,而应当基于国际社会成员的共同利益,以所能达到的共识作为恐怖主义犯罪构成要件的基础,将一切符合构成要件的行为评定为侵犯国际社会各成员的共同利益的犯罪行为。而推动反恐国际法至这一步的关键在于国际社会各成员能否在评价一个行为是否应当被界定为恐怖主义犯罪的立场上坚持非政治利益导向的、客观的态度。① 恐怖主义往往被认为无法以法律的形式予以界定,②由于各国政府在对于那些活跃于国际社会的非国家行为体的行为动机、目标以及价值信仰的界定上存在分歧,③对于什么样的行为应当被谴责为"恐怖主义",国际社会并没有达成具体的共识,"恐怖主义"更多地作为国际社会的一个政治术语而非法律概念。因此,什么行为构成恐怖主义在很大程度上不是一个国际法的问题,而是各国的反恐政策体现,这就导致恐怖主义的国际化程度在全球化的大背景下不断攀升至新高度的同时,相对应的反恐法律机制却严重滞后,预防和打击恐怖主义的重任依然植根于各国自身的法律体系下,反恐的国际化水平尚停留于国与国之间的刑事司法协作,能够求同存异并以维护世界和平与发展的国际反恐联盟尚未形成。正如 2003 年《一个更安全的世界:我们的共同责任》呼吁国际社会在一个国际公约中对恐怖主义进行一个完整的界定时所解释的,一个能够适用于国际社会的恐怖主义概念的缺乏,导致联合国在防止恐怖主义的过程中,难以有效地传递出联合国将恐怖主义视为一种"即便理由再合理也不能被接受"的行为的决心。④

党的十八大以来,我国通过的《反恐怖主义法》与批准的《上海合作组织反恐怖主义公约》都对"恐怖主义"的概念予以进一步厘清。在上述法律文件之

---

① Partan DG, "Terrorism: An International Law Offense", Conn. L. Rev.. 1986, vol. 19: p. 754.
② Levitt G, "Is terrorism worth defining", Ohio NUL Rev., 1986;13: p. 114.
③ Rubenstein, Richard E, *Alchemists of revolution: Terrorism in the modern world* (New York: Basic Books), 1987: p. 228.
④ Van Schaack B, "Finding the Tort of Terrorism in International Law" *Review of Litigation*, 2008, Vol. 28(2): p. 414.

前,《打击恐怖主义、分裂主义和极端主义上海公约》也对"恐怖主义"进行了详细的规定,根据该公约第一条,"恐怖主义"既包括1970年以来被国际社会广泛接受的相关条约中对认定并经其定义为犯罪的任何行为,①还包括除上述行为外,"致使平民或武装冲突情况下未积极参与军事行动的任何其他人员死亡或对其造成重大人身伤害、对物质目标造成重大损失的任何其他行为,以及组织、策划、共谋、教唆上述活动的行为,而此类行为因其性质或背景可认定为恐吓居民、破坏公共安全或者强制政权机关或国际组织以实施或不实施某种行为,并且是依各方国内法应追究刑事责任的任何行为"。此后,《上海合作组织反恐怖主义公约》对这一界定进行了调整,该公约的第二条将"恐怖主义"定义为"通过实施或威胁实施暴力和(或)其他犯罪活动,危害国家、社会与个人利益,影响政权机关或国际组织决策,使人们产生恐惧的暴力意识形态和实践"。同时,《反恐怖主义法》第三条亦规定"恐怖主义""是指通过暴力、破坏、恐吓等手段,制造社会恐慌、危害公共安全、侵犯人身财产,或者胁迫国家机关、国际组织,以实现其政治、意识形态等目的的主张和行为。"《上海合作组织反恐主义公约》与《反恐怖主义法》作为我国法治反恐的两座重要里程碑,反映了在全球反恐形势不断严峻、国内恐怖主义犯罪愈演愈烈的特殊时期,党和国家领导人对反恐实践提出的主张和要求。对"恐怖主义"定义的调整是对反恐斗争中"既重视自身安全,又重视共同安全,打造命运共同体,推动各方朝着互利互惠、共同安全的目标相向而行"的理论思想的贯彻与落实。具体而言,《上海合作组织反恐怖主义公约》与国内立法对"恐怖主义"界定的调整大致有以下两个方面。

第一,《上海合作组织反恐怖主义公约》与《反恐怖主义法》不再将"恐怖主义"局限于行为。有学者认为,反恐立法中的恐怖主义只能是行为,否则便突破

---

① 附件所列条约即:《制止非法劫持航空器公约》《制止危害民用航空安全非法行为公约》《关于防止和惩处侵害应受国际保护人员包括外交代表的罪行的公约》《反对劫持人质国际公约》《核材料实物保护公约》,作为对《关于制止危害民用航空安全的非法行为的公约》补充的《制止在为国际民用航空服务的机场上的非法暴力行为的议定书》,《制止危害海上航行安全非法行为公约》《制止危及大陆架固定平台安全非法行为议定书》《制止恐怖主义爆炸事件的国际公约》《制止向恐怖主义提供资助的国际公约》。

了"行为刑法"与"思想不可罚"的刑法原则。[①] 但上述立法并非刑法,而与民法、行政法一样属于刑法的被保障法,"恐怖主义"的外延比刑法中"恐怖主义犯罪"的外延更加宽泛并不影响两法的衔接,并不影响我国现行《刑法》的调整边界依然只限于人的行为。无论是意识形态层面的主张、思想,还是实践层面的具体行为,都可以成为法律规制的对象,是"反对一切形式的恐怖主义"原则的体现,有利于提前对恐怖组织或人员采取预防性措施,从而加大打击恐怖犯罪活动的力度。

第二,不再以犯罪行为的"有组织性"限定恐怖主义的认定。我国签署并批准的《上海合作组织反恐怖主义公约》与《反恐怖主义法》都未明确将"有组织性"规定为犯罪的构成要素。从逻辑上讲,任何有行为能力的个人都可能成为恐怖主义的实践者,判断个人是否属于恐怖主义主体的思路为:通过恐怖活动认定该行为人是否恐怖分子,而不能因果颠倒,预先将某一类人划定在恐怖主义主体的范畴之外。受限于技术水平,过去的恐怖主义活动很难由单个行为人独立实现,将"有组织性"作为构成恐怖主义的基本要素属于一定时代背景下的产物。但如今,一个恐怖分子甚至足不出户便可利用互联网完成煽动、招募、资助等一系列恐怖活动,仍然坚持以"有组织性"这一要件限定恐怖主义的适用有碍于对恐怖主义的预先侦查、提前防范,换言之,上述法律文件取消用"有组织性"限定恐怖主义的认定符合我国反恐政策"主动出击、露头就打、先发制敌""打早、打小、打苗头"的具体要求。

(二) 国内反恐立法的调整

法治反恐是我国深入推进全面依法治国的重要组成部分,一方面,我国坚持联合国在反恐国际合作中的中心地位和主导作用,严格遵循《联合国宪章》的宗旨和原则,推动落实安理会的反恐决议与《联合国全球反恐战略》,多次重申打击恐怖主义不能逾越国际法的框架。另一方面,强调法治"是现代社会治理

---

① 刘仁文:《恐怖主义与刑法规范——以〈刑法修正案(九)草案〉为视角》,《中国法律评论》2015年第2期。

的基本手段",通过制定和修订与反恐相关的立法,为法治反恐提供了依据与保障。2015 年《反恐怖主义法》的制定填补了我国在反恐领域专门立法的空白,取代了《全国人大常委会关于加强反恐怖工作有关问题的决定》在我国反恐法律性文件中的地位,将我国的反恐立法推向了一个新的高度。[①] 在此基础上,为进一步严密反恐法网、加大反恐力度,《刑法修正案(九)》修订了专门的恐怖主义罪名,在第 120 条新增了 5 种罪名,让一些恐怖主义犯罪的预备行为通过立法进入刑法规范,从而实现对恐怖主义犯罪的"打早打小";此外,《刑法修正案(九)》对原有罪名的罪状进行了修改。一是将资助恐怖活动培训的行为规定为犯罪,并明确规定为恐怖活动组织、实施恐怖活动或者恐怖活动培训招募、运送人员的,要追究刑事责任。二是将拒绝向司法机关提供恐怖主义、极端主义犯罪证据且情节严重的行为纳入"拒绝提供间谍犯罪证据罪";同时,在刑罚的配置上,修正案加大了对恐怖主义犯罪行为的惩罚力度。一是对《刑法》第 120 条中的组织、领导、参加恐怖组织罪增加了财产刑,从而增加了对组织、领导、参加恐怖活动组织犯罪分子的经济惩罚。二是在原《刑法》第 322 条偷越国(边)境罪中将不法分子偷渡出境参加恐怖活动培训或"圣战"的行为作为该罪的加重情节,处 1 年以上 3 年以下有期徒刑,并处罚金。[②]

关于反恐刑法的积极调整,一些学者对相关罪的设置与刑罚的施加是否符合刑事法治精神产生疑虑。刑法对预备行为的实行化、共犯行为的独立化的确让恐怖主义犯罪的实行行为变得更加宽泛,但这不是我们苛责反恐刑法具有过度犯罪化嫌疑的说辞。一方面,这样的立法思路其实展现了立法者试图构建一个庞大的反恐刑事法律体系来应对恐怖主义犯罪类型的日新月异,换言之,不把恐怖主义犯罪的实行行为拘泥于某一种或几种表现形式,能够降低国内反恐立法的滞后性;另一方面,恐怖主义是世界的公敌,国际反恐需要世界各国齐心协力,我国的刑法无论在反恐原则还是反恐内容上,都体现了与国际反恐公约

---

① 郭永良:《论中国反恐立法的基本轨迹》,《太平洋学报》2015 年第 8 期。
② 黎宏:《〈刑法修正案(九)〉中有关恐怖主义、极端主义犯罪的刑事立法》,《苏州大学学报(哲学社会科学版)》2015 年第 6 期。

的接轨,从而推动国际社会在预防和打击恐怖主义犯罪领域的多边合作。例如,作为对《联合国安理会第 2129(2013)号决议》加强打击网络恐怖主义的回应,《刑法修正案(九)》在原《刑法》的第 120 条增设了"宣扬恐怖主义、极端主义、煽动实施恐怖活动罪",并将涉及信息网络的诸多危害行为纳入刑事制裁的范围;为了响应《联合国安理会第 2178(2014)号决议》惩治外国恐怖主义战斗人员的要求,《刑法修正案(九)》对原有的第 120 条之一进行了修订,规定"资助实施恐怖活动的个人"包括"为恐怖活动组织、实施恐怖活动或者恐怖活动培训招募、运送人员的"人,以匹配《联合国安理会第 2178(2014)号决议》中"故意组织或者推动人员为实施、策划、准备或者参加恐怖主义活动,或者提供、接受恐怖主义培训离开来源国前往外国的"情形,等等。①

总之,党的十八大以来,我国反恐立法的积极调整体现了对以构建人类命运共同体为目标的使命感和责任感开展反恐国际合作的落实。人类命运共同体以推动国际关系法治化为目标,而要实现国际法治,既要遵循国际关系的法律规则,又要推动国际法治和国内法治的良性互动。迄今为止,中国不仅签署或加入了联合国主导的 19 项国际反恐公约中的大多数,又以上海合作组织为平台签署并批准了多项区域反恐公约,展现了自身作为一个负责任大国的国际担当,推动国际社会治理恐怖主义的新发展。"一个坚定致力于对内推进法治的中国,同时也必然是国际法治的坚定维护者和积极建设者",②落实到反恐的问题上,一方面,需要国家通过互动、解释和适用将国际法规范内化入国内法律框架中,其中就包括对于公认的国际法原则的认同,对于国际条约义务和国际习惯法、一般法律原则的接受和遵守。另一方面,通过国内立法的方式,为国际规则的制定提供思路与借鉴,将规则制定的话语权从内传达到外。③

(三) 反恐国际合作的发展

在恐怖主义日益全球化的今天,打击恐怖主义不能仅仅停留在国内层面,

---

① 王秀梅、白路瑷、张雪:《我国反恐刑事立法的反思》,《刑法论丛》2018 年第 1 期。
② 王毅:《中国是国际法治的坚定维护者和建设者》,《光明日报》2014 年 10 月 24 日。
③ 谢海霞:《人类命运共同体的构建与国际法的发展》,《法学论坛》2018 年第 1 期。

还应该具有国际化视野,遏制恐怖主义的蔓延离不开广泛而深入的反恐国际合作的开展。"推动构建人类命运共同体"的理念不仅被写入最新的《中国共产党章程》,还被写入宪法,已成为我国在国际事务中的根本性指导思想。命运共同体立足于全球化浪潮中国际社会不同成员之间的共同利益,恐怖主义是世界公害,恐怖主义的挑战自然需要国与国之间联合起来共同应对,[①]正因此,开展反恐国际合作是"推动构建人类命运共同体"的题中之义,党的十八大以来,我国在反恐国际合作上的发展可以从"联合国-区域组织-国内"三个层面予以解读。

首先,中国始终维护联合国在反恐国际合作中的权威、领导和协调地位,始终坚持以联合国为中心,在遵循《联合国宪章》的前提下与各方开展反恐国际合作,积极参与联合国的维和行动,旨在促成国际反恐联盟在联合国主导的框架下形成、发展和巩固。国际社会对于恐怖活动进行规制最早产生于国际联盟时期。1937 年在日内瓦举行了旨在更有效地防止和惩治具有国际性质的恐怖主义的正式外交会议,会议上签署的《防止和惩治恐怖主义公约》是第一个反恐怖主义的国际公约,在国际反恐立法中具有里程碑式的地位,遗憾的是,由于"二战"的爆发,国际联盟解体,在参与签署该公约的 24 个国家中,只有印度最终批准了它,以至于该公约并未真正生效。[②] 这之后,联合国相继就恐怖主义在某些领域的行为进行了一系列的针对性规定。"洛克比空难事件"的发生,让联合国充分认识到恐怖主义对人类的危害性,安理会于 1992 年宣称恐怖主义是对国际和平与安全的威胁。联合国组织体系中最重要两个的权力机构——联合国安理会和联合国大会在反恐国际合作中有不同的侧重方面,前者侧重通过促成有关安全、执法和边境控制当局之间的合作来打击恐怖主义,后者侧重在建立

---

① 张辉:《人类命运共同体:国际法社会基础理论的当代发展》,《中国社会科学》2018 年第 5 期。

② Van Schaack B,"Finding the Tort of Terrorism in International Law" *Review of Litigation*,2008,Vol.28(2):p.409.

打击恐怖主义的规范框架和鼓励国家间的合作行动方面发挥作用。① 最为典型的例子便是"9·11"事件的发生实则推动联合国安全理事会以《联合国宪章》的第七章为基础,通过了《联合国安理会第 1373(2001)号决议》要求各国遵循公约、履行义务,制止一切协助恐怖主义的行为,并成立反恐怖主义委员会来监督该决议的实施情况。如上文所述,联合国主导制定的 19 项用以制止恐怖主义的国际公约要求国际社会的所有成员依公约履行义务,这自然会带来这样的问题:当不履行义务的时候,该成员应当承担何种法律上的后果?在这种情形下,根据国际法惯例,履行义务的其他国家可以通过实施反措施甚至付诸武力的方式促使国际不法行为责任国履行义务,就任何一种措施而言,履行义务的其他国家都既有可能要求安理会根据《联合国宪章》第七章实施举措,也可能本国单方面展开行动。例如,1988 年"洛克比空难事件"发生后,美国针对利比亚的反措施,又如在埃塞俄比亚暗杀埃及总统的恐怖分子逃往苏丹后,安理会对苏丹首都喀土穆实施制裁,以及安理会通过对阿富汗实施各种制裁,要求塔利班停止为国际恐怖分子提供庇护和训练,等等。作为世界上最具有广泛性和代表性的政府间国际组织,联合国在惩治和预防恐怖主义上的地位和作用是任何单一国家乃至区域组织都难以媲美的。一些西方国家在国际反恐的议题中,缺乏对以"和平、发展、公平、正义、民主、自由"为核心价值的人类命运共同体思想的认同,挑战构建国际秩序的伦理基础,在国际事务中轻视国际法的权威,"合则用,不合则弃",②在国际反恐斗争中倾向于单边主义,甚至以反恐之名干涉他国内政。不同于此,中国政府在反恐议题中始终反对任何国家以反恐为名在全球范围内拓展自身利益、遏制竞争敌手、控制战略要地等霸权行为;反对把恐怖主义与任何宗教、国籍、文明或族裔群体联系在一起的反恐理念,反对一些西方大国在反恐问题上所采取的"双重标准"。例如,一些西方大国给中亚国家的领导人

---

① 王志亮、袁胜育:《国际反恐法律机制视域下的上合组织反恐法律机制建设》,《俄罗斯研究》2016 年第 6 期。
② 杜焕芳、李贤森:《人类命运共同体思想引领下的国际法解释:态度、立场与维度》,《法制与社会发展》2019 年第 2 期。

冠以"独裁总统""新世袭制政权""个人专制"的标记,[①]认为中亚国家对该地区恐怖主义的打击的本质是借着打击恐怖主义的旗号压榨中亚地区的伊斯兰教众。我国作为联合国安理会常任理事国始终秉持集体安全的思维,不仅支持对《联合国宪章》和《联合国全球反恐战略》的全面落实,还切实履行着联合国诸项反恐怖公约所规定的义务,[②]积极参与联合国主导下解决地区冲突的进程,始终坚持政治解决冲突的方向,提倡在《联合国宪章》的宗旨和原则基础上开展政治协商对话,构建公正合理的国际秩序,消除国际恐怖主义生存的土壤,确保和平的国际环境。[③]

其次,为提高反恐国际合作效率,我国在坚持联合国主导的同时,积极搭建反恐国际合作的平台。党的十八大以来,我国持续推进上海合作组织在反恐合作机制方面的建设。一方面,与成员国之间积极制定双边和多边的国际公约或者条约,为开展区际合作奠定法律基础。在上海合作组织反恐机构的协调下,完善各成员国之间的信息交换机制;另一方面,切实履行所制定的国际公约,积极加入反恐怖主义犯罪的国际刑事司法合作中。在控制本国恐怖主义犯罪的同时,对他国反恐怖主义犯罪活动予以尽可能的支持。各国之间除了继续开展传统的文书送达、调查取证、情报交换与共享、搜查扣押、引渡等国际合作,还结合现代恐怖主义犯罪分布范围广、随意性强、技术手段先进及国际化趋势增强等特点,拓宽合作渠道,丰富合作形式,积极开展反恐怖联合军事行动以震慑恐怖主义组织,等等。[④]在已有的反恐公约所构建的上海合作组织反恐怖主义合作机制的基础上,保证了我国与其他上海合作组织成员国一直坚持法治反恐的模式,即通过将恐怖主义活动视为严重暴力犯罪并纳入刑事法治规制的方式予以

[①] Hunter Shireen, *Islam in Russia: the politics of identity and security* (Armonk, N.Y.: M. E. Sharpe), 2004, p.17.

[②] 黄风、龙在飞:《我国反恐怖国际合作的立法与实践》,《人民检察》2015年第21期。

[③] 刘猛:《〈反恐怖主义法〉视域下的中国反恐国际合作》,《山东大学学报(哲学社会科学版)》2017年第2期。

[④] 吴何奇:《上合组织反恐法律机制建设研究》,《北京科技大学学报(社会科学版)》2018年第4期。

惩治和预防,在相同的政策立场与模式选择的背景下,上海合作组织成员国间的反恐国际合作扫清了方向性的障碍。上海合作组织秘书长阿利莫夫曾表示,通过上海合作组织地区反恐机构的协助,仅 2015 年便有 150 余名国际恐怖组织成员被消灭,1 000 余名恐怖分子的帮学被逮捕。

最后,我国以"总体国家安全观"作为指导国家安全工作的顶层设计,推动反恐国际合作迈向更高的台阶。国家安全委员会的设置滥觞于冷战伊始杜鲁门政府与苏联的竞争,冷战结束后,多数国家沿袭了这一机构的称谓并相继设立自己的国家安全委员会,目前,全球已有 20 多个国家设立了国家安全委员会或类似机构。2013 年,中共十八届三中全会予以设立的国家安全委员会是我国国家安全领域机制的重大调整,其主要职责"是制定和实施国家安全战略,推进国家安全法治建设,制定国家安全工作方针政策,研究解决国家安全工作中的重大问题"。[1] 国家安全委员会的设立改变了以往中央层面维护国家安全和反恐的职权由多个部门分散履行的局面,通过统筹整合各部门资源,进行有效协调,从而消除职权分散,各部门之间缺乏信息共享与协作的弊端。同时,国家安全委员会的设立通过协调好国内外管控与合作,能够既重视自身安全,又重视共同安全,推动各方朝着互利互惠、共同安全的目标相向而行,为中国政府积极融入国际反恐合作机制夯实了基础,提供了机构框架上的高效对接。[2] 此外,《中华人民共和国国际刑事司法协助法》明确规定了国内各相关部门的国际刑事合作职责权限以及开展刑事合作的条件和程序,并就联合刑事执法、信息情报交流、犯罪资产的追缴与分享、证据的转化与相互认定以及被判刑人的移管等具体刑事合作事项作出了合理的设计,这些都是我国积极参与国际反恐合作的具体体现。

---

[1] 习近平:《关于〈中共中央关于全面深化改革若干重大问题的决定〉的说明》,《求是》2013 年第 22 期。
[2] 张屹:《中国反恐机制述评——从理论基础到政策演变》,《辽宁大学学报(哲学社会科学版)》2017 年第 4 期。

四、法治反恐的发展思路

（一）完善反恐情报机制预防犯罪发生

尽管国内安全局势保持稳定，但我国面临的恐怖主义威胁依然存在。在此背景下，反恐情报机构的建设成为新时期我国运用大数据技术防范社会风险的利器。反恐情报工作是犯罪技术治理的题中之义，技术治理是工具层面渐进式的社会工程，是借助科学技术提升公共治理效率。犯罪的技术治理是通过"数据集成、风险预警、决策支持、指挥调度、共治服务"的治理流程，[1]因此，反恐情报工作则是基于对现实与网络空间情报的收集，以实现针对恐怖主义犯罪的预警、预测、预防的治理模式，它在夯实犯罪预防的正当性基础的同时，也提升了国家治理恐怖主义犯罪的能力，旨在将恐怖主义扼杀在萌芽阶段。构建具有中国特色的反恐情报机制需要注意以下两个方面：

第一，避免职权分散，加强反恐情报机制融合。我国情报工作职权分散、职能模糊的问题也影响了情报预警的及时性。因此，设立统筹国内国际反恐情报工作、整合对内对外反恐情报事务的专门机构，进而实现反恐情报、反恐情报机构、反恐情报工作的有机统一，是我国反恐情报机制的发展方向。《中华人民共和国国家情报法》（以下简称《国家情报法》）将国家安全机关和公安机关情报机构、军队情报机构并列，并由国家安全委员会集中统一领导。国家安全委员会的设立旨在改变过往我国情报工作的职权由多个部门分散履行的局面，通过统筹整合各部门资源，进行有效协调，从而消除职权分散，各部门之间缺乏信息共享与协作的弊端。现阶段的顶层设计基本解决了反恐情报机构设置相对分散的问题，但实践中，现有的顶层设计对情报融合的具体事宜鲜有提及，国家安全委员会的建设方兴未艾，反恐情报、机构、工作的融合尚在初级阶段。这导致情

---

[1] 单勇：《犯罪之技术治理的价值权衡：以数据正义为视角》，《法制与社会发展》2020年第5期。

报机构内部的职能划分依然不明确。例如,公安机关下设的综合情报部门与其他警种的情报部门存在职能上重复、业务上交叉的问题。因此,必须进一步完善我国现行情报机构的设置,以符合《国家情报法》规定的基本旨趣,明晰职责分工,实现相互之间的密切配合。首先,需对不同来源、层次、结构以及内容的涉恐信息资源进行识别与选取、分析与研判、传递与融合,将散落在各情报机构的信息要素进行组合,形成高价值和高作用的信息整体,通过信息要素的彼此衔接发挥情报的价值。其次,整合职能相同、相似的情报机构,通过新设或合并的途径精干情报机构和内设优化,进而合理配置资源,以解决机构重叠、职责分工过细、权力过于分散导致的决策与执行的脱节、统筹协调的问题。最后,汲取不同领域、不同行业、不同机构的信息或数据分析方法的优势延伸出新的情报分析模型和方法,优化我国反恐情报分析的能力。[①] 大数据时代,情报部门都面临着信息过载的烦恼,如何通过系统化的工程从过载的信息中选取、甄别、评估出稀缺且有价值的情报,是实现情报主导反恐亟待解决的现实问题。例如,在社会物理信息系统(CPSS)支持的基础上,将数字孪生技术运用到反恐情报预警这一复杂社会计算中,可望完成全层级反恐情报的深度融合,实现"平行"模拟反恐预警态势,支持跨部门反恐情报信息共享,最终满足恐怖组织行为预测、反恐决策评估的需求。

第二,在反恐实践中协调权力运行与权利保障。实践证明,情报反恐这种防微杜渐的方式具有预防恐怖主义的实效,但斯诺登事件同样揭露了国家在搜集情报时涉嫌非法收集公民信息的问题,对公民隐私的侵犯是典型的有违宪法和人权法所保障的、侵犯个人权利自由的行为。构建反恐情报机制旨在反恐中追求前瞻性的效果,因此,面对离开情报就无法预知的复杂风险,需要赋予情报机构更宽泛的权力自由,但缩减对公权力的限制也会在整体上削弱社会秩序的自由品质,一定程度上侵蚀民主与法治的保障机制。因此,如何协调公权力的扩张与个人权利产生的矛盾是构建反恐情报机制无法回避的问题。面对依然

[①] 江焕辉:《美国反恐情报融合机构的设立、运作和启示研究》,《情报杂志》2019年第8期。

严峻的反恐形势,为了回应民众对安全保障的期许,在紧急状态下,特别是基于预防恐怖主义犯罪的需要,克减公民的个人权利并不违反《公民权利及政治权利国际公约》的基本要求,但为了避免权力被滥用,根据联合国人权事务委员会提出的"锡拉库扎原则",运作反恐情报机制而对公民个人权利自由的限制需符合法定程序,且目的合法、手段必要以及利益相当。针对我国现行反恐情报机制的顶层设计,有必要对《反恐怖主义法》第四章"情报信息"的条文进行细化,明晰情报机构的资质、情报机制运作的法定程序。通过对《国家情报法》中情报机构职权的厘清,规范公权力的边界,让职能主体清楚"超越职权、滥用职权"的"警戒线"。同时,区分一般信息与隐私的敏感层级,侧重个人隐私、商业秘密的保护和非隐秘信息的利用,通过层级的划分在保护个人隐私、商业秘密的同时不妨碍对非隐秘类信息的合理使用。①

(二)通过反恐去极端化实现反恐治本

第一,反恐去极端化工作有序开展需要全局性、战略性顶层设计来统筹协调。对此,我国的《反恐怖主义法》在明确宣示国家反对一切形式恐怖主义的政治立场的基础上,在总体国家安全观的指导下贯彻"综合施策、标本兼治"的反恐策略,上述举措在近年预防和打击恐怖主义犯罪的问题上卓有成效。我国将地区贫困、不平衡的经济发展,民族、宗教、文化方面的冲突视为滋生恐怖主义极端意识形态的根源,在不断强化制裁恐怖主义犯罪法律效力的同时,在国际上倡导开放型的世界经济秩序,推动经济全球化朝着均衡、普惠、共赢的方向发展。通过主张各民族平等、共同繁荣以及加强对信教群众的法治教育、国家认同教育和职业技能培训,增强人民对极端意识形态的免疫力。同时,强调各种文明、文化之间的互鉴互荣以遏制宗教极端思想的传播。② 此外,我国政府始终强调宗教极端组织不是宗教,依法严惩恐怖主义犯罪是去宗教极端化的重要保

---

① 吴何奇:《大数据时代个人隐私保护的刑法路径》,《科学与社会》2020年第2期。
② 郭关玉、李学保:《恐怖主义全球治理的中国理念与中国方案——学习习近平有关恐怖主义治理的重要论述》,《中南民族大学学报(人文社会科学版)》2019年第3期。

障,但在予以严惩的同时,需正确处理宗教与恐怖主义的关系。习近平总书记指出,必须"旗帜鲜明反对宗教极端思想",[①]应将宗教与恐怖主义进行严格区分,"暴力恐怖活动漠视基本人权、践踏人道正义,挑战的是人类文明共同的底线,既不是民族问题,也不是宗教问题,而是各族人民的共同敌人"。[②] 据此,在反恐去极端化的同时,还要维护信教群众的宗教信仰自由。

第二,既要重视对极端组织头目的惩戒,也要重视反恐去极端化中的观念引导,既要秉持严惩犯罪的思维,也不能放弃对罪犯进行改造的可能。不能因为恐怖主义的危害性强而对任何类型的涉恐不法行为一律予以严刑科处,"惩罚应有程度之,按罪大小,定惩罚轻重"。[③] "没有人是天生的恐怖分子",[④]宗教极端意识形态更是对正统伊斯兰教教义的逆流与不当解读。正因此,对那些受到蛊惑、煽动或胁迫而盲从地从事恐怖主义犯罪的行为人的去极端化逐渐得到了国际社会的重视,力求让更多的极端分子重新融入主流社会。[⑤] 越来越多的政府在强力制裁恐怖主义犯罪的同时,开展"软反恐策略",从行动和思想两个维度对极端分子开展"去极端化"的工作。极端化不是一蹴而就的,极端化的过程是由不同的社会和心理因素发起与影响的,在内心中对极端意识形态的不断强化会导致个体主观认知和客观行为的改变,随着这个过程的不断推进,恐怖主义将是其终点。[⑥] 据此,去极端化的进程也将始于一个事件对情绪的触发所产生的认知上的开放。例如,2002 年的巴厘岛恐怖袭击事件促使伊斯兰祈祷团(Jemaah Islamiyah)的前领导人纳西尔·阿巴斯重新考虑该激进组织的合理性。[⑦]

---

① 《旗帜鲜明反对宗教极端思想——四论学习贯彻习近平同志新疆考察重要讲话精神》,《人民日报》2014 年 5 月 8 日。
② 《习近平在十八届中央政治局第十四次集体学习时的讲话》,《人民日报》2014 年 4 月 27 日。
③ [法]孟德斯鸠著,罗大冈译:《波斯人的信札》,商务印书馆 1958 年版,第 148 页。
④ 冯卫国:《论文化反恐与去极端化》,《法治研究》2016 年第 1 期。
⑤ Ian Tan, "An Overview and Consideration of De-Radicalisation in Malaysia", *Perth International Law Journal*, vol. 4, 2019, p. 119.
⑥ Fathali M. Moghaddam, "The Staircase to Terrorism: A Psychological Exploration", vol. 60, no. 2, 2005, p. 162.
⑦ Zachary Abuza, "The Rehabilitation of Jemaah Islamiyah Detainees in South East Asia: A Preliminary Assessment", in Tore Bjørgo and John Horgan, eds., *Leaving Terrorism Behind: Individual and Collective Disengagement* (Routledge), 2008, p. 198.

除此之外,极端组织的意识形态无法准确地解释世界、带来社会变革的事实也会让极端分子对自己的信仰产生怀疑。例如,意大利的极左翼恐怖组织"红色旅"在实现目标过程中的不断挫败便动摇了大批组织成员对该组织的信奉。①上述例证表明,当与个人信仰相矛盾的现实出现时,意识层面的冲击会带来个体认知上的开放。极端意识形态往往是各方面互相依存的成体系化的思想,哪怕是对一个方面的怀疑,也可能导致整个思想体系的瓦解。极端分子之所以坚守自己的信仰,恰恰在于他们会选择性地忽视现实与意识的冲突,并为极端意识形态中的症结辩护而使其合理化。因此,去极端化的关键在于放大极端意识形态中的荒谬成分。若要修补涉恐违法犯罪人员在社会化进程中的人格缺陷,则需引导他们忘却陈旧的价值观与行为模式,接受新的价值观的洗礼、重塑新的行为范式。② 即通过特定机关与相关专业人员以及包括宗教机构、家庭成员在内的社会各界力量的参与,矫正和帮扶涉恐违法犯罪人员,使其改正业已习得的与社会主流文化相背离的价值标准和行为规范。值得注意的是,矫正工作的顺利开展取决于政府能否找到合适的对话者与被监禁的极端分子建立和谐的关系,为此,选取极端分子尊敬的、愿与其建立对话关系的人员至关重要。

第三,充分理解极端意识形态背后的社会主要矛盾。在李斯特看来,任何一个具体犯罪的产生均由两个方面的因素共同使然,一个是犯罪人的个人因素,一个是犯罪人身处的外界的、社会的,尤其是经济的因素。其中,外界因素是主要诱因且对于犯罪的产生而言"显得相当重要",③作为应对犯罪的策略,"最好的社会政策就是最好的刑事政策"。④ 仅依靠对话与教育并不能完全打破极端分子与极端行为之间的联系,也不能赋予他们在社会中自力更生的生活技

---

① Donatella Della Porta, "Leaving Underground Organizations: A Sociological Analysis of the Italian Case", in Tore Bjørgo and John Horgan, eds., *Leaving Terrorism Behind: Individual and Collective Disengagement* (Routledge), 2008, p. 69.
② [美] 戴维·波诺普著,李强译:《社会学》,中国人民大学出版社 2007 年版,第 185 页。
③ [德] 冯·李斯特著,徐久生译:《德国刑法教科书》,法律出版社 2006 年版,第 11—12 页。
④ 这句被我国刑法学界广为引用的经典论述实则并非李斯特的原话,而是徐久生教授对李斯特相关文献的领悟后的总结。引自徐久生:《刑罚目的及其实现》,中国方正出版社 2012 年版,第 4 页。类似的论述参见姜瀛、李娜:《"最好的社会政策就是最好的刑事政策"出处及原语考略——兼及李斯特刑法思想研究的反思》,《法治社会》2020 年第 4 期。

能。因此,去极端化工作不仅要注重狱内的教育,还要关注事后的安置帮扶。为了确保去极端化工作的成效,政府还需要继续关注获释人员在社会中的状态,并为他们提供相应的帮助,例如,将获释人员安置在一个氛围融洽的环境中,规避公众的抵触情绪妨碍他们重新融入社会;继续为获释人员提供必要的宗教、心理方面的咨询,从而为其提供情感上的支持。反恐去极端化工作需要政府将治理的重点主动放置于改善与人紧密相连的社会环境,在重视安全问题的同时,还要重视发展的问题。"经验表明,极端主义,无论是民族主义还是极端主义,往往能够在贫穷人口中间找到市场"。① "一切历史冲突根源于生产力和交往形式之间的矛盾",这里所谓的交往方式是指生产关系或生产关系在法律用语上的"财产关系"。实证分析表明,伴随着社会贫富差距的拉大,犯罪的数量也随之大幅上升。② 据此,治理恐怖主义需要致力于增强造化民众的经济资本基础,改善个人的社会适应能力,这对于社会安全秩序的建设具有基础性意义。无论是行为去极端化,还是意识形态去极端化,实际上都取决于个人对利弊的权衡,在国外的去极端化实践中,大量脱离极端组织的人都能因为认识到伊斯兰极端组织对伊斯兰教义的错误解读而放弃这些信仰。③ 但离开极端组织的利好始终是促成极端分子脱离极端组织的重要因素,例如,政府对就业和财政支持的承诺也会让一个极端分子离开极端组织。而与利好对应的是去极端化的障碍,离开极端组织的关键障碍是极端分子对未来生活的恐慌。个人放弃暴力、从极端组织中脱离是去极端化的基础,若要保证机制的成效,再社会化至关重要。赋予一个安全稳定的生活环境、平等的就业机会,以及社会对他的接纳与认可,能够大大降低经过改造的极端分子累犯的概率。具体而言,去极端化工作可以通过向接受改造的极端分子的家庭成员提供经济支持来改变他

---

① 郑永年、杨丽君:《中国崛起不可承受之错》,中信出版社 2016 年版,第 240 页。
② 胡联合、胡鞍钢、徐绍刚:《贫富差距对违法犯罪活动影响的实证分析》,《管理世界》2005 年第 6 期。
③ Michael Jacobson, "Terrorist Dropouts: Learning from Those Who Have Left, Washington Institute for Near East Policy", *Policy Focus*, No. 101, 2010, p. 8.

们的态度,引导他积极参与去极端化实践,塑造维系去极端化成效的生存环境。① 稳定的就业与收入有助于提升获释人员的自尊心,使他们能够拒绝极端组织的资助,更能填补"脱离接触"后空闲下的时间。因此,去极端化机制应包括帮助接受改造的极端分子获得工作等相关内容,例如,沙特方案中会为被拘留者及其家人提供额外教育和专业培训的机会,从而保证获释人员具备立足于社会的生存能力。此外,社会对获释人员的态度同样关键,如果社会排斥获释人员,接受改造的极端分子会在回归社会后遭遇各种困境,北爱尔兰统一党的事例表明,由于无法在求职与生活中得到社会的包容,获释人员会更倾向于回归极端组织。② 因此,去激进化机制也应该致力于修正社会对获释人员的看法。

中国受到的来自国内外恐怖主义的威胁依然严峻,后"伊斯兰国"时代,"萨拉菲-圣战"意识形态仍然在全球扩散,乃至形成新一轮恐怖活动浪潮,这股浪潮必然伴随着我国"一带一路"倡议的推进而对我国和"一带一路"共建国家、地区的政治、经济以及社会稳定产生威胁。③ 习近平总书记关于如何治理恐怖主义所发表一系列重要论述代表着我国的反恐理论的新发展,是站在"总体国家安全观"的立场推动构建"人类命运共同体"的重要组成部分,是党中央和政府在反恐实践中汲取的精粹与智慧,更会不断促进当前乃至未来预防和打击恐怖主义的中国方案的形成与发展。

---

① 例如,沙特阿拉伯的咨询委员会向被释放的极端分子的家庭提供社会支持,但如果获释的极端分子再度犯下新的罪行,这些福利将被取消。Christopher Boucek, "Saudi Arabia's 'Soft' Counterterrorism Strategy: Prevention, Rehabilitation, and Aftercare", *Carnegie Papers*, No. 97, 2008, p. 20.
② Claire Mitchell, "The Limits of Legitimacy: Former Loyalist Combatants and Peace-Building in Northern Ireland", *Irish Political Studies*, vol. 23, 2008, pp. 14 - 15.
③ 徐军华:《"一带一路"背景下中国开展反恐国际合作的国际法战略》,《法学评论》2019 年第 1 期。

主要参考文献

一、中文文献

(一) 中文期刊

[1] 薄燕：《环境治理中的国际组织：权威性及其来源——以联合国环境规划署为例》，《欧洲研究》2007年第1期。

[2] 毕云红：《试论国家恐怖主义及其威胁》，《教学与研究》2003年第4期。

[3] 布里安·詹金斯著，张家栋译：《对美国反恐战略的反思》，《国际观察》2006年第5期。

[4] 曾向红、李孝天：《中亚成员国对上海合作组织发展的影响：基于国家主义的小国分析路径》，《新疆师范大学学报（哲学社会科学版）》2017年第2期。

[5] 曾向红：《恐怖主义的全球治理：机制及其评估》，《中国社会科学》2017年第12期。

[6] 曾向红：《全球化、逆全球化与恐怖主义新浪潮》，《外交评论（外交学院学报）》2017年第3期。

[7] 陈家刚：《全球治理：发展脉络与基本逻辑》，《国外理论动态》2017年第1期。

［8］ 陈洁：《欧盟反恐战略的发展与挑战》，《世界经济与政治论坛》2016年第1期。

［9］ 陈兴良：《刑事一体化视野中的犯罪学研究》，《中国法学》1999年第6期。

［10］ 储陈城：《大数据时代个人信息保护与利用的刑法立场转换——基于比较法视野的考察》，《中国刑事法杂志》2019年第5期。

［11］ 单世联：《进步论与多元论：章太炎的文化思想》，《上海交通大学学报（哲学社会科学版）》2011年第2期。

［12］ 范娟荣、李伟：《反恐背景下的去极端化研究与思考》，《新疆师范大学学报（哲学社会科学版）》2020年第4期。

［13］ 冯卫国、贾宇、尚进：《恐怖主义定义相关分歧之辨析》，《法学论坛》2018年第5期。

［14］ 冯卫国：《论文化反恐与去极端化》，《法治研究》2016年第1期。

［15］ 冯卫国：《总体国家安全观与反恐对策思考》，《理论探索》2017年第5期。

［16］ 冯玉军：《上海合作组织的战略定位与发展方向》，《现代国际关系》2006年第11期。

［17］ 葛明、聂平平：《区域性国际组织协作的集体行动逻辑分析——以上海合作组织为例》，《上海行政学院学报》2017年第6期。

［18］ 龚宇：《气候变化损害的国家责任：虚幻或现实》，《现代法学》2012年第4期。

［19］ 古丽阿扎提·吐尔逊、阿地力江·阿布来提：《中亚反恐法律及其评析》，《俄罗斯中亚东欧研究》2010年第5期。

［20］ 古祖雪：《联合国改革与国际法的发展——联合国"威胁、挑战和改革问题高级别小组"报告的一种解读》，《武大国际法评论》2006年第2期。

［21］ 管建强、曹瑞璇：《惩治国际恐怖主义以及完善我国惩治恐怖主义法律体系》，《法学杂志》2015年第7期。

[22] 郭关玉、李学保:《恐怖主义全球治理的中国理念与中国方案——学习习近平有关恐怖主义治理的重要论述》,《中南民族大学学报(人文社会科学版)》2019年第3期。

[23] 郭理蓉、陈晋蕾:《纠结的反恐刑事政策——反恐需要与人权保护:艰难的平衡》,《刑法论丛》2018年第3期。

[24] 郭锐、廖仁郎:《国家安全观的时代嬗变与可持续安全》,《湖南师范大学社会科学学报》2019年第6期。

[25] 韩晋、刘继烨:《"敌人刑法"的国际刑法法规范诠释——基于防御国际恐怖主义犯罪的思考》,《武大国际法评论》2018年第5期。

[26] 韩增林等:《基于恐袭数据的"一带一路"沿线国家安全态势及时空演变分析》,《地理科学》2019年第7期。

[27] 汉斯·约格·阿尔布莱希特、赵书鸿:《安全、犯罪预防与刑法》,《人民检察》2014年第16期。

[28] 何秉松、廖斌:《恐怖主义概念比较研究》,《比较法研究》2003年第4期。

[29] 何荣功:《"预防性"反恐刑事立法思考》,《中国法学》2016年第3期。

[30] 何荣功:《预防刑法的扩张及其限度》,《法学研究》2017年第4期。

[31] 何志鹏:《"良法"与"善治"何以同样重要——国际法治标准的审思》,《浙江大学学报(人文社会科学版)》2014年第3期。

[32] 何志鹏:《内嵌于人权的反恐机制》,《人权》2019年第5期。

[33] 胡联合、胡鞍钢、徐绍刚:《贫富差距对违法犯罪活动影响的实证分析》,《管理世界》2005年第6期。

[34] 黄瑶:《论国际反恐法的范畴》,《吉林大学社会科学学报》2010年第5期。

[35] 黄瑶:《美国在阿富汗反恐军事行动的合法性问题探析》,《武汉大学学报(哲学社会科学版)》2002年第5期。

[36] 黄昭宇、王卓宇:《新安全观的建构及其要义》,《和平与发展》2015年第6期。

[37] 贾春阳、龚正:《"伊斯兰国"当前活动新态势及影响评估》,《现代国际关

系》2016年第7期。

[38] 贾宇、李恒：《恐怖活动组织与人员认定标准研究——从恐怖主义再界定谈起》，《西北大学学报（哲学社会科学版）》2017年第3期。

[39] 简基松：《对安理会"决议造法"行为之定性分析与完善建言》，《法学》2009年第10期。

[40] 江国青：《联合国专门机构与功能主义理论的发展》，《武汉大学学报（哲学社会科学版）》1991年第3期。

[41] 姜国俊、罗开卷：《在安全与自由之间——欧盟反恐法律述评》，《河南师范大学学报（哲学社会科学版）》2009年第1期。

[42] 姜涛：《抽象危险犯中刑、行交叉难题的破解——路径转换与立法创新》，《法商研究》2019年第3期。

[43] 姜涛：《恐怖主义犯罪：理论界定与应对策略》，《中国人民公安大学学报（社会科学版）》2013年第1期。

[44] 姜瀛、李娜：《"最好的社会政策就是最好的刑事政策"出处及原语考略——兼及李斯特刑法思想研究的反思》，《法治社会》2020年第4期。

[45] 蒋娜：《国际刑法中罪刑法定原则的新进展——兼及对中国的启示》，《北京师范大学学报（社会科学版）》2012年第2期。

[46] 靳晓哲、李捷：《"伊斯兰国"与东南亚恐怖主义的发展》，《东南亚南亚研究》2016年第3期。

[47] 靳晓哲：《"后伊斯兰国"时代东南亚的恐怖主义与反恐合作》，《东南亚研究》2020年第2期。

[48] 敬敏：《国际恐怖主义的根源溯因——近年来中国学界的研究状况综述》，《湖北警官学院学报》2018年第4期。

[49] 康均心：《习近平新时代反恐理论的形成与发展》，《法商研究》2018年第5期。

[50] 克劳斯·罗克辛：《对批判立法之法益概念的检视》，《法学评论》2015年第1期。

[51] 劳东燕：《风险社会与功能主义的刑法立法观》，《法学评论》2017年第6期。

[52] 黎宏：《〈刑法修正案（九）〉中有关恐怖主义、极端主义犯罪的刑事立法——从如何限缩抽象危险犯的成立范围的立场出发》，《苏州大学学报（哲学社会科学版）》2015年第6期。

[53] 李恒：《总体国家安全观视野下的恐怖主义犯罪刑法规制与完善》，《宁夏社会科学》2021年第1期。

[54] 李欢乐：《去宗教极端主义的国际合作方法研究》，《武汉公安干部学院学报》2018年第2期。

[55] 李金祥：《联合国制裁恐怖主义机制的功能和不足》，《欧洲研究》2011年第5期。

[56] 李琪：《中亚地区安全化矩阵中的极端主义与恐怖主义问题》，《新疆师范大学学报（哲学社会科学版）》2013年第2期。

[57] 李若瀚：《论欧盟司法与内务合作改革中的"更紧密合作"机制》，《大连海事大学学报（社会科学版）》2014年第2期。

[58] 李寿平、王志佳：《试论国家境外武力反恐的合法性》，《法学杂志》2016年第9期。

[59] 李寿伟、王思丝：《论反恐怖主义法的立法精神》，《北京师范大学学报（社会科学版）》2016年第3期。

[60] 李淑华、侯凯中：《反恐国际合作立法研究》，《和平与发展》2009年第2期。

[61] 李淑兰：《报应抑或预防：国际刑罚目的反思》，《甘肃社会科学》2017年第1期。

[62] 李伟等：《国际反恐的困境与启示》，《现代国际关系》2004年第2期。

[63] 李文燕、田宏杰：《黑社会性质组织特征辨析》，《中国人民公安大学学报》（社会科学版）2001年第3期。

[64] 李毅、潘国平：《论预防性自卫与反国际恐怖主义》，《东北亚论坛》2008

年第 6 期。

[65] 林喜芬：《后"9·11"时代的反恐法：域外启示与中国趋势》，《青海社会科学》2017 年第 3 期。

[66] 刘宏周：《中亚安全形势：现实威胁与潜在挑战的交融》，《世界经济与政治论坛》2010 年第 3 期。

[67] 刘洪铎、陈晓珊：《恐怖主义风险与中国对"一带一路"沿线国家的直接投资》，《国际论坛》2018 年第 3 期。

[68] 刘乐：《论恐怖主义的社会解构》，《国际安全研究》2019 年第 4 期。

[69] 刘强：《现代国际恐怖主义再解析——基于社会心理与冲突和意识形态的视角》，《江苏社会科学》2010 年第 1 期。

[70] 刘青建、方锦程：《恐怖主义的新发展及对中国的影响》，《国际问题研究》2015 年第 4 期。

[71] 刘仁文：《敌人刑法：一个初步的清理》，《法律科学》2007 年第 6 期。

[72] 刘仁文：《恐怖主义与刑法规范》，《中国法律评论》2015 年第 2 期。

[73] 刘志强：《防御型人权到合作型人权》，《四川大学学报（哲学社会科学版）》2020 年第 5 期。

[74] 刘中民、俞海杰：《"伊斯兰国"的极端主义意识形态探析》，《西亚非洲》2016 年第 3 期。

[75] 刘作翔：《反恐与个人权利保护——以"9·11"后美国反恐法案和措施为例》，《法学》2004 年第 3 期。

[76] 卢光盛、周洪旭：《东南亚恐怖主义新态势及其影响与中国的应对》，《国际安全研究》2018 年第 5 期。

[77] 罗刚：《联合国安理会反恐历程的回顾及评析》，《法学杂志》2012 年第 9 期。

[78] 罗钢：《敌人刑法抗制恐怖活动犯罪的本土化运用》，《中国人民公安大学学报（社会科学版）》2015 年第 1 期。

[79] 马呈元：《论中国刑法中的普遍管辖权》，《政法论坛》2013 年第 3 期。

[80] 马贺:《欧盟区域刑事合作进程中的制度缺陷与对策——从〈马斯特里赫特条约〉到〈里斯本条约〉》,《犯罪研究》2010年第5期。

[81] 马陇平:《后"伊斯兰国"背景下完善我国反恐怖主义法治研究》,《兰州大学学报(社会科学版)》2019年第2期。

[82] 潘德勇:《论国际法的正当性》,《法制与社会发展》2011年第4期。

[83] 潘志平:《中国对恐怖主义的研究述评》,《国际政治研究》2011年第3期。

[84] "人类命运共同体与国际法"课题组:《人类命运共同体的国际法构建》,《武大国际法评论》2019年第1期。

[85] 邵朱励:《反恐背景下金融隐私信息的跨境流动与保护——以SWIFT项目国际争议及其解决为视角》,《国际论坛》2014年第3期。

[86] 申志宏、苏瑞林:《后"9·11"时代欧盟反恐政策探析》,《国际论坛》2015年第4期。

[87] 施鹏鹏:《综合的反恐体系及检讨——以法国"新反恐法"为中心》,《中国刑事法杂志》2017年第1期。

[88] 舒洪水:《我国反恐应坚持"重重轻轻"的刑事政策》,《理论探索》2018年第2期。

[89] 宋杰:《刑法修正需要国际法视野》,《现代法学》2017年第4期。

[90] 孙国祥:《集体法益的刑法保护及其边界》,《法学研究》2018年第6期。

[91] 孙璐:《国际反恐与人权的协调发展》,《当代法学》2020年第2期。

[92] 汤蓓:《试析国际组织行政模式对其治理行为的影响》,《世界经济与政治》2012年第7期。

[93] 田宏杰:《比例原则在刑法中的功能、定位与适用范围》,《中国人民大学学报》2019年第4期。

[94] 王爱鲜:《界定恐怖主义犯罪概念应注意的问题》,《河南社会科学》2015年第12期。

[95] 王宏伟:《国家安全治理的内外整合:以打击"东突"恐怖主义为例》,《国

际安全研究》2019 年第 3 期。

[96] 王宏伟:《西方应对孤狼恐怖主义的难点与对策》,《北京行政学院学报》2014 年第 3 期。

[97] 王虎华、肖灵敏:《再论联合国安理会决议的国际法性质》,《政法论丛》2018 年第 6 期。

[98] 王金存:《具有历史意义的跨越——从"上海五国"到"上海合作组织"》,《世界经济与政治》2001 年第 9 期。

[99] 王蕾凡:《美国国家豁免法中"恐怖主义例外"的立法及司法实践评析》,《环球法律评论》2017 年第 1 期。

[100] 王牧:《恐怖主义概念研究》,《法治论丛》2003 年第 5 期。

[101] 王沙骋:《恐怖融资的情报监管机制研究》,《中国软科学》2018 年第 6 期。

[102] 王文华:《欧盟刑事法的最新发展及其启示》,《河北法学》2006 年第 3 期。

[103] 王新:《国际视野中的我国反洗钱罪名体系研究》,《中外法学》2006 年第 3 期。

[104] 王秀梅、赵远:《当代中国反恐刑事政策研究》,《北京师范大学学报(社会科学版)》2016 年第 3 期。

[105] 王秀梅:《惩治恐怖主义犯罪中维护公共秩序与尊重人权的平衡》,《法学评论》2006 年第 2 期。

[106] 王雪梅:《恐怖主义犯罪发展特点分析》,《环球法律评论》2013 年第 1 期。

[107] 王逸舟:《如何界定恐怖主义》,《现代国际关系》2001 年第 10 期。

[108] 王英津:《自决权内外划分学说的负面效应及其防范》,《辽宁大学学报(哲学社会科学版)》2008 年第 4 期。

[109] 王莹:《法治国的洁癖:对话 Jakobs"敌人刑法"理论》,《中外法学》2011 年第 1 期。

[110] 王政勋、徐丹丹：《恐怖主义的概念分析》，《法律科学（西北政法大学学报）》2016 年第 5 期。

[111] 王志亮、袁胜育：《国际反恐法律机制视域下的上合组织反恐法律机制建设》，《俄罗斯研究》2016 年第 6 期。

[112] 魏怡然：《后巴黎—布鲁塞尔时期欧盟反恐法的新发展》，《欧洲研究》2016 年第 5 期。

[113] 闻志强：《中国刑法理念的前沿审视》，《中国刑事法杂志》2015 年第 2 期。

[114] 吴何奇、杜雪晶：《以跨境游客为袭击目标的恐怖主义活动及应对》，《行政与法》2016 年第 10 期。

[115] 吴何奇：《上合组织反恐法律机制建设研究》，《北京科技大学学报（社会科学版）》2018 年第 4 期。

[116] 吴何奇：《上合组织应对中亚恐怖主义犯罪的困境与完善——基于对"9·11"事件以来中亚恐怖主义犯罪的实证分析》，《犯罪研究》2018 年第 3 期。

[117] 吴何奇：《社会转型背景下恢复性刑罚执行模式的建构》，《犯罪研究》2019 年第 4 期。

[118] 吴何奇：《武力反恐视角下自卫权理论考》，《法治社会》2020 年第 2 期。

[119] 吴何奇：《刑法第一百二十条之六"情节严重"的教义学阐释——基于对 21 份相关裁判文书的分析》，《河南警察学院学报》2019 年第 3 期。

[120] 吴沈括：《扩张中的犯罪预备及参与形式——围绕第 18 届国际刑法学大会第一专题的展开》，《四川警察学院学报》2010 年第 4 期。

[121] 吴忠民：《改善民生对转型期社会安全至关重要》，《中国特色社会主义研究》2015 年第 5 期。

[122] 夏勇、王焰：《我国学界对恐怖主义犯罪定义研究的综述》，《法商研究》2004 年第 1 期。

[123] 辛柏春：《自卫权法律问题探析》，《学术交流》2014 年第 9 期。

[124] 熊明辉、杜文静：《科学立法的逻辑》，《法学论坛》2017年第1期。

[125] 徐岱、杨猛：《论我国金融机构反洗钱对恐怖主义犯罪的预控与规制》，《社会科学战线》2018年第6期。

[126] 徐军华：《"一带一路"背景下中国开展反恐国际合作的国际法战略》，《法学评论》2019年第1期。

[127] 颜烨：《公共安全治理的理论范式评述与实践整合》，《北京社会科学》2020年第1期。

[128] 杨明杰：《恐怖主义根源探析》，《现代国际关系》2002年第1期。

[129] 杨楠：《去激进化反恐策略的"印尼模式"评析》，《东南亚研究》2018年第3期。

[130] 杨恕：《国际恐怖主义新特征》，《人民论坛》2017年第1期。

[131] 杨顺：《动用武力反对恐怖主义的国际法问题研究》，《世界经济与政治论坛》2015年第6期。

[132] 于志刚、郭旨龙：《网络恐怖活动犯罪与中国法律应对——基于100个随机案例的分析和思考》，《河南大学学报（社会科学版）》2015年第1期。

[133] 俞可平：《全球治理引论》，《马克思主义与现实》2002年第1期。

[134] 喻义东、夏勇：《走向经济犯罪的恐怖主义——经济全球化背景下恐怖主义犯罪的新趋势及其对策分析》，《犯罪研究》2013年第5期。

[135] 张明楷：《论刑法分则中作为构成要件的"情节严重"》，《法商研究》1995年第1期。

[136] 张乃根：《试析〈国家责任条款〉的"国际不法行为"》，《法学家》2007年第3期。

[137] 张万洪、范承思：《人权视角下的中国金融反恐法律机制》，《西南政法大学学报》2019年第6期。

[138] 张文龙：《挑战与应对：全球化背景下的犯罪治理》，《学术交流》2016年第9期。

[139] 张小虎:《论当代恐怖主义犯罪的犯罪学认定界标》,《中国人民大学学报》2020年第1期。

[140] 张晏珲:《恐怖主义犯罪与国际协作机制之建立》,《法学杂志》2016年第9期。

[141] 张永和、张丽:《"反恐、去极端化与人权保障"国际研讨会学术综述》,《人权》2019年第5期。

[142] 章远:《国外智库恐怖主义概念界定及其数据库建设的评析》,《探索》2017年第2期。

[143] 赵秉志、杜邈:《在联合国法律框架内进行反恐斗争——"全球反恐法律框架"学术研讨会综述》,《法学杂志》2018年第3期。

[144] 赵国军:《"东突"恐怖活动常态化及其治理》,《国际展望》2015年第1期。

[145] 赵红艳:《国际合作背景下的网络恐怖主义治理对策》,《中国人民公安大学学报(社会科学版)》2016年第3期。

[146] 赵骏:《全球治理视野下的国际法治与国内法治》,《中国社会科学》2014年第10期。

[147] 赵瑞琪:《建构网络恐怖主义治理的国际规范——一种新自由制度主义的分析框架》,《吉首大学学报(社会科学版)》2020年第4期。

[148] 赵赟:《国际法视域下"一带一路"建设中的法律风险及防范》,《理论学刊》2018年第4期。

[149] 赵秉志、王剑波:《金融反恐国际合作法律规范及其执行情况之考察》,《刑法论丛》2016年第4期。

[150] 钟宪章:《浅析法国大革命时期的国家恐怖主义》,《兰州学刊》2009年第7期。

[151] 周光权:《积极刑法立法观在中国的确立》,《法学研究》2016年第4期。

[152] 周光权:《转型时期刑法立法的思路与方法》,《中国社会科学》2016年第3期。

[153] 周明、曾向红:《"基地"与"伊斯兰国"的战略差异及走势》,《外交评论》2016年第4期。

[154] 周秋君:《全球化背景下欧盟反恐政策的发展及其启示》,《情报杂志》2020年第1期。

[155] 周尚君、曹庭:《总体国家安全观视角下的权利限制——从反恐怖主义角度切入》,《法制与社会发展》2018年第3期。

[156] 朱景文:《全球化是去国家化吗?——兼论全球治理中的国际组织、非政府组织和国家》,《法制与社会发展》2010年第6期。

[157] 朱丽欣:《反恐怖主义犯罪的国际合作及中国立法的完善》,《国家检察官学院学报》2009年第6期。

(二) 中文书籍

[1] 安德鲁·赫里尔著,林曦译:《全球秩序与全球治理》,中国人民大学出版社2018年版。

[2] M.谢里夫·巴西奥尼著,赵秉志、王文华等译:《国际刑法导论》,法律出版社2006年版。

[3] 保罗·R.皮拉尔著,王淮海译:《恐怖主义与美国外交政策》,中国友谊出版公司2003年版。

[4] 贝卡利亚著,黄风译:《论犯罪与刑罚》,中国大百科全书出版社1993年版。

[5] 布丽奇特·L.娜克丝著,陈庆、郭刚毅译:《反恐原理:恐怖主义、反恐与国家安全战略》,金城出版社、社会科学文献出版社2016年版。

[6] 蔡拓、杨雪冬、吴志成:《全球治理概论》,北京大学出版社2016年版。

[7] C.H.鲍威尔:《联合国安理会、恐怖主义和法治》,载维克托·V.拉姆拉伊等著,杜邈等译:《全球反恐立法和政策》,中国政法大学出版社2016年版。

[8] 陈泽宪:《刑事法前沿》(第十卷),社会科学文献出版社2017年版。

[9] 陈兴良：《本体刑法学(第3版)》,中国人民大学出版社2017年版。
[10] 陈兴良：《刑法的价值构造》,中国人民大学出版社2017年版。
[11] 陈兴良：《刑法哲学》,中国人民大学出版社2017年版。
[12] 陈泽宪、周维明：《反恐、法治、人权：国际公约视角的考察》,载赵秉志《中韩恐怖主义犯罪的惩治与防范："第十三届中韩刑法学术研讨会"学术文集》,法律出版社2016年版。
[13] 大谷实著,黎宏译：《刑事政策学》,中国人民大学出版社2009年版。
[14] 戴维·波诺普著,李强译：《社会学》,中国人民大学出版社2007年版。
[15] 迪尔凯姆著,狄玉明译：《社会学研究方法论》,商务印书馆1995年版。
[16] 杜邈：《恐怖主义犯罪专题整理》,中国人民公安大学出版社2008年版。
[17] 菲利著,郭建安译：《犯罪社会学》,中国人民公安大学出版社1990年版。
[18] 冯·李斯特著,徐久生译：《德国刑法教科书》,法律出版社2006年版。
[19] 古承宗：《刑法的象征化与规制理性》,元照出版有限公司2017年版。
[20] 古丽阿扎提·吐尔逊：《中亚恐怖主义犯罪研究》,中国人民公安大学出版社2009年版。
[21] 汉斯·凯尔森著,王铁崖译：《国际法原理》,华夏出版社1989年版。
[22] 胡启忠等：《经济刑法立法与经济犯罪处罚》,法律出版社2010年版。
[23] 黄风：《或引渡或起诉》,中国政法大学出版社2013年版。
[24] 黄瑶等：《联合国全面反恐公约的研究：基于国际法的视角》,法律出版社2010年版。
[25] 吉米·边沁著,李贵方等译：《立法理论》,中国人民公安大学出版社2004年版。
[26] 加罗法洛著,耿伟、王新译：《犯罪学》,中国大百科全书出版社1995年版。
[27] 贾宇：《国际刑法学》(第二版),法律出版社2019年版。
[28] 简基松：《恐怖主义犯罪之刑法与国际法控制》,国家行政学院出版社2012年版。

[29] 卡尔·拉伦茨：《法学方法论》，商务印书馆 2003 年版。

[30] 康德著，沈叔平译：《法的形而上学原理——权利的科学》，商务印书馆 1991 年版。

[31] 克里缅科主编，刘莎等译：《国际法词典》，商务印书馆 1996 年版。

[32] 劳东燕：《风险社会中的刑法：社会转型与刑法理论的变迁》，北京大学出版社 2015 年版。

[33] 勒内·达维德：《当代世界主要法律体系》，上海译文出版社 1984 年版。

[34] 李景治等：《反恐战争与世界格局的发展变化》，当代世界出版社 2009 年版。

[35] 李湛军：《恐怖主义与国际治理》，中国经济出版社 2006 年版。

[36] 李智慧：《反恐学》，人民出版社 2003 年版。

[37] 林国治：《人类安全观的演变及其伦理建构》，中国社会科学出版社 2015 年版。

[38] 林山田：《刑法通论：下册》，北京大学出版社 2012 年版。

[39] 林山田：《刑法通论》，三民书局 1983 年版。

[40] 林钰雄：《新刑法总则》，元照出版有限公司 2018 年版。

[41] 路易斯·亨金著，张乃根等译：《国际法：政治与价值》，中国政法大学出版社 2005 年版。

[42] 罗伯特·基欧汉：《霸权之后：世界政治经济中的合作与纷争》，上海人民出版社 2006 年版。

[43] 洛克著，叶启芳、瞿菊农译：《政府论（下篇）》，商务印书馆 1964 年版。

[44] 马呈元：《国际法专论》，中信出版社 2003 年版。

[45] 马德才：《国际法中引渡原则研究》，中国政法大学出版社 2014 年版。

[46] 马贺：《欧盟区域刑事合作进程研究》，上海人民出版社 2012 年版。

[47] 马克昌：《百罪通论》，北京大学出版社 2014 年版。

[48] 曼瑟尔·奥尔森著，陈郁等译：《集体行动的逻辑》，上海人民出版社 1996 年版。

[49] 孟德斯鸠著,罗大冈译:《波斯人的信札》,商务印书馆1958年版。

[50] 莫洪宪、刘夏:《反恐斗争中的人权保障——以恐怖分子为视角》,载刘仁文:《刑事法治视野下的社会稳定与反恐》,社会科学文献出版社2013年版。

[51] 尼克拉斯·卢曼著,宾凯、赵春燕译:《法社会学》,上海人民出版社2013年版。

[52] 潘新睿:《网络恐怖主义犯罪的制裁思路》,中国法制出版社2017年版。

[53] 秦明瑞:《系统的逻辑——卢曼思想研究》,商务印书馆2019年版。

[54] 秦亚青:《理性与国际合作:自由主义国家关系理论研究》,世界知识出版社2008年版。

[55] 阮传胜:《恐怖主义犯罪研究》,北京大学出版社2007年版。

[56] 山口厚:《刑法总论》,中国人民大学出版社2018年版。

[57] 宋杰、张璐璐:《"阿卜杜拉兹克诉加拿大外交部长和司法部长案"评述》,载刘志云:《国际关系与国际法学刊(第7卷)》,厦门大学出版社2017年版。

[58] 孙国华:《中华法学大辞典·法理学卷》,中国检察出版社1997年版。

[59] 孙家栋:《恐怖主义论》,时事出版社2007年版。

[60] 托尔·布约格著,夏菲、李休休译:《恐怖主义犯罪预防》,中国人民公安大学出版社2016年版。

[61] 王虎华:《国际公法学》,北京大学出版社2015年版。

[62] 王燕飞:《恐怖主义犯罪立法比较研究》,中国人民公安大学出版社2007年版。

[63] 魏怡然:《欧盟反恐法研究》,中国社会科学出版社2019年版。

[64] 沃尔夫冈·格拉夫·魏智通:《国际法》,法律出版社2001年版。

[65] 乌尔里希·贝克著,何博闻译:《风险社会》,译林出版社2004年版。

[66] 乌尔里希·齐白:《全球风险社会与信息社会中的刑法:二十一世纪刑法模式的转换》,中国法制出版社2011年版。

[67] 吴宗宪：《西方犯罪学史（第三卷）》，中国人民公安大学出版社 2010 年版。

[68] 西原春夫：《刑法的根基与哲学》，法律出版社 2000 年版。

[69] 熊秉元：《法的经济解释：法律人的倚天屠龙》，东方出版社 2017 年版。

[70] 徐久生：《刑罚目的及其实现》，中国方正出版社 2012 年版。

[71] 徐军华：《"一带一路"与国际反恐：以国际法为视角》，法律出版社 2019 年版。

[72] 亚里士多德：《政治学》，商务印书馆 1965 年版。

[73] 杨洁勉等：《国际合作反恐：超越地缘政治的思考》，时事出版社 2003 年版。

[74] 杨隽、梅建明：《恐怖主义概论》，法律出版社 2013 年版。

[75] 杨泽伟：《联合国改革的国际法其问题研究》，武汉大学出版社 2009 年版。

[76] 姚建龙等：《反恐学导论》，北京大学出版社 2019 年版。

[77] 依高·普里莫拉兹：《恐怖主义研究——哲学上的争议》，浙江大学出版社 2010 年版。

[78] 尤里乌斯·冯·基尔希曼著，赵阳译：《作为科学的法学的无价值性》，商务印书馆 2016 年版。

[79] 远东国际军事法庭编，张效林译：《远东国际军事法庭判决书》，群众出版社 1986 年版。

[80] 约翰·穆勒著，徐大建译：《功利主义》，商务印书馆 2014 年版。

[81] 张金平：《国际恐怖主义与反恐策略》，人民出版社 2012 年版。

[82] 詹宁斯·茨：《奥本海国际法》，上卷（第一分册），中国大百科全书出版社 1995 年版。

[83] 张家栋：《全球化时代的恐怖主义及其治理》，上海三联书店 2007 年版。

[84] 张美英：《德国与欧盟反恐对策及相关法律研究》，中国检察出版社 2007 年版。

[85] 张明楷:《刑法学(上)》,法律出版社 2016 年版。

[86] 张屹:《国际反恐合作法律机制研究》,武汉大学出版社 2019 年版。

[87] 赵秉志、杜邈:《中国反恐法治问题研究》,中国人民公安大学出版社 2010 年版。

[88] 赵秉志:《国际区际刑法问题探索》,法律出版社 2002 年版。

[89] 赵红艳:《总体国家安全观与恐怖主义的遏制》,人民出版社 2018 年版。

[90] 赵永琛、杜邈:《区域反恐约章汇编》,中国人民公安大学出版社 2009 年版。

[91] 郑永年、杨丽君:《中国崛起不可承受之错》,中信出版社 2016 年版。

[92] 中国现代国际关系研究院反恐怖研究中心:《国际恐怖主义与反恐斗争年鉴·2017》,时事出版社 2018 年版。

[93] 中共中央马克思、恩格斯、列宁、斯大林著作编译局:《马克思恩格斯全集(第 8 卷)》,人民出版社 1961 年版。

[94] 周展:《文明冲突、恐怖主义与宗教关系》,东方出版社 2009 年版。

二、外文文献

(一)外文期刊

[1] Alex Schmid, Terrorism-The Definitional Problem, Case Western Reserve Journal of International Law, 2004, Vol. 36, issue 2, p. 399.

[2] Antonio Cassese, The Multifaceted Criminal Notion of Terrorism in International Law, Journal of International Criminal Justice, 2006, Vol. 4, issue 5, p. 954.

[3] Beard, J. M., America's new war on terror: the case for self-defense under international law. Harvard Journal of Law & Public Policy, 2002, Vol. 25. pp. 559 – 578.

[4] Ben Golder & George Williams, What is "Terrorism"? Problems of Legal Definition, University of NSW Law Journal, 2004, Vol. 27, no. 2, p. 287.

[5] Beres, L. R. & Tsiddon-Chatto, Y., Reconsidering israel's destruction of iraq's osiraq nuclear reactor. Temp. intl & Comp L. j. 1995, Vol. 9. p. 438.

[6] Beres, L. R. On International Law and Nuclear Terrorism. Ga. J. Int'l & Comp. L., 1994, Vol. 24, p. 31.

[7] Björn Fägersten, Bureaucratic Resistance to International Intelligence Cooperation—The Case of Europol. Intelligence and National Security, 2010, Vol. 25, No. 4, p. 514.

[8] Boyle, F. A., Military responses to terrorism. Am. Soc'y Int'l L. Proc., 1987, Vol. 81, p. 288.

[9] Brennan, M. F., Avoiding anarchy: Bin Laden terrorism, the US response, and the role of customary international law. La. L. Rev., 1998, Vol. 59, p. 1200.

[10] Bruce Broomhall, State Actors in an International Definition of Terrorism from a Human Rights Perspective, Case Western Reserve Journal of International Law, 2004, Vol. 36, p. 421.

[11] Cassese A., The International Community's "Legal" Response to Terrorism. International & Comparative Law Quarterly, 1989, Vol. 3, pp. 589–596.

[12] Charney, J. I., The use of force against terrorism and international law. The American Journal of International Law, 2001, Vol. 4, pp. 835–836.

[13] Christopher Michaelsen, Balancing Civil Liberties against National Security? A Critique of Counterterrorism Rhetoric, University of New

South Wales Law Journal, 2006, Vol. 29, p. 2.

[14] Chu, Hai-Cheng & Deng, Der-Jiunn & Huang, Yueh-Min. , Next Generation of Terrorism: Ubiquitous Cyber Terrorism with the Accumulation of all Intangible Fears. Journal of Universal Computer Science, 2009, Vol. 15, p. 2392.

[15] Conway M. , Reality Bytes: cyberterrorism and terrorist "use" of the Internet. First Monday, 2002, Vol. 7, pp. 2 - 3.

[16] Curtis A. Ward, Building Capacity to Combat International Terrorism: The Role of the United Nations Security Council, Journal of Conflict and Security Law, 2003, Vol. 8, p. 291.

[17] Daniel G. Partan. , Terrorism: An International Law Offense. Connecticut Law Review, 1987, Vol. 19, p. 768.

[18] Daniel Keohane, The Absent Friend: EU Foreign Policy and Counter-Terrorism. Journal of Common Market Studies, 2008, Vol. 46, p. 128.

[19] Danja Blocher, Terrorism as an International Crime: The Definitional Problem, Eyes on the ICC, 2011, Vol. 8, p. 108.

[20] Delbrück, J. , Collective Self-Defence. Encyclopedia of Public International Law, 1982, Vol. 4, p. 657.

[21] Duncan B Hollis. , Private Actors in Public International Law: Amicus Curiae and the Case for the Retention of State Sovereignty. Boston College International and Comparative Law Review, 2002, Vol. 25, p. 250.

[22] E. Dumitriu. , The E. U.'s Definition of Terrorism: The Council Frame-work Decision on Combating Terrorism, German Law Journal, 2004, Vol. 5, pp. 585, 593.

[23] Elspeth Guild. , The Uses and Abuses of Counter-Terrorism Policies in Europe: The Case of the "Terrorist Lists". Journal of Common Market

Studies, 2008, Vol. 46, pp. 173 – 193.

[24] Fathali M. Moghaddam, The Staircase to Terrorism: A Psychological Exploration, American Psychologist, 2005, Vol. 60, p. 162.

[25] Gardella, Anna, The Fight against the Financing of Terrorism between Judicial and Regulatory Cooperation. Studies in International Financial, Economic, and Technology Law, 2003 – 2004, Vol. 6, p. 115.

[26] Graeme Wood, What ISIS Really Wants. The Atlcounterc, 2015, Vol. 315, p. 86.

[27] Henderson, C., Contested states and the rights and obligations of the jus ad bellum. Cardozo J. Int'l & Comp. L., 2012, Vol. 21, pp. 367 – 369.

[28] Holt, Thomas & Freilich, Joshua & Chermak, Steven, Exploring the Subculture of Ideologically Motivated Cyber-Attackers. Journal of Contemporary Criminal Justice, 2017, Vol. 33, pp. 212 – 233.

[29] Ian Tan, An Overview and Consideration of De-Radicalisation in Malaysia, Perth International Law Journal, 2019, Vol. 4, p. 119.

[30] Jackie Johnson, 11th September, 2001: will it make a difference to the global counter-money laundering movement?. Journal of Money Laundering Control, 2003, Vol. 6, p. 11.

[31] Janet J. Prichard & Laurie E. MacDonald, Cyber Terrorism: A Study of the Extent of Coverage in Computer Security Textbooks. Journal of Information Technology Education: Research, 2004, Vol. 3, p. 281.

[32] Javier Argomaniz, Post – 9/11 Institutionalisation of European Union Counter-terrorism. Sermed Conference Papers Instituto Universitario de Análisis Económicoy Social, 2017, p. 20.

[33] Jelena Pejic, Terrorist Acts and Groups: A Role for International Law?, British Yearbook of International Law, 2005, Vol. 75, p. 75.

[34] Jennifer Trahan, Terrorism Conventions: Existing Gaps and Different Approaches, Journal of International and Comparative Law, 2002, Vol. 8, p. 220.

[35] John Dugard, Towards the Definition of International Terrorism, American Society of International Law Proceedings, 1973, Vol. 67, p. 96.

[36] Jörg Monar, Common Threat and Common Response? The European Union's Counter-Terrorism Strategy and its Problems. Government and Opposition, 2007, Vol. 42, no. 3, 293–295.

[37] Jörg Monar, Cooperation in the Justice and Home Affairs Domain: Characteristics, Constraints and Progress. Journal of European Integration, 2006, Vol. 28, p. 495.

[38] Jyotsna Bakshi, Shanghai Co-operation Organisation (SCO) before and after September 11, Strategic Analysis, 2002, Vol. 26, pp. 265–276.

[39] Kastenberg, J. E., The use of conventional international law in combating terrorism: a maginot line for modern civilization employing the principles of anticipatory self-defense & preemption. Air Force Law Review, 2004, Vol. 55. pp. 106–108.

[40] Kennedy Graham, The Security Council and Counterterrorism: Global and Regional Approaches to an Elusive Public Good, Terrorism and Political Violence, 2005, Vol. 17, p. 47.

[41] Kirgis FL Jr, The Security Council's First Fifty Years. American Journal of International Law, 1995, Vol. 89, p. 520.

[42] Luca, Gabriela, Manifestations on Contemporary Terrorism: Cyberterrorism. Research and Science Today, 2017, Vol. 13, p. 21.

[43] M. C. Bassiouni, Legal control of international terrorism: A policy-

oriented assessment, Harvard international law journal, 2002, Vol. 42, p. 98.

[44] Mariya Y. Omelicheva, Combating Terrorism in Central Asia: Explaining Differences in States' Responses to Terror, Terrorism and Political Violence, 2007, Vol. 19, pp. 369–393.

[45] Mark D. Kielsgard, A Human Rights Approach To Counter-Terrorism, California Western International Law Journal, 2006, Vol. 36, pp. 250–265.

[46] Mark D. Kielsgard, Counter-Terrorism and Human Rights: Uneasy Marriage, Uncertain Future, Journal Jurisprudence, 2013, Vol. 19, p. 163.

[47] Martinez L., Prosecuting Terrorists at the International Criminal Court: Possibilities and Problems. Rutgers LJ, 2002, Vol. 34, p. 2.

[48] Mathieu Deflem, Europol and the Policing of International Terrorism: Counter Terrorism in a Global Perspective. Justice Quarterly, 2006, Vol. 23, p. 346–351.

[49] Matthew Happold, The Security Council Resolution 1373 and the Constitution of the United Nations, Leiden Journal of International Law, 2003, Vol. 16, p. 600.

[50] Michael Grewcock, Contemporary State Terrorism: Theory and Practice, Australian and New Zealand Journal of Criminology, 2010, Vol. 43, p. 185.

[51] Monica Den Boer, 9/11 and the Europeanisation of counter-terrorism policy: a critical assessment. Notre Europe, Policy Papers No. 6, 2003, p. 5.

[52] Monica Den Boer, Claudia Hillerbrand, and Andreas Nölke, Legitimacy Under Pressure: The European Web of Counter-Terrorism

[53] Nelly Lahoud, How Will the Islamic State Endure?. Survival, 2013, Vol. 59, pp. 55 – 56.

[54] Nigel D White, Preventive Counter-Terrorism and International Law, Journal of Conflict and Security Law, 2013, Vol. 18, pp. 182 – 188.

[55] Oldrich Bures, Europol's Fledgling Counterterrorism Role, Terrorism and Political Violence, 2008, Vol. 20, p. 503.

[56] Oldrich Bures, Ten Years of EU's Fight against Terrorist Financing: A Critical Assessment, Intelligence and National Security, 2015, Vol. 30, p. 207.

[57] Oldrich Bures, EU's Fight Against Terrorist Financing: Internal Shortcoming and Unsuitable External Models. Terrorism and Politacal Violence, 2010, Vol. 22, p. 279.

[58] Paul C. Szasz, The Security Council Starts Legislating. American Journal of International Law, 2002, Vol. 96, p. 902.

[59] Polebaum, B. M., National self-defense in international law: an emerging standard for a nuclear age. N. y. u. l. rev, 1984, Vol. 1, p. 198.

[60] Rapoport, D., The Four Waves of Rebel Terror and September 11. Anthropoetics: The Journal of Generative Anthropology, 2002, Vol. 8. p. 2.

[61] Reuven Young, Defining Terrorism: The Evolution of Terrorism as a Legal Concept in International Law and Its Influence on Definitions in Domestic Legislation, Boston College International and Comparative Law Review, 2006, Vol. 29, p. 32.

[62] Robert Jervis, Security Regimes, Intercontinental Organization, 1982, Vol. 36, p. 357.

[63] Rosand, Eric, Security Council Resolution 1373, the Counter-Terrorism Committee, and the Fight against Terrorism. American Journal of International Law, 2003, Vol. 97, p. 333.

[64] Rowles J P, Military Responses to Terrorism: Substcounterve and Procedural Constraints in International Law. Proceedings of the ASIL Annual Meeting, 1990, Vol. 81, p. 314.

[65] Sahar F. Aziz, Caught in a Preventive Dragnet: Selective Counterterrorism in a Post 9/11 America, Gonzaga Law Review, 2011, Vol. 47, pp. 431 – 432.

[66] Spaaij, Ramón, The Enigma of Lone Wolf Terrorism: An Assessment. Studies in Conflict & Terrorism, 2010, Vol. 33, pp. 854 – 870.

[67] Susan Tiefenbrun, A semiotic approach to a legal definition of terrorism, ILSA Journal of International and Comparative Law, 2003, Vol. 9, pp. 378 – 388.

[68] Thomas Ambrosio, Catching the "Shanghai Spirit": How the Shanghai Cooperation Organization Promotes Authoritarian Norms in Central Asia, Europe-Asia Studies, 2008, Vol. 60, pp. 1321 – 1344.

[69] Tyler Raimo, Winning at the Expense of Law: The Ramifications of Expanding Counter-terrorism Law Enforcement Jurisdiction Overseas. American University International Law Review, 2011, Vol. 14, p. 1485.

[70] Ulrich Beck, The Terrorist Threat. Theory Culture & Society, 2002, Vol. 19, p. 46.

[71] Van Schaack B., Finding the Tort of Terrorism in International Law. Review of Litigation, 2008, Vol. 28, pp. 420 – 437.

[72] Wayne N. Renke, Who Controls the Past Now Controls the Future: Counter-Terrorism: Data Mining and Privacy. Alberta Law Review,

2006, Vol. 43, p. 783.

[73] Wingfield, T. C., Forcible protection of nationals abroad. Dick. L. Rev., 1999, Vol. 104, pp. 461-462.

[74] Worth, Robert, Terror on the Internet: The New Arena, The New Challenges. New York Times Book Review, 2016, June 25, p. 21.

[75] Yom S. L., Power Politics in Central Asia: The Future of the Shanghai Cooperation Organization. Harvard Asia Quarterly, 2002, Vol. 4, pp. 48-54.

[76] Zoi Aliozi, A Critique of State Terrorism. The Crit: A Critical Studies Journal, 2012, Vol. 6, p. 58.

(二) 外文书籍

[1] Alex Conte, Human Rights in the Prevention and Punishment of Terrorism, Springer, 2010.

[2] Alvin Toffler and Heidi Toffler, War and Counter-War: Survival at the Dawn of the Twenty-first Century, Little, Brown and Company, 1993.

[3] Antonio Cassese, International Law, 2nd ed, Oxford University Press, 2005.

[4] Beau Grosscup, The Newest Explosions of Terrorism, New Horizon Press, 1998.

[5] Bowett, D. W., Self-defence in international law. Manchester University Press, 1958.

[6] Brownlie, I., International Law and the Use of Force by States, Oxford University Press, 1963.

[7] Centre of Excellence-Defence Against Terrorism, Ankara, Turkey, Responses to Cyber Terrorism, IOS Press, 2008.

[8] Christian Tomuschat, Comments on the Presentation by Christian

Walter, in Christian Walter et al. (eds.), Terrorism as a Challenger for National and International Law: Security versus Liberty?. Springer, 2004.

[9] Crelinsten, Ronald D., Counterterrorism as Global Governance. A Research Inventory. In Mapping Terrorism Research. State of the Art, Gaps and Future Direction, ed. Magnus Ranstorp. Routledge, 2007.

[10] D. W. Bowett, Self-defence in international law. Manchester University Press, 1958.

[11] David J. Whittaker, The Terrorism Reader. Routledge, 2001.

[12] M. Nijhoff, Distributors for the U. S. and Canada, Kluwer Academic Publishers, 1993.

[13] Edwin Bakker, Differences in Terrorist Threat Perceptions in Europe. In Dieter Mahncke and Jörg Monar, eds., International Terrorism: A European Response to a Global Threat? P. I. E. Peter Lang, 2002.

[14] Eric Rosand, Alistair Millar, Strengthening International Law and Global Implementation, cited in David Cortright, George A. Lopez, Uniting Against Terror Cooperative Nonmilitary Responses to the Global Terrorist Threat, The MIT Press, 2007.

[15] Erickson, R. J., Legitimate use of military force against state-sponsored international terrorism. Air University press, 1989.

[16] Evelyn Alsultany & Ella Shohat, Between the Middle East and the Ameicas: The Cultural Poltics of Diaspora, University of Michigan Press, 2013.

[17] Helen Wallace, An Institutional Anatomy and Five Policy Modes, in H. Wallace, M. Pollack, and Alasdair R. Young. (eds.) Policy-Making in the European Union (6th ed.). Oxford University Press, 2014.

[18] Hendrik Hegemann, International Counterterrorism Bureaucracies in the United Nations and the European Union, nomos, 2014.

[19] Henry G. Schermers and Niels M. Blokker, International Institutional Law, Leiden: Martinus Bijhoff Publishers, 1995.

[20] Janice Gross Stein, Network Wars, in Ronald J. Daniels, Patrick Macklem and Kent Roach, eds., The Security of Freedom: Essays on Canada's Counter-Terrorism Bill, University of Toronto Press, 2001.

[21] John D. Occhipinti, The Politics of EU Police Cooperation. Lynne Rienner Publishers, 2003.

[22] Jonthan Powell, Talking to Terrorists: How to End Armed Conflicts, The Bodley Head, 2014.

[23] Li Wei et al., China and International Counter-Terrorism, China International Press, 2019.

[24] Mahmoud Hmoud, The Organization of the Islamic Conference, in Giuseppe Nesi (ed.), International Cooperation in Counter-terrorism, Ashgate Publishing Limited, 2006.

[25] Marschik, A., Legislative Powers of the Security Council, in Ronald MacDonald and Douglas Johnston eds, Towards World Constitutionlism, Martinus Nijhoff, 2005.

[26] Mauro M., Threat Assessment and Protective Measures: Extending the Asia-Europe Meeting IV Conclusions on Fighting International Terrorism and Other Instruments to Cyber Terrorism. In: Halpin E., Trevorrow P., Webb D., Wright S. (eds) Cyberwar, Netwar and the Revolution in Military Affairs. Palgrave Macmillan, 2006.

[27] Michael Barnett and Martha Finnemore, Rules for the World: International Organizations in Global Politics, Cornell University Press, 2004.

[28] Nora Bensahel, The Counterterror Coalitions: Cooperation with Europe, NATO, and the European Union. Rand, 2003.

[29] Oran Young, The Effectiveness of International Institutions: Hard Cases And Critical Variables, in James N. Rosenau and Ernst Otto Czempiel, Governance without Government: Order and Change in World Politics, Cambridge University Press, 1992.

[30] Paul Swallow, Transnational Terrorism: Police, Interpol and Europol, in Oldrich Cerny and M. Edmonds, eds. , Future NATO Security: Addressing the Challenges of Evolving Security and Information Sharing Systems and Architectures, ISO Press, 2004.

[31] Peter R. Baehr & Leon Gordenker, The United Nations: Reality and Ideal. Praeger publishers, 1984.

[32] Peter van Krieken, Terrorism and the International Legal Order-With Special Reference to the UN, the EU and Cross-Border Aspects, T. M. C. Asser Press, 2002.

[33] Richard A. Clarke, Against all Enemies: Inside America's War on Terror, Free Press, 2004.

[34] Robert Cryer et al. , An Introduction to International Criminal Law and Procedure, Cambridge University Press, 2007.

[35] Robert Jennings, Arthur Watts, eds. , Oppenheim's International Law, Nineth edition,Vol. 1, Longman, 1992.

[36] Robert O. Keohane, After Hegemony: Cooperation and Discord in the World Political Economy, Princeton University Press, 1984.

[37] Rohan Gunaratna, Jolene Jerard and Lawrence Rubin, Terrorist Rehabilitation and Conuter Radicalisation, Routledge, 2011.

[38] Ronald Dworkin, A Matter of Principle, Harvard University Press, 1985.

[39] Rosalyn Higgins, The General International Law of Terrorism, in Rosalyn Higgins & Maurice Flory eds., Terrorism and International Law, Routledge, 1997.

[40] Sandra Lavenex and William Wallace, Justice and Home Affairs: Towards a European Public Order?, in Hellen Wallace, William Wallace and Mark Pollack, eds., Policy-Making in the European Union, Oxford University Press, 2005.

后 记

一直以来,相比正文,我尤其喜欢阅读不同专著的后记,因为其中大多记载着作者最朴实的心声。那些看似草屑一般的经历,虽然对他人而言并不鲜艳,但因染上作者本人独有的颜色,而成为其人生中绚烂的烟火。

不知不觉,我迈过了而立之年的门槛,回首往昔,心中不免泛起阵阵涟漪,那是对时光匆匆却未能留下足迹的深深遗憾。曾几何时,我也立志要在人生的画卷上挥洒自如,绘出属于自己的辉煌篇章。然而,现实如同一位严苛的导师,一次次提醒着我,成功之路并非铺满鲜花。如今,处于这个不大不小的年纪,面对着依旧平凡无奇的生活,内心深处那份未能实现自我价值与梦想的失落感愈发沉重。这份遗憾,不仅是对过往岁月中错失机遇的懊悔,更是对未来能否力挽狂澜、实现逆袭的不确定感。

生活中,我不是一个喜欢记录时光的人,但过去的回忆我一定会放在心里。毫无疑问,有关"反恐""恐怖主义犯罪"的理论研究,构成了我硕博期间学习的重点领域。这类研究不仅涉及对恐怖主义活动原因、发展趋势的研判,还包括了预防策略、对策建议及国际合作等多个层面的探讨。令人遗憾的是,随着学术界研究风向的变化,这一主题逐渐在刑事法、国际法领域失去了往昔的热度,不仅难以在主流学术刊物上发表相关文章,甚至遭遇了一定程度的冷遇与排斥。面对这一现实状况,迫于生计考虑,我也不得不调整自己的研究方向,逐渐将注意力转向了那些更为前沿、热门的议题,以期能够在学术道路上继续前行并取得突破。

法学功底的薄弱让我时常羡慕他人观察问题时的细腻,分析问题时不同寻常的逻辑,以及写作时清新且敏锐的文笔。对此,我要特别感谢每一位师长不辞辛劳地传道、授业、解惑,没有各位老师的帮助与鼓励,我的笔尖只能书写平庸与俗气;更要感谢自己邂逅的每一位评审专家,他们或许只是我人生的某个瞬间,但那精准而深刻的真知灼见,如灯塔般让我受益匪浅,不仅仅是只言片语间的点拨,更是智慧与灵感的火花,激发了我对知识的渴望,引导我学会了更深刻的思考与更精准的表达;特别要感谢导师严励教授的提携,亦师亦友的关系让我在学习与生活中都能得到老师无微不至的关心与照顾,让我被老师那严谨的治学态度与豁达的为人处世的态度感染。

在这个信息爆炸、学术竞争异常激烈的时代,任何一份学术成果的出版都如同在浩瀚星海中点亮一盏微光,既是对个人不懈努力的肯定,也是与同行交流共鸣的宝贵机会。新书能够顺利出版,我深感荣幸。本书的出版,或许于绝大多数人而言并无太多可供参考的价值,但却是我个人学术生涯的一个重要里程碑,也是对所有在研究道路上给予我帮助和支持的人的一份回报。我将以此为契机,继续努力。我深知,在当下学术圈这样"内卷"严重的大环境中,每一篇文章的发表不仅凝聚了作者的心血,更在于编辑的精心雕琢与严谨把关。本书部分内容已先期在《中山大学法律评论》《犯罪研究》《法治社会》《河南警察学院学报》等刊物上发表,对于这些曾经获得的初步认可与反馈,我在此一并感谢,感谢各位期刊编辑的厚爱与支持。

一直以来,我都十分感谢家人在生活中为我提供的物质上的帮助与精神上的慰藉,时间在不知不觉中从指缝间划过,从身边走过,从睡梦中溜过。生活中,看着长辈们的背影渐渐附着岁月的沧桑,看着晚辈们茁壮成长,满怀希望地踏入他们自己的人生旅程,我仿佛看到爱与责任在代际间流淌,构成了生命中最动人的风景线。感谢爱人平乐的陪伴,愿与你始于初见,止于终老。

最后,感谢行文过程中我所参考的每篇论文的作者。

吴何奇

2024 年 10 月 31 日

于上海家中

图书在版编目(CIP)数据

反恐法律问题探究 : 理论与实践 / 吴何奇著.
上海 : 上海社会科学院出版社，2024. -- ISBN 978-7-5520-4591-8
Ⅰ. D912.104
中国国家版本馆 CIP 数据核字第 2024E3Q779 号

反恐法律问题探究：理论与实践

著　　者：吴何奇
责任编辑：范冰玥
封面设计：冯文明　裘幼华
出版发行：上海社会科学院出版社
　　　　　上海顺昌路 622 号　邮编 200025
　　　　　电话总机 021－63315947　销售热线 021－53063735
　　　　　https://cbs.sass.org.cn　E-mail：sassp@sassp.cn
排　　版：南京展望文化发展有限公司
印　　刷：上海颛辉印刷厂有限公司
开　　本：720 毫米×1000 毫米　1/16
印　　张：17
插　　页：2
字　　数：249 千
版　　次：2024 年 11 月第 1 版　2024 年 11 月第 1 次印刷

ISBN 978－7－5520－4591－8/D・736　　　　定价：85.00 元

版权所有　翻印必究